평신도를 위한

# 구약성경 핵심 가이드

| 민영우 지음 |

쿰란출판사

# 평신도를 위한 구약성경 핵심 가이드

1판 1쇄 인쇄 _ 2019년 6월 5일
1판 1쇄 발행 _ 2019년 6월 10일

**지은이** _ 민영우
**펴낸이** _ 이형규
**펴낸곳** _ 쿰란출판사

**주소** _ 서울특별시 종로구 이화장길 6
**편집부** _ 745-1007, 745-1301~2, 747-1212, 743-1300
**영업부** _ 747-1004, FAX 745-8490
**본사평생전화번호** _ 0502-756-1004
**홈페이지** _ http://www.qumran.co.kr
**E-mail** _ qrbooks@gmail.com / qrbooks@daum.net
**한글인터넷주소** _ 쿰란, 쿰란출판사
**등록** _ 제1-670호(1988.2.27)
**책임교열** _ 최진희·이화정

 ISBN 979-11-6143-253-3 04230
979-11-6143-190-1 (세트)

책값은 뒤표지에 있습니다.

## 추천사

민영우 집사님은 기독교계에 유명인사는 아니지만 그러나 교회에 조용히 성실히 출석하며 하나님의 말씀을 따르고 그리스도의 삶을 닮아보려고 애쓰고 힘쓰는 모범적인 그리스도인이다.

오랫동안 나름대로 성경을 읽고 탐구한 자료들과 그 외의 기독교 관련 서적들을 찾아 읽고, 수집한 정보들을 정리하여 믿음으로 그리스도를 사랑하며, 그리스도를 닮아 살려는 분들에게 다소나마 신앙적인 도움을 드리려고 이 책자를 출간하게 되었다.

참으로 고맙고 장한 일이라 생각한다. 목사인 저 자신에게도 큰 도움과 유익이 되는 성경 내용들이 많이 요약 정리되어 있다. 그러므로 성경을 읽고 말씀대로 살고 싶어 하는 분들에게 실로 많은 도움과 유익이 될 것으로 확신하며 적극 추천하고 싶다.

이는 민영우 집사님의 겸손하고 온유한 인격과 또 많은 불우한 이웃들을 위해 매년 거금을 기부하는 선행이 증명하고도 남는다.

바라기는 이 책자가 윤리와 도덕이 무너진 이 시대를 살아가는 모든 사람들의 필독서가 되어 성경을 삶의 규범으로 삼아 살아감으로써 세상의 빛과 소금이 되기를 기원한다.

2019년 4월

정재철 목사

(대치동교회 원로)

## 추천사

하나님께서는 예수님을 알지 못하는 한 사람의 인생에 빛을 주셔서 믿음으로 초대하셨습니다. 민 집사님은 본가와 처가에 누구 하나 믿지 못하는 척박한 신앙의 환경 속에서도 믿음을 잃지 않고 묵묵히 길을 가면서 가정을 복음으로 세웠습니다. 그리고 지금도 하나님의 인도하심 속에서 복음의 빚진 자로서 날마다 하나님을 더욱 알고자 하는 분입니다.

이 책은 하나님을 전혀 알지 못하는 불신자였던 그가 어떻게 하면 하나님을 좀 더 알 수 있을까 고민하면서 10년이 넘도록 성경을 묵상하고 성경에 관련된 서적과 자료를 정리 요약한 책입니다.

이 책은 신학을 하지 않은 평신도가 저술했다고 생각할 수 없을 정도로 성경의 핵심만을 집중하여 세밀하게 기술하였습니다. 신구약의 창조계획과 이스라엘의 선택, 출애굽과 가나안 정복 시대, 포로기를 거쳐 예수 그리스도의 복음의 여정과 교회의 탄생, 그리고 다시 올 천국까지 하나님의 언약과 인도하심을 그림으로 그릴 수 있는 책입니다.

나아가 성경을 읽으면서 한번쯤 생각나는 의문이나 성경에 기술되지 않은 것에 대한 궁금증을 도표화하였으며 성경 곳곳에 나온 용어나 명칭에 대해서도 일목요연하게 기록하였습니다.

이 책은 어린아이부터 장년에 이르기까지 누구나 손쉽게 성경의 흐름을 따라갈 수 있습니다. 또한 성경의 큰 그림을 그리게 해주기 때문에 목회자인 저도 성경을 묵상할 때나 설교를 준비할 때 많은 도움을 받곤 합니다. 이런 귀한 책이 한국 교회에 소개됨을 기쁘게 여기며 독자들의 신앙생활에 큰 도움이 되기를 바랍니다.

2019년 4월

김원태 목사

(수지기쁨의교회 담임)

## 추천사

"주의 말씀은 내 발에 등이요 내 길에 빛이니이다"

(시편 119:205).

저는 하나님의 말씀을 전하는 설교자요 교회의 사역을 감당하는 목사입니다. 그렇기 때문에 성경을 읽고 묵상하고 연구하는 것은 제 삶의 기본이며 가장 많은 시간을 할애하는 일입니다. 모든 설교자와 목회자가 저와 똑같이 말할 것입니다.

그런데 설교자나 목회자가 아닌 분으로서 민영우 집사님처럼 성경을 연구하시는 분은 처음 만났습니다. 제가 섬기는 남가주기쁨의교회에서 민영우 집사님을 만나 함께 신앙생활을 한 지 6년째 접어들고 있습니다. 집사님과 대화를 나누다가 알게 된 것은, 직장에서 은퇴하신 후 10년이 넘도록 성경 내용을 연대별로 정리하고 관련 자료를 수집하는 일에 매진하셨다는 사실입니다. 존경심과 경탄이 절로 나올 수밖에 없었습니다.

그때 제가 받은 신선한 충격은, '설교자이며 목회자인 내가 할 일을 집사님께서 대신 하셨구나' 하는 생각이었습니다. 그래서 한편으로는 부끄러운 마음과 함께 이 추천사를 쓸 자격이 있을까 하는 의구심이 들기도 합니다.

민영우 집사님의 오랜 기도와 노력으로 말미암아 평신도의 시각에서 본 성경에 관한 이해가 이 저서에 잘 표현되어 있다고 생각합니다. 어쩌면 이 작업은 다른 누구를 위한 것이기 전에, 집사님의 신앙 성장을 위하여 큰 도움이 되었을 것입니다.

하나님의 말씀을 이렇게 역사적으로 정리하고 관련자료를 통하여 분석해 봄으로써, 하나님께서 어떻게 인류의 역사를 주관하셨는지를 더 이해하셨을 것입니다. 그리고 그 모든 역사를 주관하시는 과정에 바로 오늘 우리를 위한 하나님의 구원이 성취되었다는 사실을 재확인할 수 있었을 것입니다.

독생자 예수 그리스도를 통한 구원, 보혜사 성령을 통한 도우심과 인도하심을 이 귀한 작업을 통하여 다시 느끼게 되었을 것입니다. 저는 개인적으로 제가 했어야 할 작업을 집사님께서 대신 해주신 덕분에 설교와 제자양육을 비롯한 목회사역에 아주 큰 도움을 받게 되니 참으로 감사하고 기쁩니다.

하나님의 말씀은 우리의 발을 비추어 주는 등불이며, 인생길을 안내해 주는 생명의 빛이라는 시인의 고백이 우리 모두의 고백이 되기를 바랍니다.

이 저서는 하나님께 영광이 되며, 모든 독자들에게 은혜로운 유익이 될 줄로 확신합니다. 다시 한 번 민영우 집사님의 노고와 정성과 하나님 말씀을 향한 열정과 사랑에 존경과 박수를 보내며 감사의 인사를 드리는 바입니다.

2019년 4월

이황영 목사

(LA 남가주기쁨의교회 담임)

## 머리말

나는 농업을 가업으로 하는 평범한 집안 2남 2녀의 막내로 경기도 여주에서 태어났다. 전통적인 유학(유교)을 신봉하는 종갓집으로 3대의 가족이 함께 살았다. 집안에 직계 5대까지 조상의 위패들을 모신 사당이 별채로 있었고, 명절이나 기일에 온 집안이 모여 제사를 올렸다.

어린 시절에는 어머니께서 절에 불공을 드리러 가실 때에 몇 차례 따라가곤 했다. 결혼 후에도 나와 같은 환경에서 성장한 아내와 함께 절에 다녔다. 그때까지 기독교를 접하였던 것은 대학교 1학년 때에 의무적(학점 취득)으로 채플시간에 참석하고, 교양과목으로 기독교 관련 두 과목을 수강한 기억뿐이다.

믿음을 갖게 된 동기는 약 35년 전 해외출장을 마치고 귀국길에 LA 공항 대합실에서 친구를 기다리던 중에 미국인 여성 2명이 다가와 서툰 한국말로 "안녕하세요. 서울에서 오셨어요?"라고 말을 건네며 손에 들고 있던 교회 주보를 주고, 나의 양복 깃에 '부활절 배지'를 직접 달아 주면서 이번 주 부활주일에 교회에 나가 꼭 은혜를 받으라는 권유를 하였다.

나는 전혀 예상하지 못했던 이 상황을 접하며 말로 표현할 수 없는 감정들이 가슴속에서 솟아오름을 느꼈다.

그 주일 친구 가족과 함께 한인교회의 부활주일 예배에 참석하였고, 귀국 후 첫 일요일 집 근처에 있는 교회에 아내와 함께 나가 생애 처음으로 예배에 참석하였다.

이것이 나의 삶에 큰 전환점이 되었다. 그들을 통하여 나의 가족이 주님을 영접한 것은 하나님의 은혜였다. 이 믿음 생활의 시작이 친가, 처가를 아울러 1세대가 되게 하였다.

처음의 상당 기간은 아내 및 아이들과의 갈등이 많았고, 또한 믿지 않는 형제들과의 긴장의 연속이었다.

다행히 아주 완고하시던 부모님이 "차남이니 네 뜻대로 하라" 하시며 양보(?)해 주셨다. 그 후 부모님을 고향에서 모셔와 돌아가시기 전 약 7년 동안을 함께 할 때 어머니는 주님을 영접하시고 89세에 소천하셨다.

10년 전 첫 직장에서 36년 이상을 근무하고 퇴직하면서 지금까지 살아온 지난날을 뒤돌아보니 나의 삶은 나 자신의 능력이나 생각에 의해서가 아니고, 하나님께서 인도하시고 값없이 주신 사랑과 은혜로 된 것임을 깨닫게 되었다. 앞으로의 남은 삶은 하나님께 항상 감사하며 빚진 자로서 살고자 한다.

첫째는 하나님과 친해지며 하나님을 더욱 알아가는 삶으로, 둘째는 내가 그동안 받은 은혜를 어렵고 불쌍한 이웃과 사회에 되돌려 주는 실천의 삶으로 살리라 다짐하였다.

이로써 10년간의 대부분 시간을 성경과 성경 관련 서적과 자료 등을 찾아 읽고 쓰고 묵상하며, 그에 대한 자료들을 모으고 요약하며 씨름하며 보냈다. 이 모든 과정이 성령 하나님의 인도하심으로 성취되었다고 생각한다.

지금까지 정규적인 신학교육을 전혀 받아본 적이 없는, 매우 부족하고 내세울 것 없는 그리스도인으로서 내가 만든 자료들을 책으로 발간한다는 것이 쑥스럽기도 하고 부끄럽기도 하여 몇 번이나 망설였으나, 그동안 지극 정성으로 확보한 자료들을 그냥 없애 버리는 것은 아니다 싶어 용기를 내어 발간하고자 마음먹었다.

이 책이 하나님을 믿는 모든 분들의 신앙생활에 조금이라도 도움이 되었으면 한다. 또한 이 책의 내용이나 연결됨이 미흡할 것 같아 염려되나 하나님의 마음으로 감싸주기를 원한다.

그동안 저의 건강을 지켜주시고, 저에게 열심과 인내심을 갖게 하시고, 지혜를 더해 주시고, 저를 인도해 주신 에벤에셀의 하나님께 감사와 찬양과 영광을 드린다.

또한 발간에 앞서 모든 자료 및 내용에 대하여 귀한 조언과 감수를 해주신 정재철 대치동교회 원로목사님과 김원태 수지기쁨의교회 담임목사님 그리고 LA사우스베이에 소재한 남가주기쁨의 교회 이황영 담임목사님께 감사를 드린다.

그리고 지금까지 조언해 주시고 책이 발간되도록 수고하신 쿰란출판사 이형규 장로님과 오완 편집부장님께 심심한 사의를 표하는 바이다.

2019년 봄

민영우

## 차례

## 2장

## 구약의 주제별 핵심 가이드

# 1장

# 이스라엘 민족의 형성과 역사

1. 이스라엘 민족의 역사 개요
2. 구약성경 책별 분류 요약
3. 하나님의 창조 사역
4. 아담 창조
5. 노아의 홍수
6. 믿음의 조상 아브라함
7. 이스라엘 민족의 조상 – 아브라함, 이삭, 야곱의 장막 생활
8. 이스라엘 민족의 400년 애굽 생활
9. 이스라엘 민족의 40년 광야 생활
10. 십계명
11. 광야 생활 중 제정된 각종 규례
12. 가나안 정복 전쟁
13. 이스라엘 민족의 12지파 계보
14. 사사 시대 및 인접 국가들의 통치 기간

1

# 이스라엘 민족의 역사 개요

| | 시대 | (년) | 기간 | 내용 |
|---|---|---|---|---|
| 1 | 하나님의 창조 시대: 이스라엘 역사 이전 시대 | | | 창조로부터 아브라함 이전까지의 시대 |
| 2 | 족장 시대: 아브라함, 이삭, 야곱 | 290 | BC 2166-1876 | 이스라엘 민족으로 형성되기까지 믿음의 조상들의 시대 |
| 3 | 애굽 노예 생활 시대: 나일(강) 삼각주 고센 지역 거주 | 430 | BC 1876-1446 | 야곱이 그의 가족을 이끌고 애굽으로 이주, 모세에 의한 이스라엘 민족의 출애굽 |
| 4 | 광야 시대: 인도자 모세-하나님을 예배하는 민족으로서의 훈련 기간 | 40 | BC 1446-1406 | 약속의 땅, 가나안으로 들어가기 위해 훈련 받는 기간 |
| 5 | 가나안 정복 시대: 인도자 여호수아-31개 성읍의 왕들과의 전쟁에서 승리 | 16 | BC 1406-1390 | 각 지파별(12), 기업(땅)이 형성되는 기간 |
| 6 | 사사 시대: 초대 옷니엘 외 16명(마지막: 아비야) | 348 | BC 1390-1042 | 왕이 없이 각 지파 공동체와 같은 형태의 나라(여호와의 사사를 통한 통치) |
| 7 | 왕정 시대<br>통일왕국 시대: 사울 왕<br>다윗 왕<br>솔로몬 왕<br>(소계) | <br>31<br>40<br>40<br>(111) | <br>BC 1042-1011<br>BC 1011-971<br>BC 971-931 | 영토나 국력의 전성시기 |

| | 시대 | (년) | 기간 | 내용 |
|---|---|---|---|---|
| | 분열왕국 시대: | | | 하나님을 떠나 우상숭배로 분열, 멸망 |
| | (북) 이스라엘 | 209 | BC 931-722 | 앗수르 제국에 의한 멸망 |
| | (남) 유다 | 345 | BC 931-586 | 바벨론 제국에 의한 멸망 |
| | (소계) | (345) | | |
| | 합계 | 456 | | |
| | 피식민지 시대 | | | 바벨론 제국, 바사 제국, 헬라 제국 등 3개 제국 |
| | 1) 바벨론 제국: 현, 이라크 | 47 | BC 586-539 | 바사 제국에 의한 멸망 |
| | 바벨론의 1차 포로 송환 | | BC 605(느부갓네살 2세 원년) | 왕족과 귀족, 선지자 다니엘과 세 친구 |
| | 바벨론의 2차 포로 송환 | | BC 597(느부갓네살 2세 9년) | 여호야김, 여호야긴, 선지자 에스겔 |
| | 바벨론의 3차 포로 송환 | | BC 586(느부갓네살 2세 20년) | 832명(포로) |
| | 바벨론의 4차 포로 송환 | | BC 581(느부갓네살 2세 25년) | 745명(포로) |
| 8 | 2) 바사 제국: 현, 이란 (페르시아 제국) | 209 | BC 539-330 | 헬라(마케도니아)에 의해 멸망 |
| | 바벨론 포로, 예루살렘 귀환(1차) | | BC 536 (고레스 2세 2년) | 인도자: 스룹바벨(총독), 42,360명 |
| | 예루살렘 귀환(2차) | | BC 458(아닥사스다 1세 8년) | 인도자: 에스라(제사장), 5,000명 |
| | 예루살렘 귀환(3차) | | BC 445(아닥사스다 1세 21년) | 인도자: 느헤미야(총독), 42,360명 |
| | 바벨론 포로 기간 | 69 | BC 605-536 | 포로 1차 송환–포로 1차 귀환 |
| | *구약의 마지막 선지자 말라기 사역 종료 | | BC 435 | 하나님의 침묵 기간: 약 430년 |
| | 3) 헬라 제국: 현, 마케도니아, 그리스 | 188 | BC 330-142 | 헬레니즘 국가인 시리아 셀레우코스 왕조로부터 독립 |

|  | 시대 |  | (년) | 기간 | 내용 |
|---|---|---|---|---|---|
| 9 | 하스모니아 왕조 | 유대 예루살렘 | 105 | BC 142-37 | 제사장 마타디아스 하스몬과 그의 아들 마카베오 5형제의 독립운동 (BC 167-142: 25년)으로 유대 왕국 탄생 -로마 공화정의 동방 총독 마르쿠스 안토니우스에 의해 멸망 |
| 10 | (헤롯 가문: 유대 분봉왕) | 유대, 사마리아, 갈릴리, 이두매 통치 | 107 | BC 37-AD 70 | 유대 지역이 로마 제국의 속주로 되어 있어 황제가 분봉왕을 제수, 자치적으로 통치케 함 AD 70년, 로마 군대가 예루살렘을 함락, 식민지화 됨 |
|  | 로마 제국 |  | 1490 | BC 37- AD 1453 | 동로마제국(비잔틴 제국) |
|  |  | *디아스포라 |  | AD 130 | 유대인들이 전 세계로 흩어짐 |
|  |  | *기독교 공인 |  | AD 313 | 콘스탄티누스 1세: 밀라노 칙령 발표 |
| 11 | 오스만 투르크 |  | 464 | AD 1453-1917 | 제1차 세계대전 종료 |
| 12 | 영국 |  | 28 | AD 1917-1945 | 제2차 세계대전 종료 |
| 13 | 이스라엘 |  |  | 1948 | 독립 |

## 이스라엘 왕국과 유다 왕국

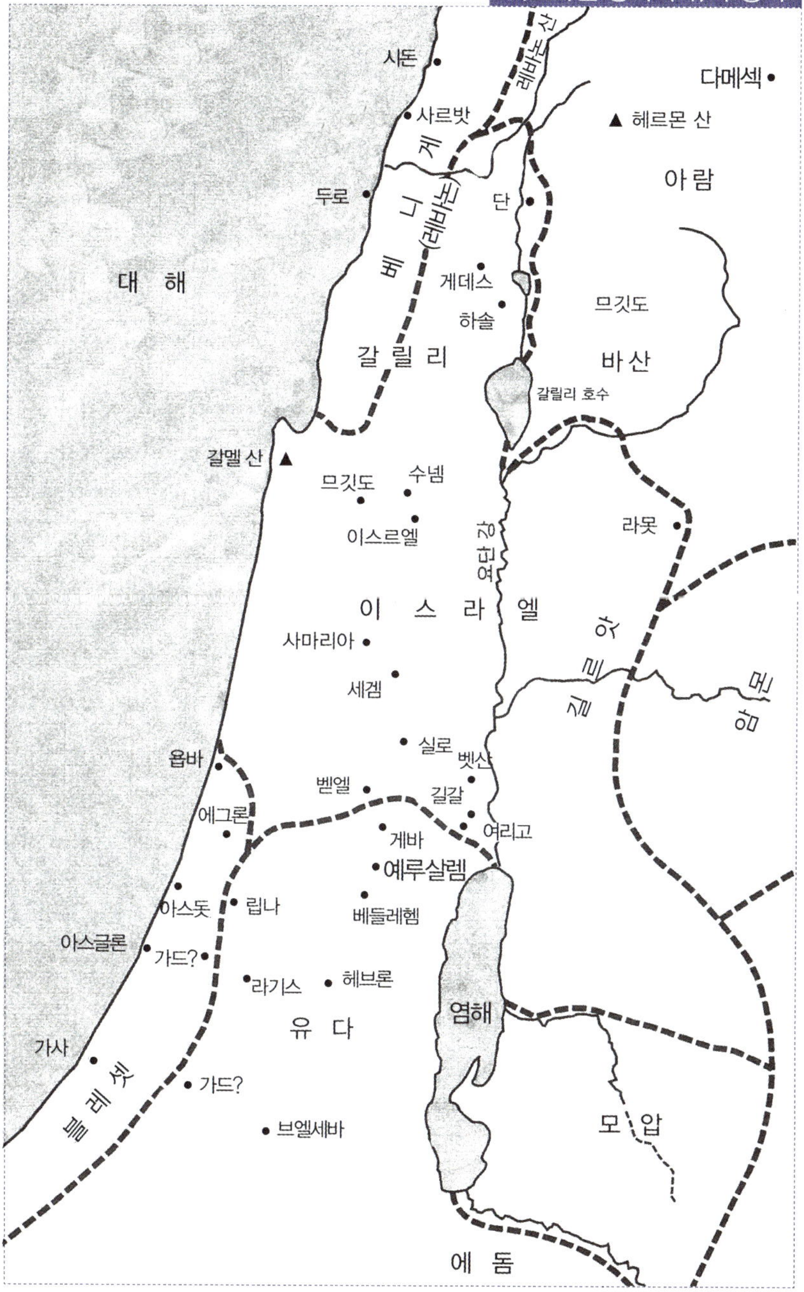

## 2

# 구약성경 책별 분류 요약

## (율법서, 역사서, 시가서, 예언서)

| | 구분 | 수량 | 성경 | 저자 | 저작 연도 | 장수 | 비고 |
|---|---|---|---|---|---|---|---|
| 1 | 율법서 | 5 (모세 오경) | 창세기 | 모세 | BC 1450년경 | 50 | 모세 출생 BC 1530년 |
| | | | 출애굽기 | | | 40 | |
| | | | 레위기 | | | 27 | |
| | | | 민수기 | | | 36 | |
| | (1명) | | 신명기 | | | 34 | 소계: 187 |
| 2 | 역사서 | 12 | 여호수아 | 여호수아 | BC 1400년 | 24 | |
| | | | 사사기 | 사무엘 | BC 1000년 | 21 | |
| | | | 룻기 | 미상 | | 4 | |
| | | | 사무엘상 | 사무엘 | | 31 | |
| | | | 사무엘하 | 갓과 나단 추정 | | 24 | |
| | | | 열왕기상 | 예레미야 | BC 550년 | 22 | |
| | | | 열왕기하 | | | 25 | |

| | 구분 | 수량 | 성경 | 저자 | 저작 연도 | 장수 | 비고 |
|---|---|---|---|---|---|---|---|
| | | | 역대상 | 에스라 추정 | BC 450년 | 29 | |
| | | | 역대하 | 미상 | | 36 | |
| | | | 에스라 | 에스라 | BC 450년 | 10 | |
| | | | 느헤미야 | 느헤미야 | BC 420년 | 13 | |
| | (6명) | | 에스더 | 에스더 | BC 450년 | 10 | 소계: 249 |
| 3 | 시가서 | 5 | 욥기 | 욥을 지켜본 목격자 | 미상 | 42 | |
| | | | 시편 | 다윗 외 6명 | BC 1000년 | 150편 | 다윗(73), 아삽(12), 고라 자손(10), 솔로몬(2), 에단(1), 헤만(1), 모세(1): 소계(100), 미상(50) |
| | | | 잠언 | 솔로몬 외 2명 | BC 950년 | 31 | 솔로몬(29), 아굴(1), 르무엘 왕(1) |
| | | | 전도서 | 솔로몬 | | 12 | |
| | (6명) | | 아가 | 솔로몬 | | 8 | 소계: 243 |
| 4 | 예언서 | 17 | 이사야 | 이사야 | BC 740년 | 66 | 4대 선지자 중 하나, 유다 히스기야 왕 |
| | | | 예레미야 | 예레미야 | BC 620년 | 52 | 4대 선지자, 유다 왕 요시야 이후 23년간 |
| | | | 예레미야 애가 | 예레미야 | BC 590년 | 5 | |
| | | | 에스겔 | 에스겔 | BC 600년 | 48 | 4대 선지자, 바벨론에 포로(BC 593년) |

| 구분 | 수량 | 성경 | 저자 | 저작 연도 | 장수 | 비고 |
|---|---|---|---|---|---|---|
| | | 다니엘 | 다니엘 | BC 600년 | 12 | 4대 선지자, 바벨론에 포로 (BC 605년) |
| | | 호세아 | 호세아 | BC 760년 | 14 | |
| | | 요엘 | 요엘 | BC 800년 | 2 | |
| | | 아모스 | 아모스 | BC 760년 | 9 | |
| | | 오바댜 | 오바댜 | BC 840년 | 1 | |
| | | 요나 | 요나 | BC 760년 | 4 | |
| | | 미가 | 미가 | BC 700년 | 7 | |
| | | 나훔 | 나훔 | BC 650년 | 3 | |
| | | 하박국 | 하박국 | BC 600년 | 3 | |
| | | 스바냐 | 스바냐 | BC 630년 | 3 | |
| | | 학개 | 학개 | BC 520년 | 2 | |
| | | 스가랴 | 스가랴 | BC 520년 | 14 | |
| (15명) | | 말라기 | 말라기 | BC 430년 | 4 소계: 250 | |
| 구약 성경 (28명) | 39권 | 완성된 대략적인 연도: BC 1500(모세오경)-BC 400(말라기) 929장 | | | | |

# 3

# 하나님의 창조 사역

(첫째 날-일곱째 날)

| 창조일 | 성경 | 우주 창조 명세 | 창조 방법 |
|---|---|---|---|
| 첫째 날 | 창 1:1 | 하늘(the heavens)과 땅(the earth) | 창조하시다(God created) |
| | 창 1:3 | 빛(light)이 있으라 | 말씀대로 되니라(It was so) |
| | 창 1:4 | 빛과 어둠(the darkness)을 나누시니 | 보시기에 좋았더라 (It was good) |
| | 창 1:5 | 빛을 낮(day)으로, 어둠을 밤(night)으로 | 부르시다(God called) |
| 둘째 날 | 창 1:6 | 물(the waters) 가운데에 궁창(an expanse)이 있어, 물과 물로 나누라 | 말씀하시다(God said) |
| | 창 1:7 | 궁창을 만드사 궁창 아래의 물과 궁창 위의 물로 나뉘게 하시니 | 말씀대로 되니라(It was so) |
| | 창 1:8 | 궁창을 하늘(sky)이라 | 부르시다(God called) |
| 셋째 날 | 창 1:9 | 하늘 아래의 물이 한곳(one place)으로 모이고, 뭍(dry ground)이 드러나라(appear) 하시니 | 말씀하시다(God said) |
| | 창 1:10 | 뭍을 땅(land)이라, 모인 물을 바다(seas)라 부르시니 | 보시기에 좋았더라 (It was good) |

| 창조일 | 성경 | 우주 창조 명세 | 창조 방법 |
|---|---|---|---|
| 셋째 날 | 창 1:11 | 땅은 풀(vegetation)과 씨 맺는 채소(plants)와 각기 종류대로 씨 가진 열매 맺는 나무(trees)를 내라(produce) | 말씀대로 되니라(It was so) |
| | 1:12 | 땅이 풀과 각기 종류대로 씨 맺는 채소와 각기 종류대로 열매(fruit) 맺는 나무를 내니 | 보시기에 좋았더라(It was good) |
| 넷째 날 | 창 1:14 | 하늘의 궁창에 광명체들(lights)이 있어 낮과 밤을 | 나누게 하시고(let separate) |
| | | 그것들로 징조(signs)와 계절(seasons)과 날(days)과 해(years)를 | 이루게 하시니라(let serve) |
| | 1:15 | 광명체들이 하늘의 궁창이 있어 땅을 비추라(give light on the earth) | 말씀대로 되니라(It was so) |
| | 1:16 | 두 큰 광명체를 만드사 큰 광명체로 낮을, 작은 광명체로 밤을 주관하게(govern) | 하시니라(let be) |
| | 1:17 | 또 별들(the stars)을<br>그것들을 하늘의 궁창에 두어 땅을 비추게 | 만드시다(God made)<br>하시니라(let be) |
| | 1:18 | 낮과 밤을 주관하시고 빛과 어둠을 나누게 하시니 | 보시기에 좋았더라(It was good) |
| 다섯째 날 | 창 1:20 | 물들은 생물(living creatures)을 번성하게(teem) 하라. 땅 위 하늘의 궁창에는 새(birds)가 날으라(fly) | 말씀대로 되니라(It was so) |
| | 1:21 | 큰 바다 짐승들(creatures)과 물에서 번성하여 움직이는 모든 생물(living and moving thing)을 종류대로, 날개 있는 모든 새를 그 종류대로 창조하시니 | 보시기에 좋았더라(It was good) |
| | 창 1:25 | 땅의 짐승(the wild animals)을 그 종류대로, 가축(the livestock)을 그 종류대로, 땅에 기는(move along) 모든 것(all the creatures)을 그 종류대로 만드시니 | 보시기에 좋았더라(It was good) |

| 창조일 | 성경 | 우주 창조 명세 | 창조 방법 |
|---|---|---|---|
| 여섯째 날 | 1:26 | 우리의 형상(image)을 따라, 우리의 모양(likeness)대로 우리가 사람(man)을 만들고, 그들로 바다의 물고기(the fish)와 하늘(the air)의 새와 가축과 온 땅(all the earth)과 땅(the ground)에 기는 모든 것을 다스리게(rule over) 하시고 | 말씀으로 이루시다(God said) |
| | 1:27 | 자기 형상 곧 하나님(God)의 형상대로 사람을 창조하시되 남자와 여자(female)를 | 창조하시다(God created) |
| | 1:28 | 그들에게 복을 주시며(blessed), 하나님이 그들에게 이르시되 생육하고(be fruitful) 번성하여(increase in number) 땅에 충만하라(fill) 땅을 정복하라(subdue) 바다의 물고기와 하늘의 새와 땅에 움직이는 모든 생물을 다스리라 | 말씀으로 이루시다(God said) |
| | 1:29 | 내가 온 지면의 씨 맺는(seed-bearing) 모든 채소와 씨 가진 열매 맺는(fruit) 모든 나무를 너희에게 주노니 너희의 먹을거리(for food)가 되리라 | 말씀으로 이루시다(God said) |
| | 1:30 | 땅의 모든 짐승(the beasts)과 하늘의 모든 새와 생명(the breath of life)이 있어 땅에(on the ground) 기는 모든 것(all the creatures)에게는 내가 모든 푸른 풀(green plant)을 먹을거리로 주노니 | 말씀대로 되니라(It was so) |
| | 1:31 | 하나님이 지으신 그 모든 것을 보시니 | 보시기에 좋았더라<br>(It was good) |
| 일곱째 날 (안식일) | 창 2:1 | 천지와 만물(all their vast array) | 다 이루어지니라<br>(were completed) |
| | 2:2 | 하나님이 그가 하시던 일(the work)을 일곱째 날에 마치시고(finished) 그날에 안식하시니라(rested) | |

| 창조일 | 성경 | 우주 창조 명세 | 창조 방법 |
|---|---|---|---|
| | 2:3 | 하나님이 그 일곱째 날을 복되게 (blessed)하사, 거룩하게 하셨으니 (made it holy)<br>이는 하나님이 그 창조하시며 만드시던 모든 일을 마치시고 그날에 안식하셨음이라 | |

# 4

# 아담 창조

### 1) 아담의 계보: 아담부터 노아까지(10대 8,575년)

| 1 | | 2 | 3 | 4 | 5 | 6 | 7 | 8 |
|---|---|---|---|---|---|---|---|---|
| (수명)930세<br>아담 | | 가인 — | 에녹 — | 이랏 — | 므후야엘 — | 므드사엘 — | 라멕 — | 야발 |
| 창조의 여섯째 날, 첫 사람으로 지음 받음 | 1 | (농사하는 자)<br>-에덴 동쪽 놋 땅에 거주하며 성을 쌓음<br>성 이름: 에녹 성<br>-땅의 소산으로 여호와께 제물을 바침(여호와께서 받지 아니하심) | | | | | (아다) — | (가축을 치는 자의 조상)<br>유발<br>(수금과 통소를 부는 자의 조상) |

| 1 | | 2 | 3 | 4 | 5 | 6 | 7 | 8 |
|---|---|---|---|---|---|---|---|---|
| | | -동생 아벨을 시기하여 살해하였으나 여호와께서 그의 생명을 보호받을 수 있도록 긍휼을 베푸심<br><br>*죄의 뿌리: 이기심과 교만 | | | | | (씰라) | 두발가인 (구리와 쇠로 여러 가지 기구를 만드는 자의 조상)<br>딸: 나아마 |
| | | | | | | | *'일부일처제'가 최초로 파괴됨 (타락한 인간상) | |
| (하와)<br>- 아담의 갈비뼈로 지으심 | 2 | 아벨 (양 치는 자)<br>-양의 첫 새끼와 그 기름으로 여호와께 제물을 바침 (여호와께서 받으심)<br>-가인이 아벨을 살해 (사유: 믿음으로 제사를 드린 아벨을 시기) | | | | | | |

| 1 | | 2 | 3 | 4 | 5 | 6 | 7 | 8 |
|---|---|---|---|---|---|---|---|---|
| | | (수명) 912세<br>(2)<br>셋 → | 905세<br>(3)<br>에노스 → | 910세<br>(4)<br>게난 → | 895세<br>(5)<br>마할랄렐 → | 962세<br>(6)<br>야렛 → | 365세<br>(7)<br>에녹 | 950세<br>(10)<br>노아 |
| * 하나님께서 남자와 여자를 창조하시던 날에 그들의 이름을 '사람'이라 명명하셨음 | 3 | - 하나님께서 아벨 대신에 '다른 씨'를 주셨다 함<br>-아담이 130세에 '자신의 형상'과 같은 아들을 낳다 | *에노스를 낳은 때부터 사람들이 비로소 '여호와 이름'을 불렀다 | | | | *경건의 삶<br>-하나님이 하늘로 데려가심<br>↓<br>(8) 969세<br>므두셀라<br>-최장수자<br>↓<br>(9) 777세<br>라멕 → (10) 노아 | ① 직업 : 농업 (포도나무 과수원)<br>② 500세에 셈, 함, 야벳 출생<br><br>* 홍수 심판<br>① 시기: 노아 600세<br>② 비 내린 기간: 40일 주야<br>③ 뭍이 드러나기까지의 기간: 1년 10일<br>④ 방주에 들어간 사람: 8명(노아, 세 아들 부부)<br>⑤ 심판 종결의 평화 메시지: 비둘기 입의 감람나무 잎사귀 |

| 1 | | 2 | 3 | 4 | 5 | 6 | 7 | 8 |
|---|---|---|---|---|---|---|---|---|
| | | | | | | | | ⑥ 하나님의 '평화의 언약 증거': 구름 사이의 무지개<br>⑦ 물이 줄어들면서 제일 먼저 보인 것: 아라랏 산의 봉우리<br>⑧ 홍수 심판의 원인: 인간의 죄악<br>⑨ 심판의 의미: 하나님의 인간에 대한 구원의 역사 (메시아의 도래)<br>⑩ 방주: 3층 구조물 하나님의 긍휼하심의 상징 (구원의 예표) (길이: 약 135m, 높이: 약 13.5m, 너비: 약 22.5m) |

## 2) 아담의 3남 '셋'의 자손

| 구분 | 자손 | 성명 | 내용 | 특징 |
|---|---|---|---|---|
| | 1 | 아담 | 7대손 에녹 때까지 생존(930세) | |
| 족장 | 2 | 셋 | 아담의 3남 | |
| | 3 | 에노스 | 인간들이 '여호와의 이름'을 부르기 시작함 | |
| | 4 | 게난 | | |
| | 5 | 마할랄렐 | | |
| | 6 | 야렛 | | |
| 예언자 | 7 | 에녹 | - 죽음을 보지 않고 하나님의 데려가심을 받은 자(365세)<br>- 이 땅에 처음 나타난 예언자<br>- 아담의 장남 가인 계통의 7번째 라멕과 비교되는 자 | - 생애 4가지 특징<br>① 어둠의 세상을 산 자<br>② 구원의 은혜를 입은 자<br>③ 소박한 선(善)을 행한 자<br>④ 갑작스럽게 찾아오는 영광을 입은 자 |
| | 8 | 므두셀라 | 하나님의 인내 증거 | |
| | 9 | 라멕 | 하나님의 평강 증거 | |
| | 10 | 노아 | 하나님의 목적 증거<br>의의 선포자, 하나님과 동행한 자<br>성경에서 처음으로 그의 아들 이름(셈, 함, 야벳) 모두가 열거됨 | - 생애 3가지 특징<br>① 하나님께로부터 은혜 받음(found grace in the eyes of the Lord)<br>② 신실한 자, 하나님 중심의 삶(a just man and perfect in his generations)<br>- 하나님과 동행한 자(walked with God) |

| 구분 | 자손 | 성명 | 내용 | 특징 |
|---|---|---|---|---|
| | 10 | 노아 | - 한 세대에서 다른 세대로 증거(물의 심판)의 횃불을 넘겨줌<br>- 아담의 손자 에노스가 노아가 80세가 넘도록 생존했음<br>- 950세(BC 3118-2168)로 아브라함이 태어나기 2년 전 죽음 | ③ 하나님의 영의 능력으로 다산한 자, 세 아들이 성경에 기록됨 |
| | 11 | 셈 | 함 | 야벳 |
| | (거주지역) | 유프라테스 강과 나일 강 사이 | 아프리카 대륙 | 아시아, 유럽 대륙 |

## 3) 아담의 장남 '가인'의 자손

아담

(장남) 가인 — 동생 아벨을 죽임 / 에덴의 동쪽 놋 땅에 거주

에녹 — 가인이 놋 땅에 도시를 건설하고 자신의 아들 이름으로 명명함

이랏 — '도망자'의 뜻

므후야엘 — '하나님께 벌 받다'의 뜻

므드사엘 — '하나님께 속한 자'의 뜻

라멕 — '정복자'의 뜻 / 두 아내를 취하여 일부다처의 시조가 됨

| 야발 | 유발 | 두발가인 |
|---|---|---|
| '생산자'의 뜻 | '음의 파동을 일으키는 자'의 뜻 | '철공 두발'의 뜻 |
| - 장막에 거하는 자, 가축을 기르는 자의 조상<br>- 삶의 발명가, 마케팅의 전문가<br>- 시장의 상품을 매점, 가축 사업을 독점 | - 음악의 전문가<br>- 오르간을 다루는 자의 조상<br>- 현악기와 관악기의 발명자<br>- 인간의 공허함을 채워 주는 가락, 율동 창작 | - 놋과 쇠를 다루는 모든 기술자의 스승<br>- 고대 세계 산업혁명을 이끈 야금술의 발명가<br>- 무기를 제조하여 권력을 누렸음 |

* 이로써 인간은 모든 것을 소유하므로 부유했고, 물질의 풍족과 조직화된 도시적 삶을 영유했으며, 예술과 문화생활을 누렸으므로 그들에게는 하나님이 필요없었다.

이는 사람이 하나님을 반역한 것이므로, 하나님께서 극도로 타락한 인간을 심판하실 결심을 하시게 된 것이다.

### 4) 네피림(Nephilim, 거인족)

#### ⑴ 네피림은 누구인가?

①

"사람이 땅 위에 번성하기 시작할 때에 그들에게서 딸들이 나니 하나님의 아들들이 사람의 딸들의 아름다움을 보고 자기들이 좋아하는 모든 여자를 아내로 삼는지라"(창 6:1-2).

②

"당시에 땅에는 네피림이 있었고 그 후에도 하나님의 아들들이 사람의 딸들에게로 들어와 자식을 낳았으니 그들은 용사라 고대에 명성이 있는 사람들이었더라"(창 6:4).

③

"여호와께서 사람의 죄악이 세상에 가득함과 그의 마음으로 생각하는 모든 계획이 항상 악할 뿐임을 보시고"(창 6:5).

"땅 위에 사람 지으셨음을 한탄하사 마음에 근심하시고"(창 6:6).

④ 하나님께서 노아 시대에 홍수로 심판하신 원인은, 하나님의 아들들이 사람의 딸들을 취하여 타락한 네피림을 생산했기 때문이었다.

## (2) 가나안 정복 전쟁과 네피림

① 여호수아와 갈렙을 제외한 가나안 염탐꾼 10명의 보고

"거기서 네피림 후손인 아낙 자손의 거인들을 보았나니 우리는 스스로 보기에도 메뚜기 같으니 그들이 보기에도 그와 같았을 것이니라"(민 13:33).

② 이스라엘의 가나안 정복 전쟁은 홍수 이후에 존재했던 아낙 자손들과의 전쟁

"이스라엘아 들으라 네가 오늘 요단을 건너 너보다 강대한 나라들로 들어가서 그것을 차지하리니 그 성읍들은 크고 성벽은 하늘에 닿았으며 크고 많은 백성은 네가 아는 아낙 자손이라 그에 대한 말을 네가 들었나니 이르기를 누가 아낙 자손을 능히 당하리요 하거니와 오늘 너는 알라 네 하나님 여호와께서 맹렬한 불과 같이 네 앞에 나아가신즉 여호와께서 그들을 멸하사 네 앞에 엎드러지게 하시리니 여호와께서 네게 말씀하신 것같이 너는 그들을 쫓아내며 속히 멸할 것이라"(신

9:1-3).

### ⑶ 아브라함 시대의 네피림

①

“당시에 시날 왕 아므라벨과 엘라살 왕 아리옥과 엘람 왕 그돌라오멜과 고임 왕 디달이 소돔 왕 베라와 고모라 왕 비르사와 아드마 왕 시납과 스보임 왕 세메벨과 벨라 곧 소알 왕과 싸우니라…제십사 년에 그돌라오멜과 그와 함께 한 왕들이 나와서 아스드롯 가르나임에서 르바 족속을, 함에서 수스 족속을, 사웨 기랴다임에서 엠 족속을 치고”(창 14:1-2,5).

엠 족속은 네피림의 후손이었다.

②

“이전에는 에밈 사람이 거기 거주하였는데 아낙 족속같이 강하고 많고 키가 크므로 그들을 아낙 족속과 같이 르바임이라 불렀으나 모압 사람은 그들을 에밈이라 불렀으며“(신 2:10-11)

③

“호리 족속을 그 산 세일에서 쳐서 광야 근방 엘바란까지 이르렀으며”(창 14:6).

* 호리 족속은 네피림의 후손이었다.

* 호리 족속은 세일 산 지역에서 살고 있었는데, 후에 에서 족속들이 그들을 쫓아내고 그곳에 살았다.

④

"르바임 족속의 남은 자는 바산 왕 옥뿐이었으며 그의 침상은 철 침상이라 아직도 암몬 족속의 랍바에 있지 아니하냐 그것을 사람의 보통 규빗으로 재면 그 길이가 아홉 규빗이요 너비가 네 규빗이니라"(신 3:11).

바산 왕 옥은 네피림, 르바임 족속 중 최후에 남은 자로 알려졌다. 그들의 침대는 길이 4.2m, 너비 2.1m였고 신장이 4m 정도로 추정된다.

### (4) 여호수아 시대의 네피림

① 갈렙이 아낙 사람의 큰 성 헤브론을 점령

"그날에 여호와께서 말씀하신 이 산지를 지금 내게 주소서 당신도 그날에 들으셨거니와 그곳에는 아낙 사람이 있고 그 성읍들은 크고 견고할지라도 여호와께서 나와 함께 하시면 내가 여호와께서 말씀하신 대로 그들을 쫓아내리이다 하니"(수 14:12).

② 아르바는 아낙의 아버지

"여호와께서 여호수아에게 명령하신 대로 여호수아가 기럇 아르바 곧 헤브론을 유다 자손 중에서 분깃으로 여분네의 아들 갈렙에게 주었으니 아르바는 아낙의 아버지였더라"(수 15:13).

"갈렙이 거기서 아낙의 소생 그 세 아들 곧 세새와 아히만과 달매를 쫓아내었고"(수 15:14).

③ 여호수아가 네피림 즉 아낙 자손을 진멸

"그때에 여호수아가 가서 산지와 헤브론과 드빌과 아납과 유다 온 산지와 이스라엘의 온 산지에서 아낙 사람들을 멸절하고 그가 또 그들의 성읍들을 진멸하여 바쳤으므로"(수 11:21).

"이스라엘 자손의 땅에는 아낙 사람들이 하나도 남지 아니하였고 가사와 가드와 아스돗에만 남았더라"(수 11:22).

**이곳 가사와 가드와 아스돗은 블레셋 땅이다.**

*** 따라서 이스라엘의 가나안 정복 전쟁은 다름 아닌 아낙 자손들과의 전쟁임을 알 수 있다.**

### (5) 사울 왕 때에 블레셋(네피림)이 이스라엘을 침입하다

①

"블레셋 사람들이 그들의 군대를 모으고 싸우고자 하여 유다에 속한 소고에 모여 소고와 아세가 사이의 에베스담밈에 진치매 사울과 이스라엘 사람들이 모여서 엘라 골짜기에 진 치고 블레셋 사람들을 대하여 전열을 벌였으니"(삼상 17:1-2).

"블레셋 사람들의 진영에서 싸움을 돋우는 자가 왔는데 그의 이름은 골리앗이요 가드 사람이라"(삼상 17:4).

사울은 온 이스라엘이 블레셋 사람을 보고 놀라 크게 두려워하였다.

②

"블레셋 사람이 일어나 다윗에게로 마주 가까이 올 때에 다윗이 블레셋 사람을 향하여 빨리 달리며 손을 주머니에 넣어 돌을 가지고 물매로 던져 블레셋 사람의 이마를 치매 돌이 그의 이마에 박히니 땅에 엎드러지니라"(삼상 17:48-49).

### (6) 다윗 시대의 네피림
### -블레셋 거인들을 죽인 다윗의 용사들

①

"블레셋 사람이 다시 이스라엘을 치거늘 다윗이 그의 부하들과 함께 내려가서 블레셋 사람과 싸우더니 다윗이 피곤하매"(삼하 21:15).

"거인족의 아들 중에 무게가 삼백 세겔 되는 놋 창을 들고 새 칼을 찬 이스비브놉이 다윗을 죽이려 하므로 스루야의 아들 아비새가 다윗을 도와 그 블레셋 사람들을 쳐 죽이니"(삼하 21:16-17).

"그 후에 다시 블레셋 사람과 곱에서 전쟁할 때에 후사 사람 십브개는 거인족의 아들 중의 삽을 쳐 죽였고"(삼하 21:18).

"또다시 블레셋 사람과 곱에서 전쟁할 때에 베들레헴 사람 야레오르김의 아들 엘하난은 가드 골리앗의 아우 라흐미를 죽였는데"(삼하 21:19).

"또 가드에서 전쟁할 때에 그곳에 키가 큰 자 하나는 손가락과 발가락이 각기 여섯 개씩 모두 스물네 개가 있는데 그도 거인족의 소생이라 그가 이스라엘 사람을 능욕하므로 다윗의 형 삼마의 아들 요나단이 그를 죽이니라"(삼하 21:20-21).

"이 네 사람 가드의 거인족의 소생이 다윗의 손과 그의 부하들의 손에 다 넘어졌더라"(삼하 21:22).

* 그리고 이 기록 이후에는 네피림의 후손이 성경에 더 이상 나타나지 않았다.

**(7) 네피림의 정체는 무엇인가?**

그들은 천사들과 사람의 딸들과 비정상적인 결혼으로 생산된 비정상적인 존재로 보는 견해도 있으나 예수님께서 천사는 성별이 없다고(마 22:30) 하신 말씀에 따른다면, 천사가 사람의 딸과 결혼하여 생산된 존재로 보기는 어려우므로 네피림은 하나님의 아들과 사람의 딸과의 결혼으로 생산된 거인족으로 보는 것이 옳다고 본다.

"부활 때에는 장가도 아니 가고 시집도 아니 가고 하늘에 있는 천사들과 같으니라"(마 22:30).

하나님의 아들들은 경건한 셋의 계통으로, 사람의 딸들은 가인의 계통으로 보는 것이 성경 전체의 사상과 부합되는 견해이다.

5

# 노아의 홍수

## 1) 노아의 계보: 노아의 아들 셈에서 아브라함까지(10대, 3,173년)

노아(950세에 죽음)

- 500세 후: 셈, 함, 야벳 출생(창 5:32)
- 600세 때: 홍수 심판(사유: 땅과 사람의 죄악)
- 하나님의 긍휼: 방주 건설

* 하나님의 구원의 역사

| 1 | | 2 | | 3 | 4 | 5 | 6–9 | 10 |
|---|---|---|---|---|---|---|---|---|
| 셈[602]<br>*여호와께서 가나안은 셈의 종으로 삼으심 | 1 | 엘람 | | | | | | |
| | 2 | 앗수르 | | | | | | |

| 1 | | 2 | | 3 | 4 | 5 | 6–9 | 10 |
|---|---|---|---|---|---|---|---|---|
| -이스라엘의 조상 | 3 | 아르박삿[438] → | | 셀라[433] → | 에벨[464] → | 벨렉[239] → | 르우[239] → | 아브라함[175] (고향: 하란) |
| -메소포타미아 동부와 아라비아 반도에 거주함 | 4 | 룻 | | | | | | -갈대아 우르에서 출생 |
| | 5 | 아람 | | | | | 스룩[230] | |
| | 6 | 우스 | | | | | | - 고대 문화의 중심지 |
| | 7 | 훌 | | | | | 나홀[148] | - 이방 종교가 많았음 |
| | 8 | 게델 | | | | | | |
| | 9 | 메섹 | | | | | 데라[205] | |
| 함 | 1 | 구스 | 1 | 스바 | | | | |
| *여호와께서 가나안의 아버지로 삼으심<br>-애굽과 메소포타미아 남부 거주함 | | - 인류 최초 문명 발생지인 메소포타미아 남부의 제국들의 조상 | 2 | 하윌라 | | | | |
| | | | 3 | 삽다 | | | | |
| | | | 4 | 라아마 | 1 스바 | | | |
| | | | | | 2 드단 | | | |
| | | | 5 | 삽드가 | | | | |
| | | | 6 | 니므롯 | 세상에서 첫 용사 (여호와께서 용감한 사냥꾼으로 불렀다고 함) | | | |
| | 2 | 미스라임<br>- 나일 강을 중심으로 찬란한 문명을 일군 애굽의 조상 | 1 | 루딤 | | | | |
| | | | 2 | 아나님 | | | | |
| | | | 3 | 르하빔 | | | | |
| | | | 4 | 납두힘 | | | | |
| | | | 5 | 바드루심 | | | | |
| | | | 6 | 가슬루힘 | 블레셋 족속의 조상 | | | |
| | | | 7 | 갑도림 | | | | |

| 1 | | 2 | | 3 | 4 | 5 | 6–9 | 10 |
|---|---|---|---|---|---|---|---|---|
| | 3 | 붓 | | | | | | |
| | 4 | 가나안<br>- 가나안 지역 해양무역으로 유명한 페니키아 문명을 이룬 민족의 조상 | 1 | 시돈 | | | | |
| | | | 2 | 헷 | | | | |
| | | | 3 | 여부스 | | | | |
| | | | 4 | 아모리 | | | | |
| | | | 5 | 히위 | *각 종족의 조상 | | | |
| | | | 6 | 신 | | | | |
| | | | 7 | 하맛 | | | | |
| | | | 8 | 기르가스 | | | | |
| | | | 9 | 알가 | | | | |
| | | | 10 | 아르왓 | | | | |
| | | | 11 | 스말 | | | | |
| 야벳<br>*여호와께서 셈의 장막에 거하게 하심 | 1 | 고멜 | 1 | 아스그나스 | | | | |
| | | | 2 | 리밧 | | | | |
| | | | 3 | 도갈마 | | | | |
| | 2 | 마곡 | | | | | | |
| | 3 | 마대 | | | | | | |
| -지중해 연안과 소아시아 지역 거주 | 4 | 야완 | 1 | 엘리사 | | | | |
| | | | 2 | 다시스 | | | | |
| | | | 3 | 깃딤 | | | | |
| | | | 4 | 도다님 | | | | |
| | 5 | 두발 | | | | | | |
| | 6 | 메섹 | | | | | | |
| | 7 | 디라스<br>- 노아의 아들 3명의 후손들이 인류의 70개 민족을 이룸 | | | | | | |

## 2) 대홍수(물) 심판의 주요 개요

① 노아의 방주 승선

"노아는 아들들과 아내와 며느리들과 함께(모두 8명) 홍수를 피하여 방주에 들어갔고 정결한 짐승과 부정한 짐승과 새와 땅에 기는 모든 것은 하나님이 노아에게 명하신 대로 암수 둘씩 노아에게 나아와 방주로 들어갔으며"(창 7:7-9).

② 대홍수 연월일 예시

"노아가 육백 세 되던 해 둘째 달 곧 그 달 열이렛날이라"(창 7:11전).

③ 대홍수

"그날에 큰 깊음의 샘들이 터지며 하늘의 창문들이 열려 사십 주야를 비가 땅에 쏟아졌더라"(창 7:11후-12).

④ 방주의 산 정착

"물이 백오십 일을 땅에 넘쳤더라"(창 7:24).

"일곱째 달 곧 그달 열이렛날에 방주가 아라랏 산(4,876m)에 머물렀으며"(창 8:4).

⑤ 대홍수 후 까마귀 내보냄

"사십 일을 지나서 노아가 그 방주에 낸 창문을 열고 까마귀를 내놓으매 까마귀가 물이 땅에서 마르기까지 날아 왕래하였더라"(창 8:6-7).

**썩은 고기를 먹는 까마귀는 먹이를 발견하고 방주를 떠나 사는 데 만족하여 돌아오지 않았음.**

"온 지면에 물이 있으므로 비둘기가 발 붙일 곳을 찾지 못하고 방주로 돌아와 그에게로 오는지라 그가 손을 내밀어 방주 안 자기에게로 받아들이고 또 칠 일을 기다려 다시 비둘기를 방주에서 내놓으매 저녁 때에 비둘기가 그에게로 돌아왔는데 그 입에 감람나무 새 잎사귀가 있는지라…또 칠 일을 기다려 비둘기를 내놓으매 다시는 그에게로 돌아오지 아니하였더라"(창 8:9-12).

⑥ 대홍수 후 물이 걷힘

"육백일 년 첫째 달 곧 그 달 초하룻날에 땅 위에서 물이 걷힌지라 노아가 방주 뚜껑을 제치고 본즉 지면에서 물이 걷혔더니"(창 8:13).

⑦ 노아의 방주 하선

"둘째 달 스무이렛 날에 땅이 말랐더라 하나님이 노아에게 말씀하여 이르시되 너는 네 아내와 네 아들들과 네 며느리들과 함께 방주에서 나오고…땅 위의 동물 곧 모든 짐승과 모든 기는 것과 모든 새도 그 종류대로 방주에서 나왔더라"(창 8:14-16, 19).

⑧ 노아의 제사

"노아가 여호와께 제단을 쌓고 모든 정결한 짐승과 모든 정결한 새 중에서 제물을 취하여 번제로 제단에 드렸더니"(창 8:20).

⑨ 하나님께서는 노아의 헌신과 믿음의 행위에 매우 기뻐하셨다. 이것이 하나님과 노아의 언약의 기반이 되었다.

"여호와께서 그 향기를 받으시고…"(창 8:21).

⑩ 하나님이 노아와 함께 하신 언약, 영존하는 언약(창 9:12).

- "다시는 모든 생물을 홍수(물)로 멸하지 아니할 것이라"(창 9:11).

- 약속의 증표: 노아로 하여금 구름 속에 무지개를 보게 하심(창 9:13).

- 무지개의 아치는 하늘을 향해 활처럼 구부러져 있으나 화살이 없는 활이다. 그 화살은 이미 썼기 때문이다.

⑪ 노아와 가족들 그 여덟 사람은 하나님의 언약 아래 살게 된 새 인류요 새 아담이 된 것이다.

### 3) 노아의 방주

재현된 노아의 방주

네덜란드 샤헨에서 건조되고 있는 요한 하위버르스 방주. 높이 13.5m, 너비 9.5m, 길이 70m의 이 방주는 하위버르스 씨가 성경에 나오는 노아의 방주를 본떠 5분의 1로 축소한 크기로 건조하고 있다.

### 4) 노아의 장남 셈의 후손(26종족)

- 셈은 히브리어로 '영광'의 의미

#### (1) 위치

하나님께서 모든 땅의 가장 중심 지역, 즉 아브라함에게 약속하신 유프라테스 강과 나일 강 사이에 자리 잡은 전략적인 지역을 주심

- 장남 셈에게는 북쪽으로 이동시킨 후, 서편으로는 유럽(대륙), 동편으로는 인도(아시아 대륙) 지역까지 주심
- 차남 함에게는 남쪽, 애굽(아프리카 대륙)을 주심
- 이는 홍수 이후에 하나님의 심판으로 '인류의 분산'을 의미한다.

⑵ **주요 종족**

히브리인, 아시리아인, 욕단 족의 아랍인

⑶ **주요 나라**

이스라엘, 아시리아(앗수르), 아라비아, 소아시아, 페르시아 만의 예멘과 오만

⑷ **언어**

히브리어

⑸ **종교**

유대교

⑹ **특징**

① 하나님의 축복을 받은 종족 - 아브라함을 거쳐 예수님에 이르는 고귀한 혈통

"또 이르되 셈의 하나님 여호와를 찬송하리로다 가나안은 셈

의 종이 되고"(창 9:26).

② 셈의 3남 아르박삿은 셈의 전체 족속의 계통 중 가장 중요함

③ 에벨의 후손들은 유프라테스 강에서 가나안으로 이주함(수 24:2-3, 14-15)

### 5) 노아의 2남 함의 후손(30종족)

-함은 애굽어로 '검은'의 의미

#### (1) 위치

남쪽으로 이동하여, 아프리카 대륙에 정착

#### (2) 주요 종족

애굽인, 에티오피아인, 남부 아랍인, 초기의 바벨론인, 가나안인, 아라비아인

#### (3) 주요 나라

애굽, 바벨론(갈대아), 에티오피아, 카르타고, 아라비아, 팔레스타인

#### (4) 언어

애굽어

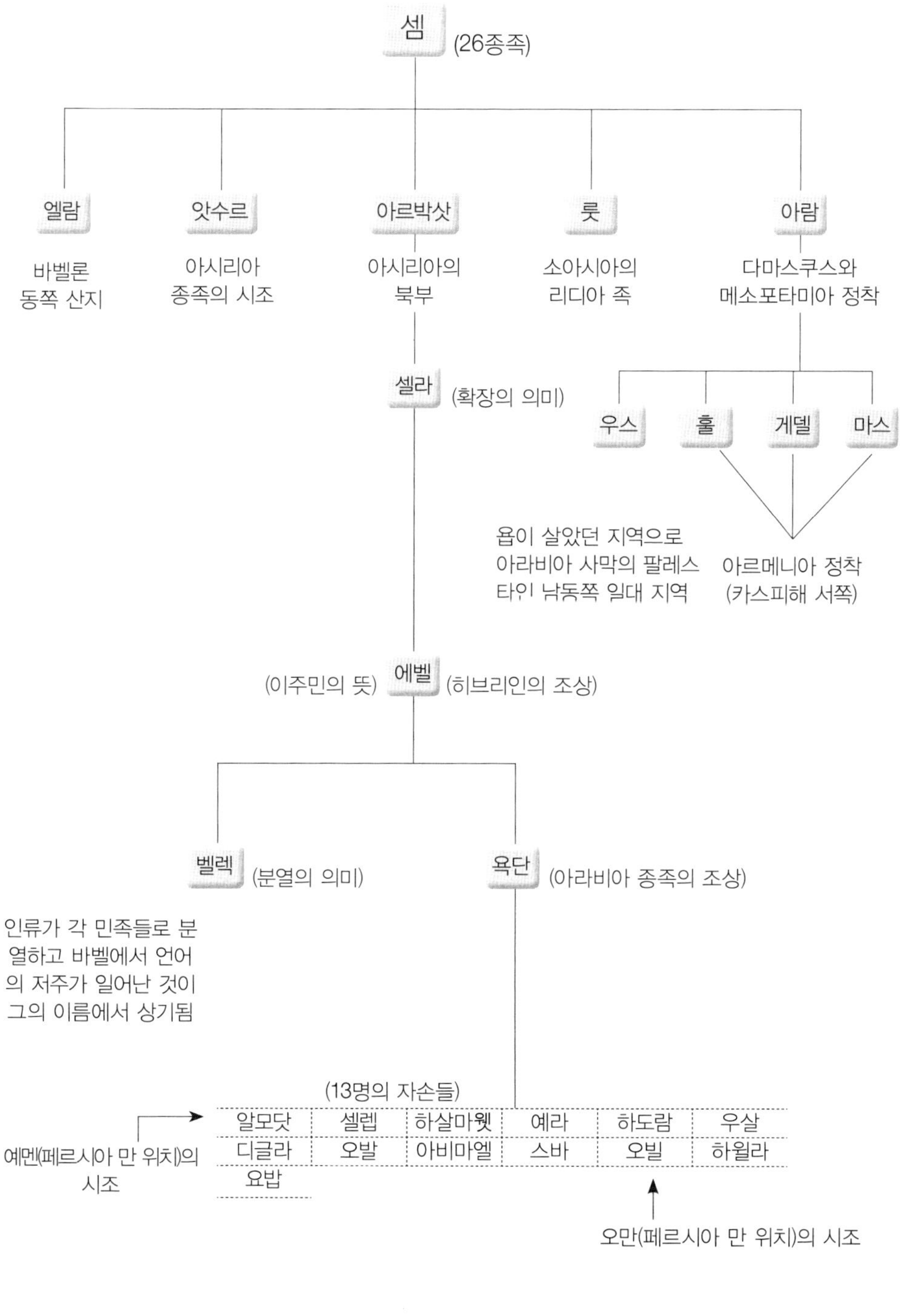
셈 (26종족)
엘람
바벨론 동쪽 산지
앗수르
아시리아 종족의 시조
아르박삿
아시리아의 북부
룻
소아시아의 리디아 족
아람
다마스쿠스와 메소포타미아 정착
셀라 (확장의 의미)
우스
훌
게델
마스
욥이 살았던 지역으로 아라비아 사막의 팔레스 타인 남동쪽 일대 지역
아르메니아 정착 (카스피해 서쪽)
(이주민의 뜻) 에벨 (히브리인의 조상)
벨렉 (분열의 의미)
인류가 각 민족들로 분열하고 바벨에서 언어의 저주가 일어난 것이 그의 이름에서 상기됨
욕단 (아라비아 종족의 조상)
(13명의 자손들)
알모닷 셀렙 하살마웻 예라 하도람 우살
디글라 오발 아비마엘 스바 오빌 하윌라
요밥
예멘(페르시아 만 위치)의 시조
오만(페르시아 만 위치)의 시조

(5) **종교**

이방인들의 이교

(6) **특징**

① 함은 아버지 노아가 벌거벗은 수치를 덮어 주지 않음으로 저주를 받음(창 9:22, 25)

② 함의 후손 니므롯은 시날 땅(바벨론)에 인류 최초의 제국인 니므롯 제국(현, 남부 이라크)과 바벨 제국(초기 바벨론 제국)을 세움(BC 3,800-3,500년 경)

③

"구스가 또 니므롯(반역하다의 의미)을 낳았으니 그는 세상에 첫 용사라"(창 10:8).

"그가 여호와 앞에서 용감한 사냥꾼이 되었으므로"(창 10:9).

"그의 나라는 시날 땅의 바벨과 에렉과 악갓과 갈레에서 시작되었으며"(창 10:10).

"그가 그 땅에서 앗수르로 나아가 니느웨와 르호보딜과 갈라와 및 니느웨와 갈라 사이의 레센을 건설하였으니"(창 10:11-12).

- 니느웨는 여호와께서 요나에게 "너는 일어나 저 큰 성읍 니

느웨로 가서 그것을 향하여 외치라 그 악독이 내 앞에 상달되었음이니라"(욘 1:2)라고 기록된 성읍이다.

④ 니므롯은 시날 땅에 바벨탑을 건설한 자로서, 이는 사람이 교만해져서 하나님을 대적한 사건이었음

- 인간이 하나님을 높이고 찬양하려는 것이 아니라 교만해져서 자신들의 이름을 나타내려 했던 것

> "자, 성읍과 탑을 건설하여 그 탑 꼭대기를 하늘에 닿게 하여 우리 이름을 내고 온 지면에 흩어짐을 면하자"(창 11:4).

* 바벨: '신에게 이르는 문'(the gate to the god)의 의미이며, "우리(여호와)가 내려가서 거기서 그들의 언어를 혼잡하게 하여 그들이 서로 알아듣지 못하게 하자"(창 11:7), "여호와께서 거기서 그들을 온 지면에 흩으셨더라"(창 11:9)라고 기록됨

⑤ 팔레스타인(블레셋)은 니므롯의 후손으로 원래는 애굽 족속이며 '이주하다'의 의미임

⑥ 함의 4남 가나안은 가나안 족속의 조상으로, 그들은 이스라엘 족속에게서 저주 받은 족속임

⑦ 가나안의 후손인 시돈과 두로는 자매도시로, 시돈은 가장 오래된 가나안 도시며, 훗날 로마 제국과 지중해의 패권 경쟁자였던 북아프리카 해안의 카르타고는 가나안 족속의 페니키아인 두로의 식민지였음

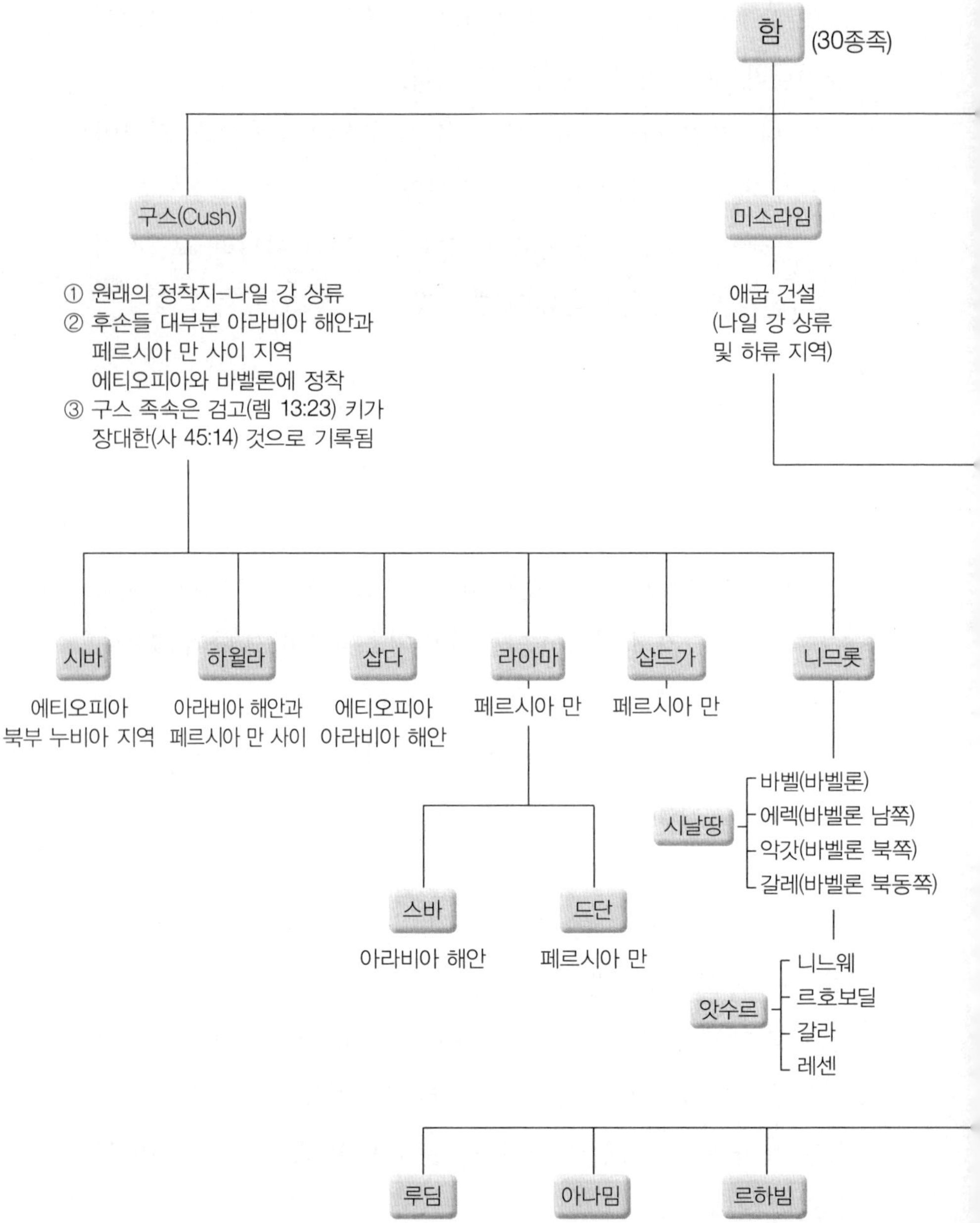
함 (30종족)
구스(Cush)
① 원래의 정착지–나일 강 상류
② 후손들 대부분 아라비아 해안과
페르시아 만 사이 지역
에티오피아와 바벨론에 정착
③ 구스 족속은 검고(렘 13:23) 키가
장대한(사 45:14) 것으로 기록됨
미스라임
애굽 건설
(나일 강 상류
및 하류 지역)
시바
에티오피아
북부 누비아 지역
하윌라
아라비아 해안과
페르시아 만 사이
삽다
에티오피아
아라비아 해안
라아마
페르시아 만
삽드가
페르시아 만
니므롯
스바
아라비아 해안
드단
페르시아 만
시날땅
바벨(바벨론)
에렉(바벨론 남쪽)
악갓(바벨론 북쪽)
갈레(바벨론 북동쪽)
앗수르
니느웨
르호보딜
갈라
레센
루딤
아나밈
르하빔

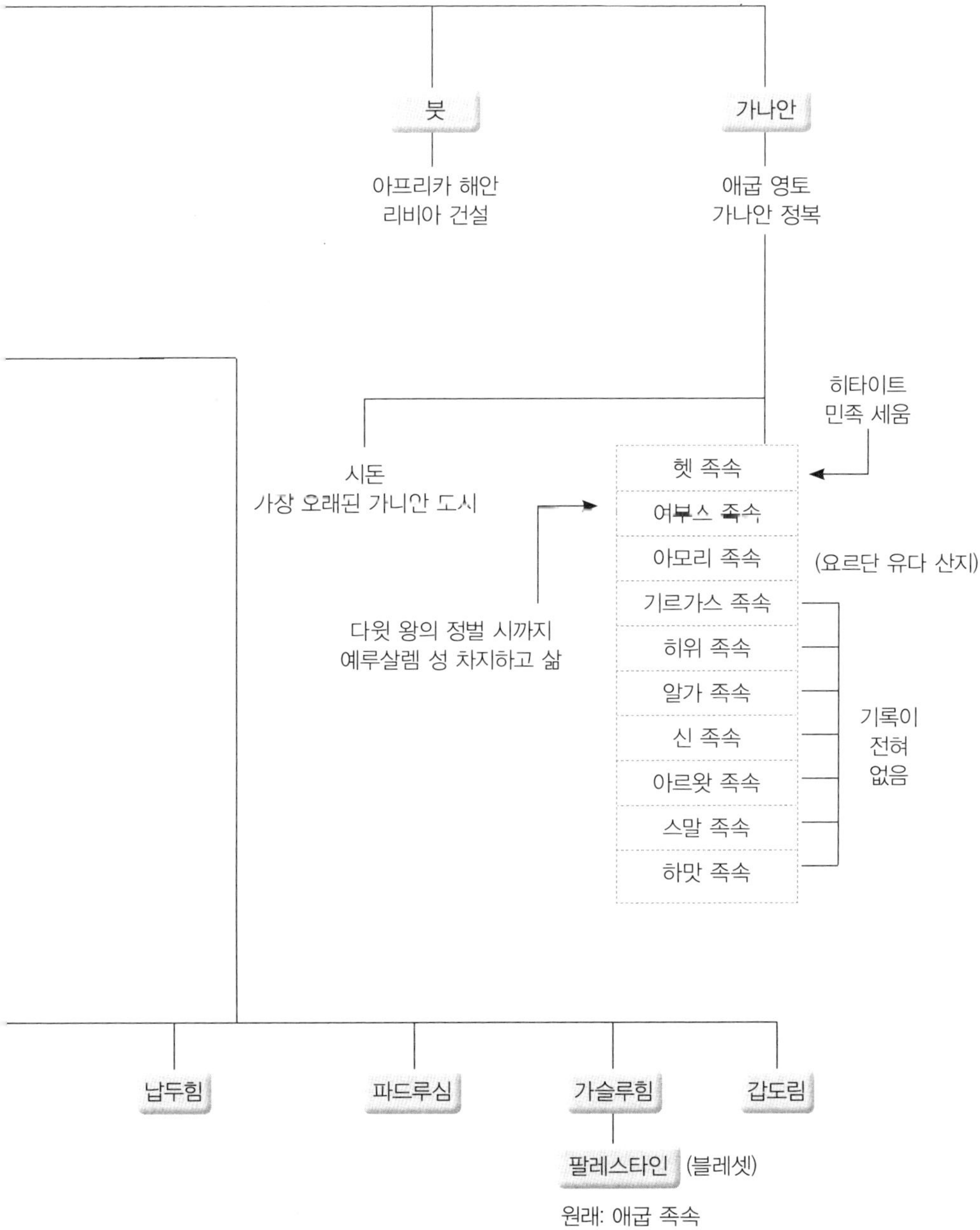
붓
아프리카 해안
리비아 건설
가나안
애굽 영토
가나안 정복
히타이트
민족 세움
시돈
가장 오래된 가나안 도시
헷 족속
여부스 족속
아모리 족속
(요르단 유다 산지)
기르가스 족속
히위 족속
알가 족속
신 족속
아르왓 족속
스말 족속
하맛 족속
기록이
전혀
없음
다윗 왕의 정벌 시까지
예루살렘 성 차지하고 삶
납두힘
파드루심
가슬루힘
갑도림
팔레스타인
(블레셋)
원래: 애굽 족속

### 6) 노아의 3남 야벳의 후손(14종족)

- 야벳은 아리안어로 '으뜸 인종'의 의미

#### (1) 위치

북쪽으로 이동하여 유럽 대륙과 아시아 대륙에 정착

#### (2) 주요 종족

(서쪽) 유럽의 주요 종족, (동쪽) 인도 종족(아시아의 아리안 족)

#### (3) 주요 나라

그리스, 로마, 페르시아, 러시아, 독일, 터키, 인도

#### (4) 언어

아리안어(위대한 아시아의 아리안 인종의 시조)

#### (5) 종교

이방인들의 이교

#### (6) 특징

① 인류 역사상 최초의 제국을 건설한 함(노아의 2남)의 후손이 바벨론 제국을 통하여 2,000년 이상 세계의 패권을 가졌으나 야벳의 후손인 바사(페르시아) 제국의 고레스 왕이 바벨론 제국의 벨

사살 왕에게 승리하여(단 5:30), 그 이후(BC 539) 야벳 족속이 세계를 지배하여 오고 있음

② 야벳의 후손들이 처음에는 카스피 해와 흑해의 해안지방에 정착해서 훗날 대서양까지 유럽으로 퍼져서 독일과 웨일즈까지 흔적을 남겼음

③ 야벳의 후손들의 종족 이름 - 고멜, 마곡, 두발, 메섹, 도갈마 (겔 38-39장 기록)

* 이들은 모두 하나님을 대적한 반유대주의 민족들이었음

④ "요나가 여호와의 얼굴을 피하려고 일어나 다시스로 도망하려 하여 욥바로 내려갔더니 마침 다시스로 가는 배를 만난지라 여호와의 얼굴을 피하여 그들과 함께 다시스로 가려고 배삯을 주고 배에 올랐더라"(욘 1:3).

* 다시스(스페인 해안의 남서 지역)는 예언적으로 서쪽 가장 끝을 상징함

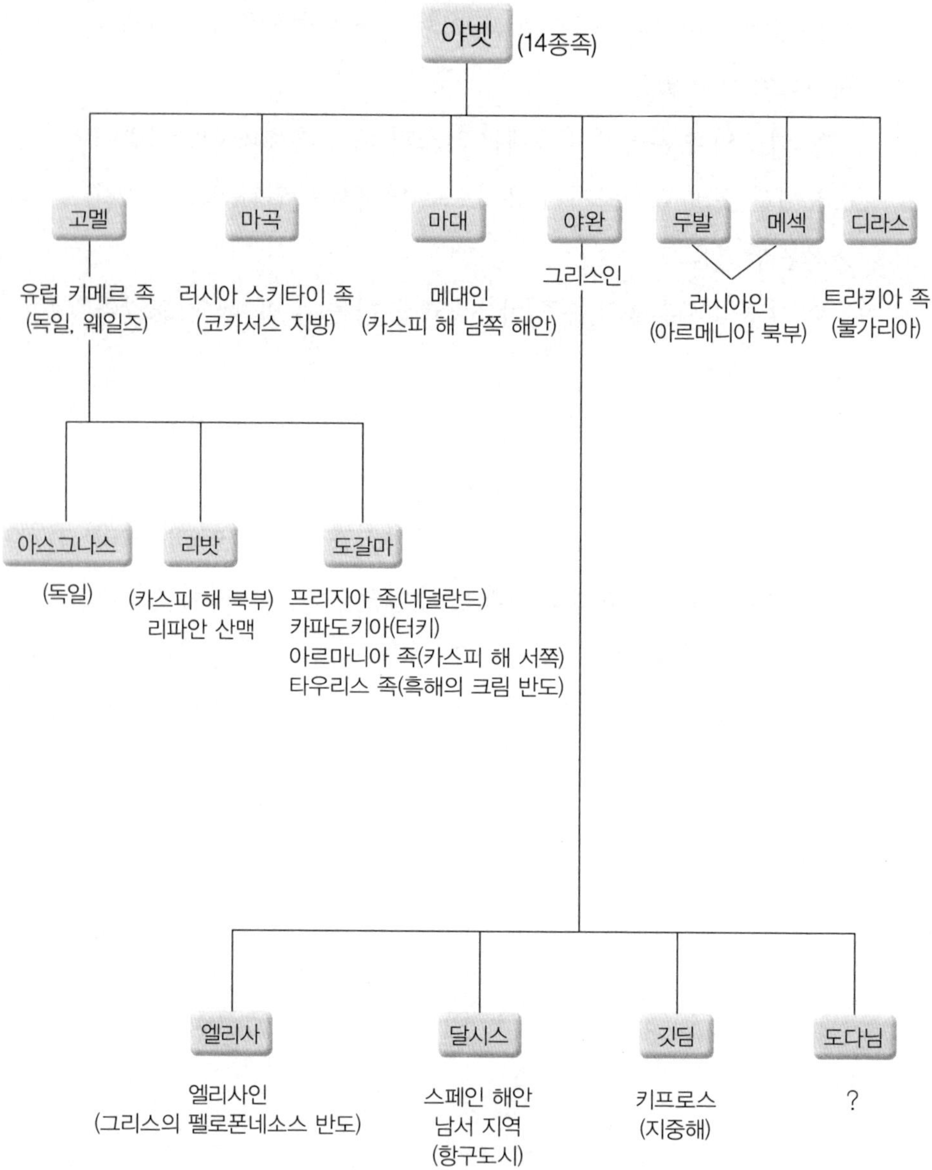
야벳
(14종족)
고멜
유럽 키메르 족
(독일, 웨일즈)
마곡
러시아 스키타이 족
(코카서스 지방)
마대
메대인
(카스피 해 남쪽 해안)
야완
그리스인
두발
메섹
러시아인
(아르메니아 북부)
디라스
트라키아 족
(불가리아)
아스그나스
(독일)
리밧
(카스피 해 북부)
리파안 산맥
도갈마
프리지아 족(네덜란드)
카파도키아(터키)
아르마니아 족(카스피 해 서쪽)
타우리스 족(흑해의 크림 반도)
엘리사
엘리사인
(그리스의 펠로폰네소스 반도)
달시스
스페인 해안
남서 지역
(항구도시)
깃딤
키프로스
(지중해)
도다님
?

### 7) 하나님을 떠난 세상(세대)에서 하나님의 구원 계획

<table>
<tr><th></th><th>구분</th><th>대홍수 이전</th><th>그리스도 이전</th></tr>
<tr><td>1</td><td>대상</td><td>가인(아담의 첫째 아들)과 셋(아담의 셋째 아들)의 자손들(아담에서 노아까지 10대)</td><td>온 세상(모든 열방)</td></tr>
<tr><td>2</td><td>하나님께서<br>사용하신 사람</td><td>위대한 목수 노아</td><td>목수의 아들 예수 그리스도</td></tr>
<tr><td>3</td><td>구원 방법</td><td>하나님의 심판으로부터 안전이 보장된 구원의 피난처</td><td>예수님 안에 피난(믿음)한 모든 자들에게 심판으로부터 안전이 보장된 의를 주심</td></tr>
<tr><td>4</td><td>구원의 증거</td><td>'방주'를 만들게 하심</td><td rowspan="2">하나님의 말씀 선포<br>- 이적, 기적, 기사, 표적을 행하심<br>믿는 자들과 하나님의 진노 사이에는 그리스도께서 계심</td></tr>
<tr><td>5</td><td>구원의 시기</td><td>하나님의 긍휼하심과 진노 사이의 결정적인 순간</td></tr>
<tr><td>6</td><td>하나님의<br>임재 장소</td><td>환난의 시기에 하나님께서 노아의 가족들과 함께 방주 안에 계셨음</td><td>오늘날에는 믿는 자들이 그리스도 안에 있음<br>(그리스도는 구원의 방주)</td></tr>
<tr><td>7</td><td>인간(믿는 자)의<br>자세(공통)</td><td colspan="2">1) 우리는 하나님의 말씀에 대한 응답이 있어야 하고, 의도적으로 그리스도께로 돌아서야 함<br>2) 그분은 우리의 방주이시고 구원은 그분 안에서만 얻을 수 있음<br>3) 오늘날도 마찬가지임, 우리는 하나님을 신뢰하고 순종해야 함</td></tr>
<tr><td>8</td><td>하나님의<br>복음으로의 초대</td><td>- 노아에게 하신 말씀:<br>오라(come)<br>- 노아의 응답:<br>"내 모습대로 왔습니다"</td><td>오늘날에도 반복하여 말씀(성경)하고 계심: 오라(come)</td></tr>
<tr><td>9</td><td>하나님께서<br>짐승들까지도 통치</td><td>천지가 창조될 때에 짐승들이 명명되기 위해 아담 앞으로 정렬되어 나온 것처럼,<br>그 짐승들이 구원을 위하여 하나님의 인도하심으로 노아 앞으로 나옴</td><td>예수 그리스도의 공생애 사역 시에도 짐승들을 통치하셨음<br>- 신약성경에 기록됨</td></tr>
</table>

# 6

# 믿음의 조상 아브라함

## 1) 아브라함의 자손

| 아브라함(175세)<br>(뜻: 많은 민족의 아버지) | 이삭(180세)<br>(뜻: 웃음) | 에서(에돔)<br>(40세 결혼) | 엘리바스<br>(본처)<br>(첩: 딤나) | – 데만 족장<br>– 오말 족장<br>– 스보 족장<br>– 가담 족장<br>– 그나스 족장 | * 에서의 자손 '족장 13명은 에돔의 조상'<br>– 족장들은 반 유목민이었음, 조상들로부터 받은 기업이 없어서 외국인, 또는 나그네로 성경에 소개 |
|---|---|---|---|---|---|
| * 75세에 '하란'을 떠나 '브엘세바' '헤브론' 거주<br>90세에 출생<br>(사라)<br>–많은 민족의 어머니 | 40세 결혼<br>(리브가)<br>아브라함의 첫째 동생 나홀의 여덟째 아들 브두엘의 딸. '하란' 거주, 아람 족속 라반의 누이 | (바스맛)<br>가나안 헷 족속 엘론의 딸<br>(유딧)<br>가나안 헷 족속 브에리의 딸<br>(마할렐)<br>이스마엘의 딸 느바욧의 누이(개명) | | – 아말렉 족장 | |
| | | | – 여우스 족장<br>– 얄람 족장<br>– 고라 족장 | | * 에돔 땅 세일에 거주. 에서가 아버지 이삭 근처(브엘세바)에 살았음 |
| | | | – 르우엘 | – 나핫 족장<br>– 세라 족장<br>– 삼마 족장<br>– 미사 족장 | * 세일산의 원주민 호리 족속을 점령, 쫓아버림. |

| | | | | | | |
|---|---|---|---|---|---|---|
| | 100세에<br>출생 | 60세에<br>쌍둥이<br>형제 출생 | 야곱(147세)<br>(본처: 레아, 라헬)<br>(첩: 빌하, 실바)<br>71세 결혼 | – 르우벤<br>– 시므온<br>– 레위<br>– 유다<br>– 단<br>– 납달리<br>– 갓<br>– 아셀<br>– 잇사갈<br>– 스불론<br>– 요셉<br>– 베냐민 | * 야곱의 자손<br>– 아들: 12명<br>– 딸: 1명<br>(자료 별도) | 이스라엘<br>민족의<br>12지파 |
| (첩: 하갈)<br>– 사라의 종<br>* 가나안 땅 거주 10년 후 종으로 들임(애굽인) | 86세에<br>출생 | 이스마엘<br>(137세)<br>(뜻: 하나님이 들으심)<br>아버지 아브라함과 함께 13세에 할례를 받다<br>(아내: 애굽인)<br>(아들 12명) | – 느바욧<br>– 게달<br>– 앗브엘<br>– 밉삼<br>– 미스마<br>– 두마<br>– 맛사<br>– 하닷<br>– 데마<br>– 여둘<br>– 나비스<br>– 게드마<br>(딸)바스맛 | (에서의 세 번째 아내) | | * 이스마엘의 12명의 아들들이 오늘날의 '아랍 족속'이다.<br><br>* 이스마엘은 시내 반도 북부 '바란 광야'에서 성장<br>– 아브라함이 이삭에게서 멀리 떨어지게 함<br><br>* 아브라함이 하윌라에서부터 앗수르로 통하는 애굽 앞 '술'까지 이르는 땅에서 살게 함 |

| | | | | | |
|---|---|---|---|---|---|
| (후처: 그두라)<br>(미디안 인) | | – 시므란 (노래 또는 노래 부르는 자를 의미) | | | * 아브라함의 후처 그두라의 자손 6명은 '미디안 족속'의 조상임<br><br>* 아브라함이 장자 이삭을 떠나 '동방'(동쪽땅)으로 가게 하였음 |
| | | – 욕산 (어렵다, 괘씸하다의 의미) | – 스바 | | |
| | | | – 드단 | – 앗수르 족속 | |
| | | | | – 르두시 족속 | |
| | | | | – 르움미 족속 | |
| | | – 므단 | (심판, 반항적 의미) | | |
| | | – 미디안<br>* 이스라엘의 강력한 대적이 됨 | – 에바 | | |
| | | | – 에벨 | | |
| | | | – 하녹 | | |
| | | | – 아비다 | | |
| | | | – 엘다아 | | |
| *아브라함 아들 8명 | (아들 6명) | – 이스박 (버림받음의 의미) | | | |
| | | – 수아 (울라, 수치의 의미) | | | |

## 2) 아브라함(최초의 순례자)의 삶(BC 2166-BC 1991, 175세)

| | |
|---|---|
| (1) 성경의 아브라함 관련 말씀 | 창세기의 25% 할애 |
| (2) 혈통과 가계 | 아담의 직계 자손 |
| (3) 고향 | 갈대아 우르(바벨론의 중요한 도시)<br>- 쾌락과 번영의 도시, 달 숭배의 중심지 |
| (4) 종교 | 갈대아 우르의 이교도, 우상 숭배(달의 신) |
| (5) 아브라함의 세상적인 생활 환경 | ① 사업에서 성공한 부자<br>② 뛰어난 미모의 여인과 결혼(사라: 이복여동생)<br>③ 집안 사람, 종을 거느리는 안정된 삶<br>④ 존경받는, 종교적(이교도)인 삶<br>⑤ 아브라함 초기의 삶은 영원한 파멸을 향해 서둘러 가고 있는 불쌍한 길 잃은 죄인(창 12:1)<br>⑥ 아브라함의 진정한 삶의 기록은 살아 계신 하나님과 개인적으로 직접 만나는 이야기로 시작됨(창 12:1) |
| (6) 하나님의 계시를 받고, 고향 갈대아 우르를 떠남 | ① 장소(기착지): 북쪽 하란(바빌로니아 제국의 국경마을)<br>② 동행자(3명): 아버지 데라, 아내 사라<br>③ 하란을 떠날 때에 아브라함의 나이: 75세<br>④ 하란의 체류기간: 약 25년간(아버지 데라 사망시까지) |
| (7) 아브라함 생애의 믿음의 길(영적 순례) | 100년의 세월(75-175세)<br>- 그 기간은 전 역사를 통하여 가장 중요한 세기 중의 하나로 인류 발전에 많은 영향을 미침 |
| (8) 하나님께서 아브라함과 맺은 언약의 땅 | "내가 이 땅을 애굽 강에서부터 그 큰 강 유브라데까지 네 자손에게 주노니"(창 15:18). |

| | |
|---|---|
| (9) 하나님의 말씀 | "여호와께서 아브람에게 이르시되 너는 반드시 알라 네 자손이 이방에서 객이 되어 그들을 섬기겠고 그들은 사백 년 동안 네 자손을 괴롭히리니 그들이 섬기는 나라를 내가 징벌할지며 그 후에 네 자손이 큰 재물을 이끌고 나오리라"(창 15:13-14).<br><br>* 실제로 4대(레위, 고핫, 아므람, 모세)에 걸쳐 430년을 섬겼음. |
| (10) 영적인 묵상 | ① 영적인 것은 물질적인 것 배후에 내재하는 실재이므로 아브람은 하나님께서 말씀하시기를 기다렸다. 때로 하나님께서 침묵하시는 것은 이상한 일이 아니다. 사실 하나님은 말씀하실 때보다 침묵하실 때가 더 많다.<br><br>② 하나님께서는 신앙생활을 통하여 믿음의 삶의 원칙을 배우고 경험을 통해 더 강해지도록 고난을 겪게 하시는데, 은혜 안에서 자라가며 하나님을 아는 지식이 늘어가기 위해서는 다른 방법이 없다.<br><br>③ 하나님의 집에서 멀리 떠나가면 항상 영적 기근을 경험한다. 하나님께서는 그분의 주권 안에서 종종 믿는 자든, 믿지 않는 자든 간에 매우 고통스런 문제(환경)에 직면하도록 허용하신다. 그때에 우리가 '왜?'라고 묻는 것은 자연스런 반응이지만 하나님께서는 우리에게 설명해 주시지 않는다.<br><br>④ 우리는 죽음을 우리에게 닥칠 수 있는 최악의 재난으로 보지만, 믿는 자는 죽음에 대한 관점이 매우 다르다. 죽음이란 두려워할 대상이 아니라, 하나님의 선하시고 기뻐하시는 완전한 뜻으로 받아들여야 할 것이다. |
| (11) 영적인 사람의 특징 | ① 구별(Separation)<br><br>믿는 자로서 이 세상에 속하지 않으면서(하나님 안에서), 세상 속에서(in the world) 사는 것을 말한다.<br><br>② 성화(Sanctification)<br><br>자신의 증거(하나님을 향한 마음)를 잊지 않고 가능한 한 그리스도께 가까이 다가감으로써 이 세상으로부터 멀리 떨어지는 것, 즉 세상의 주변을 배회하지 않는 것을 말한다.<br><br>③ 희생(Sacrifice)<br><br>하나님께서는 우리의 삶에서 '통화 중'이라는 신호를 자주 받으신다. 이제부터 하나님의 음성을 들을 수 있기 위하여 통화의 선을 항상 열어놓아야 한다. |

### 3) 하나님의 부르심과 아브라함의 순종

#### (1) 하나님께서 아브라함을 부르시다

"여호와께서 아브람에게 이르시되 너는 너의 고향과 친척과 아버지의 집을 떠나 내가 네게 보여 줄 땅으로 가라"(창 12:1).

#### (2) 아브라함이 순종하여 떠나다

"이에 아브람이 여호와의 말씀을 따라갔고 롯도 그와 함께 갔으며 아브람이 하란을 떠날 때에 칠십오 세였더라"(창 12:4).

- 고향을 떠난다는 것은 생명의 위험을 무릅쓴 모험이었다. 그래도 아브라함은 하나님의 말씀에 순종하였다. 약속대로 하나님은 아브라함의 후손인 이스라엘(야곱)로 하여금 큰 민족을 이루게 하셨으므로 아브라함은 복 받는 사람의 표본이다.

#### (3) 하나님께서 아브라함을 부르시고 약속하신 일곱 가지의 복

① '너로 큰 민족을 이루게 하겠다'(창 12:2).

② '네게 복을 주겠다'(창 12:2).

③ '네 이름을 창대하게 하겠다'(창 12:2).

④ '너는 복이 될 것이다'(창 12:2).

⑤ '너를 축복하는 자는 내가 복을 주겠다'(창 12:3).

⑥ '너를 저주하는 자는 내가 저주하겠다'(창 12:3).

⑦ '땅의 모든 족속이 너로 인하여 복을 얻을 것이다'(창 12:3).

### 4) 멜기세덱((Melchizedek) 제사장

① "살렘 왕 멜기세덱이 떡과 포도주를 가지고 나왔으니 그는 지극히 높으신 하나님의 제사장이었더라"(창 14:18).

② 그가 여러 왕을 쳐서 죽이고 돌아오는 아브라함을 만나 하나님께 복을 빌었다. "천지의 주재이시요 지극히 높으신 하나님이여 아브람에게 복을 주옵소서"(창 14:19).

③ "아브라함이 모든 것의 십분의 일을 그에게 나누어 주니라 그 이름을 해석하면 먼저는 의의 왕이요 그 다음은 살렘 왕이니 곧 평강의 왕이요"(히 7:2).

④ "아버지도 없고 어머니도 없고 족보도 없고 시작한 날도 없고 생명의 끝도 없어 하나님의 아들과 닮아서 항상 제사장으로 있느니라"(히 7:3).

⑤ "레위 족보에 들지 아니한 멜기세덱은 아브라함에게서 십분의 일을 취하고 약속을 받은 그를 위하여 복을 빌었나니"(히 7:6).

⑥ "하나님께 멜기세덱의 반차를 따른 대제사장이라 칭하심을 받으셨느니라"(히 5:10).

* 그리스도의 대제사장직은 아론 이전의 멜기세덱 계통을 따른 것임.

### 5) 이스마엘(Ishmael)에게 하나님께서 세우신 언약

* 아브라함의 후처, 애굽 여인 하갈(Hagar)이 낳은 아들

"이스마엘에 대하여는 내가 네 말을 들었나니 내가 그에게 복을 주어 그를 매우 크게 생육하고 번성하게 할지라 그가 열두 두령을 낳으리니 내가 그를 큰 나라가 되게 하려니와"(창 17:20).

* 현재 지구상에 있는 이슬람 민족의 국가(약 26개국)

① 아프리카 북쪽 대서양 연안에서 중동 페르시아 만까지(약 17개국)

모로코, 튀니지, 리비아, 이집트, 예멘, 사우디아라비아, 오만, 카타르, 아랍에미리트, 바레인, 쿠웨이트, 이란, 이라크, 요르단, 시리아, 레바논, 터키

② 아시아 지역과 그 외(약 9개국)

파키스탄, 아프가니스탄, 방글라데시, 인도네시아, 우즈베키스탄, 카자흐스탄, 투르크메니스탄, 키르기스스탄, 타지키스탄

## 6) 아브라함의 형제 나홀과 하란의 자손들

| 형제 | 자손 | 손자 | | | |
|---|---|---|---|---|---|
| 나홀 | – 우스 | | | | |
| | – 부스 | | | | * 나홀의 아들 12명은 '아람 족속'의 12지파의 조상 |
| | – 그므엘 | – 아람 | | | |
| (밀가) 나홀의 동생 하란의 딸 | – 게셋 | | | | |
| | – 하소 | | | | |
| (데라의 가족이 '갈대아 우르'에 거주할 때 이미 결혼) | – 빌다스 | | | | |
| | – 이들랍 | | | | |
| | – 브두엘 | – 라반 | (큰딸) 레아 | (야곱의 아내) | 장자 르우벤, 유다 등 6명의 어머니 |
| | (아들 8명) | | (작은딸) 라헬 | (야곱의 아내) | 요셉과 베냐민의 어머니 |
| | | (딸) 리브가 | (이삭의 아내) | | |
| (첩: 르우마) | – 데바 | | | | |
| * 나홀 아들 12명 | – 가함 | | | | |
| (아들 4명) | – 다하스 | | | | |
| | – 마아가 | | | | |
| 하란 (아버지 데라보다 먼저 고향 갈대아 우르에서 죽다) | (딸) 밀가 | (하란의 작은형 나홀의 아내) | | | |
| | – 롯(소돔성에 거주, 소돔성의 지도자) | (큰딸) 롯 동침 (작은딸) 롯 | – 모압<br>– 벤암미 | '모압 족속' 조상<br>'암몬 족속' 조상 | * '소돔과 고모라 성' 심판 시 롯의 두 딸이 결혼할 사위들은 성을 떠나라는 롯의 말을 듣지 않아 성 안에서 죽었고, 롯의 아내는 불타는 소돔 성을 돌아보아 소금기둥이 되었음 |
| | – 이스가 | | | | |

*데라가 70세에 아브라함, 나홀, 하란 세 형제 출생(창 11:26)

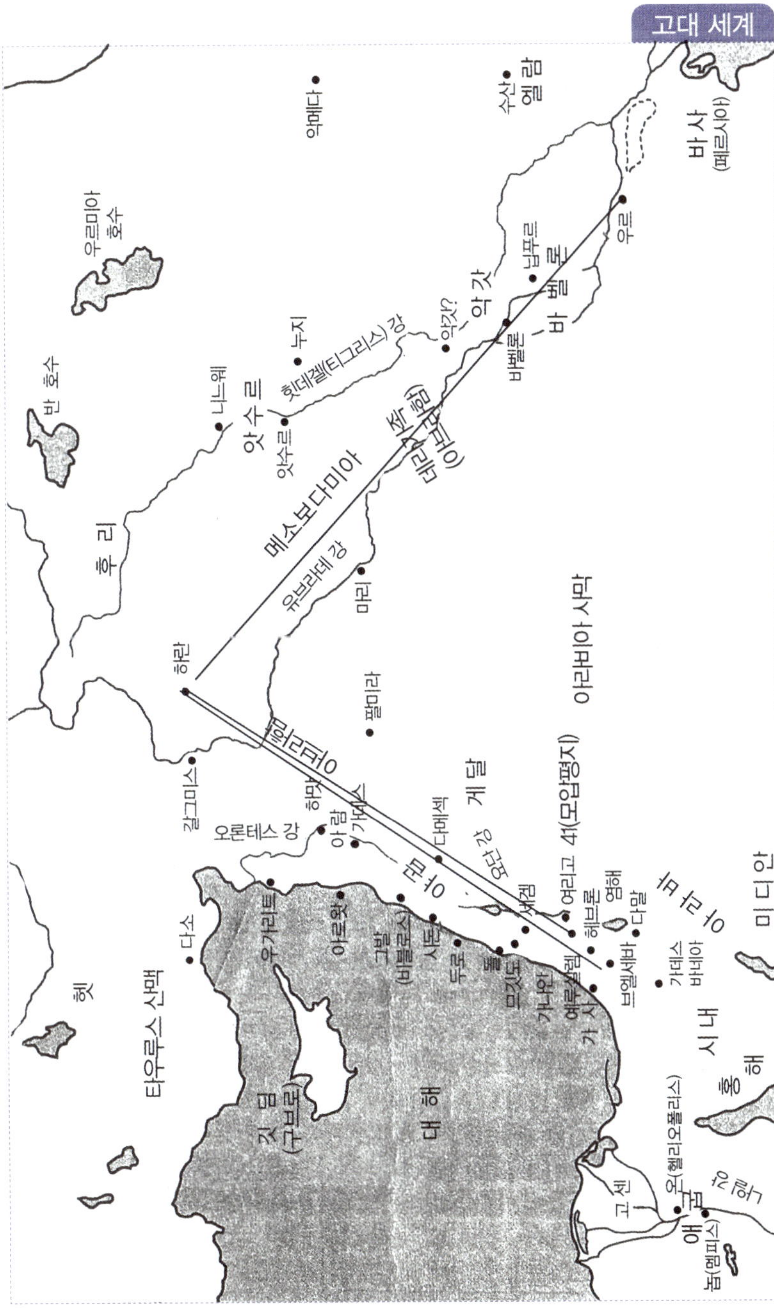
고대 세계
메소보다미아
아브라함(데라 족)
헛데겔(티그리스) 강
유브라데 강
앗수르
후리
악갓
바벨론
바사
(페르시아)
엘람
수산
우르
니느웨
앗수르
누지
악갓?
바벨론
닙푸르
악메다
반 호수
우르미아 호수
하란
마리
팔미라
아라비아 사막
게달
갈그미스
오론테스 강
하맛
아람
가데스
다메섹
요단 강
세겜
여리고
헤브론
염해
다말
브엘세바
가데스 바네아
가사
예루살렘
가나안
므깃도
돌
두로
시돈
그발
(비블로스)
아르왓
우가리트
다소
타우루스 산맥
헷
깃딤
(구브로)
대해
시내
홍해
미디안
애굽
고센
온(헬리오폴리스)
놉(멤피스)
나일 강
아모리
모압평지
41(모압평지)

# 7

# 이스라엘 민족의 조상
# – 아브라함, 이삭, 야곱의 장막 생활

### 1) 목적

하나님께서 약속하신 '영원한 본향'(하나님의 나라)을 바라봄

### 2) 기간

약 290년간으로, BC 2166년 갈대아 우르를 떠나 BC 1876년 애굽 땅 고센에 이주하기까지 17개 처소를 다니며 장막 생활을 함

### 3) 장막 생활 이동 경로

① 갈대아 우르
② 하란(밧단아람)
③ 세겜
④ 벧엘
⑤ 애굽
⑥ 네게브
⑦ 벧엘
– 아브라함이 머문 곳
– 롯이 찾아간 곳
⑧ 가나안

– 헤브론 마므레(이스마엘 출산 전)
– 헤브론 마므레(이스마엘 출산 후)
– 소돔 성
⑨ 네게브 그랄
– 이삭 탄생 전
– 이삭 탄생 후
⑩ 가나안 브엘세바
– 사라 생전
– 사라 사후
⑪ 브엘라해로이
⑫ 그랄
⑬ 그랄 골짜기
⑭ 브엘세바
⑮ 세겜
⑯ 벧엘
⑰ 헤브론
⑱ 고센(애굽)

### (1) 갈대아 우르

| 장막 생활 이동 경로 1 | | |
|---|---|---|
| 1 | 장소 | 갈대아 우르<br>- 유프라테스 강 하류 메소포타미아 지역, 현재 이라크의 수도 바그다드 남쪽 |
| 2 | 가장(家長) | 데라(노아의 9대손, 아브라함의 아버지) |
| 3 | 시기 | ~BC 2166년(데라 70세)<br>(데라의 아들 아브라함, 나홀, 하란 출생) |
| 4 | 가족 | 10명: 데라와 아내, 아들 3형제<br>아브람의 아내 사래(불임)<br>나홀의 아내 밀가(동생 하란의 딸)<br>하란의 아내(불명) |

| 장막 생활 이동 경로 1 | | |
|---|---|---|
| | | 하란의 두 아들 롯과 이스가 |
| | | 이들은 갈대아 우르에서 출생 및 함께 거주(창 11:27-30) |
| 5 | 하란의 죽음 | 데라의 셋째 아들 하란은 아버지보다 먼저 고향 갈대아 우르에서 죽음 |

(2) **하란**(밧단 아람)

| 장막 생활 이동 경로 2 | | |
|---|---|---|
| 1 | 장소 | 하란 |
| | | - 아브라함의 고향으로, 현재 터키 남부 지역의 도시. 시리아 북부 지역과 국경도시 |
| 2 | 가장(家長) | 데라 |
| 3 | 시기 | BC 2166~BC 2091(75년간) |
| | | 갈대아 우르에서 가나안 땅으로 가고자 하더니 하란에 거주하게 됨 |
| 4 | 가족 | 4명: 데라, 아브람, 아내 사래, 롯(아브라함의 조카, 동생 하란의 아들) |
| 5 | 데라의 죽음 | 아브람의 동생 나홀과 아내 밀가, 하란의 아내 및 그의 아내 이스가는 고향 갈대아 우르에 잔류함 |
| | | 아브람의 아버지 데라는 하란에서 죽음(205세) |
| 6 | 여호와께서 아브람에게 이르시다 | 시기: 아브람 75세 |
| | | ① "너는 너의 고향과 친척과 아버지의 집을 떠나 내가 네게 보여 줄 땅으로 가라"(창 12:1). |
| | | ② "내가 너로 큰 민족을 이루고 네게 복을 주어 네 이름을 창대하게 하리니 너는 복이 될지라"(창 12:2). |

### (3) 세겜

| 장막 생활 이동 경로 3 | | |
|---|---|---|
| 1 | 장소 | 가나안 땅 세겜<br>아브람이 여호와의 말씀을 따라 가나안 땅으로 가려고 떠나서 마침내 가나안 땅에 들어가 세겜 땅에 이르렀다(창 12:5-6). |
| 2 | 가장(家長) | 아브람 |
| 3 | 시기 | BC 2091(아브람 75세) |
| 4 | 가족 | 3명: 아브람, 아내 사래, 조카 롯<br>하란에서 모은 모든 소유와 얻은 사람들을 이끌고 감(창 12:5) |
| 5 | 여호와께서 나타나시다 | "아브람이 그 땅을 지나 세겜 땅 모레 상수리나무에 이르니 그때에 가나안 사람이 그 땅에 거주하였더라 여호와께서 아브람에게 나타나 이르시되 내가 이 땅을 네 자손에게 주리라 하신지라 자기에게 나타나신 여호와께 그가 그곳에서 제단을 쌓고"(창 12:6-7). |

### (4) 벧엘

| 장막 생활 이동 경로 4 | | |
|---|---|---|
| 1 | 장소 | 가나안 벧엘<br>- 벧엘 동쪽으로 옮겨 장막을 치다(창 12:8) |
| 2 | 가장(家長) | 아브람 |
| 3 | 시기 | BC 2091 |
| 4 | 가족 | 3명: 아브람, 아내 사래, 조카 롯 |
| 5 | 예배를 드리다 | 아브람이 여호와께 제단을 쌓고 처음으로 '여호와의 이름'을 불렀다(창 12:8, 13:7).<br>그 후 점점 남방으로 옮겨 가다(창 12:9) |

### (5) 애굽

| 장막 생활 이동 경로 5 | | |
|---|---|---|
| 1 | 장소 | 애굽<br>- 사유: 가나안 땅에 심한 기근 발생(창 12:10) |
| 2 | 가장(家長) | 아브람 |
| 3 | 시기 | 불명 |
| 4 | 가족 | 3명: 아브람, 아내 사래, 조카 롯 |
| 5 | 애굽에서 되돌아 오다 | 애굽 땅에도 기근이 심함(창 12:10)<br>여호와께서 아브람의 아내 사라의 일(사라의 미모에 기인해 바로의 신하들이 사라를 애굽 왕 바로의 궁으로 데려감)로 바로와 그 집에 큰 재앙을 내리심(창 12:15, 17) |

### (6) 네게브

| 장막 생활 이동 경로 6 | | |
|---|---|---|
| 1 | 장소 | 네게브 지역 광야<br>- 애굽에서 동북쪽 방향으로 올라가다<br>*네게브: 남방이라는 뜻, 팔레스타인 남서쪽(창 13:1) |
| 2 | 가장(家長) | 아브람 |
| 3 | 시기 | 불명 |
| 4 | 가족 | 3명: 아브람, 아내 사래, 조카 롯 |
| 5 | | 아브람이 가솔 318명을 거느리다<br>가축과 금, 은도 풍부하게 소유(창 13:2) |

### (7) 벧엘

① 아브라함이 머문 곳

| 장막 생활 이동 경로 7 | | |
|---|---|---|
| 1 | 장소 | 가나안 벧엘<br>아브람이 처음으로 제단을 쌓은 곳(창 13:4) |
| 2 | 가장(家長) | 아브람 |
| 3 | 시기 | 불명 |
| 4 | 가족 | 3명: 아브람, 아내 사래, 조카 롯 |
| 5 | 아브람과 롯의 분쟁(분가) | 아브람과 롯의 소유(양과 소 등 가축, 장막, 목자)가 각자 많아지고, 목자들이 서로 다투어 동거할 수 없게 됨-물과 목초지 확보가 어려움(창 13:5-7)<br>롯이 먼저 원하는 지역을 택하여 떠나감. 아브람이 기득권을 포기(창 13:11)<br>아브람은 롯이 떠난 후에도 가나안에 거주하며 그 지역에 장막을 넓힘(창 13:12) |
| 6 | 여호와께서 이르시다 | 롯이 떠난 후 하나님은 아브람에게 '북쪽과 남쪽, 동쪽과 서쪽으로 보이는 땅을 너와 네 자손에게 주고, 네 자손을 땅의 티끌같이 많게 하리라' 하심(창 13:14-16) |

② 롯이 찾아간 곳

| 장막 생활 이동 경로 7-1 | | |
|---|---|---|
| 1 | 장소 | 롯은 요단 온 지역을 택하여 동쪽으로 떠남<br>물이 넉넉하고, 여호와 동산같이 기름진 땅(창 13:10)<br>소돔과 고모라 성이 있던 곳(하나님의 징벌로 멸망되기 전), 사해 근처 도시 고대 왕국 |
| 2 | 가장(家長) | 롯과 그의 가솔 |

### (8) 가나안

① 가나안 헤브론 마므레(이스마엘 출산 전)

| 장막 생활 이동 경로 8 | | |
|---|---|---|
| 1 | 장소 | 가나안 헤브론 마므레<br>- 상수리 수풀에 장막을 치고, 제단을 쌓음<br>마므레는 당시에 아모리 족속의 땅<br>당시에 약속의 땅 가나안은 강대국들이 패권을 다투는 곳이었음 (창 13:18)<br>아브라함과 이삭의 가나안 땅의 고향 |
| 2 | 가장(家長) | 아브람 |
| 3 | 시기 | BC 2081(아브람 85세)<br>하란을 떠나온 지 만 10년 |
| 4 | 가족 | 3명: 아브람, 사래, 여종 하갈 |
| 5 | 조카 롯을 구함 | 가나안 땅의 엘람 왕, 시날 왕 등 네 왕이 소돔 왕, 고모라 왕 등 다섯 왕을 침입하여 싯딤 골짜기(지금의 염해)에서 승리.<br>소돔에 거주하는 조카 롯이 사로잡히고 재물까지 빼앗겼다는 소식을 전해 들은 아브람이 그의 가병 318명을 이끌고 단 성읍을 넘어 다메섹까지 올라가서 그들을 물리치고, 롯과 그의 가족과 재물을 찾아왔다(창 14:16). |
| 6 | 여호와께서 아브람과 언약을 세우시다 | ① "그 사람이 네 상속자가 아니라 네 몸에서 날 자가 네 상속자가 되리라"(창 15:4)<br>"하늘을 우러러 뭇별을 셀 수 있나 보라 또 그에게 이르시되 네 자손이 이와 같으리라"(창 15:5).<br>"나는 이 땅을 네게 주어 소유를 삼게 하려고 너를 갈대아인의 우르에서 이끌어 낸 여호와니라"(창 15:7).<br>② 아브람이 깊은 잠을 잘 때 여호와께서 말씀하심<br>"네 자손이 이방에서 객이 되어 그들을 섬기겠고 그들은 사백 년 동안 네 자손을 괴롭히리니 그들이 섬기는 나라를 내가 징벌할지며 그 후에 네 자손이 큰 재물을 이끌고 나오리라"(창 15:13-14). |

| 장막 생활 이동 경로 8 | | |
|---|---|---|
| | | "해가 져서 어두울 때에 연기 나는 화로가 보이며 타는 횃불이 쪼갠 고기 사이로 지나더라"(창 15:17). |
| 7 | 사래의 여종 하갈의 임신 | ① 아브람이 여종 하갈(애굽인)을 첩으로 들임<br>사래가 임신되지 않으므로 아브람의 후손을 위하여 자신의 여종 하갈을 아브람의 첩으로 들여 임신(창 16:2)<br>② 하갈이 임신 후 사래 앞에서 도망, 광야의 샘물 곁에서 여호와의 사자를 만나 '네 씨를 크게 번성하게 하고, 아들을 낳을 것이며, 그의 이름을 이스마엘(하나님이 네 고통을 들으심의 뜻)로 하라'는 말을 들음(창 16:10-11)<br>그 샘물을 브엘라해로이(나를 살피시는 살아 계신 이의 우물)라 함. 가데스와 베렛 사이 위치 |
| 8 | 이스마엘의 출생 | BC 2080(아브람 86세) |

② 가나안 헤브론 마므레(이스마엘 출산 후)

| 장막 생활 이동 경로 8-1 | | |
|---|---|---|
| 1 | 장소 | 가나안 헤브론 마므레 |
| 2 | 가장(家長) | 아브람 |
| 3 | 시기 | BC 2067(아브람 99세, 사래 89세) |
| 4 | 가족 | 4명: 아브람, 사래, 하갈, 이스마엘 |
| 5 | 여호와께서 아브람에게 '언약'을 주시다 | "나는 전능한 하나님이라" 하심(창 17:1)<br>① 이름을 '아브람'(존귀한 아버지)에서 '아브라함'(많은 무리의 아버지)으로 바꾸어 주심(창 17:5)<br>② '사래'(왕비)에서 '사라'(많은 무리의 어머니)로 이름을 바꾸어 주심(창 17:15)<br>③ 거류하고 있는 '가나안 온 땅'을 너희 후손에게 '영원한 기업'이 되게 하리라 약속하심<br>④ '언약의 표징'으로 모든 남자는 생후 8일 만에 '할례'를 받으라고 제정하심<br>아브라함 99세, 이스마엘 13세 함께 할례 받다(창 17:12) |

| 장막 생활 이동 경로 8-1 | | |
|---|---|---|
| | | ⑤ "네 아내 사라가 네게 아들을 낳으리니 너는 그 이름을 이삭이라 하라 내가 그와 내 언약을 세우리니 그의 후손에게 영원한 언약이 되리라"(창 17:19)<br>⑥ "내가 그(이스마엘)에게 복을 주어 그를 매우 크게 생육하고 번성하게 할지라 그가 열두 두령을 낳으리니 내가 그를 큰 나라가 되게 하려니와"(창 17:20) - 오늘날의 아랍 민족 |
| 6 | 아브라함과 사라에게 축복 "아들을 낳으리라" | 마므레의 상수리나무들이 있는 곳에서 아브라함에게 하나님과 두 천사가 장막문에 나타남<br>"네 아내 사라에게 아들이 있으리라"<br>"아브라함과 사라는 나이가 많아 늙었고 사라에게는 여성의 생리가 끊어졌는지라"(창 18:11).<br>"여호와께 능하지 못한 일이 있겠느냐 기한이 이를 때에 내가 네게로 돌아오리니 사라에게 아들이 있으리라"(창 18:14). |

③ 소돔 성

| 장막 생활 이동 경로 8-2 | | |
|---|---|---|
| 1 | 장소 | 소돔 성 - 사해 남쪽 만 |
| 2 | 가장(家長) | 롯(아브라함의 둘째 동생 하란의 아들) |
| 3 | 시기 | BC 2067 |
| 4 | 가족 | 6명(롯, 아내, 딸 2명, 딸과 결혼할 사위 2명) |
| 5 | 소돔 성과 고모라 성의 심판 | ① 하나님의 공의의 심판<br>원인: 인간의 죄악에 대한 철저한 징벌<br>방법: 하늘로부터 유황과 불을 비같이 내리사 진멸하심(창 19:24)<br>- 여호와께서 소돔 성과 고모라 성을 심판하실 것을 아브라함에게 이르시자 아브라함이 여호와께 심판의 구원을 6번이나 간구드림 |

| 장막 생활 이동 경로 8-2 | | |
|---|---|---|
| | | - 여호와의 최종 답변: '그 성중에서 의인 10명을 찾으면 진멸하시지 않겠다'(창 18:32)<br>② 생존자: 하나님이 아브라함을 생각하사 롯, 그의 두 딸이 살아남<br>③ 죽은 자: 롯의 아내 - 불타는 성들을 뒤돌아보아 소금기둥이 됨. 그녀가 소돔 생활(세상의 삶)에 대한 미련을 버리지 못하였기 때문(창 19:26)<br>※ 결혼할 2명의 사위: 롯이 소돔 성을 떠나라고 한 말을 농담으로 여겨 성에 남았음(창 19:14) |
| 6 | 롯의 자손 | ① 롯과 두 딸이 소알(작은 성)에서 나와 산에 올라 굴 속에서 거주(창 19:30)<br>② 두 딸이 배필 될 사람이 이 땅에 없으므로 아버지 롯을 술에 취하게 하고 동침하여 아들 2명을 낳음(불륜관계)<br>- 큰딸의 아들: 모압(모압 조상, 창 19:37)<br>- 작은딸의 아들: 벤암미(암몬 조상, 창 19:38)<br>③ 하나님의 섭리로 모압 여인 룻(다윗의 증조할아버지 보아스의 아내)을 통하여 다윗 가문이 세워짐(룻 1:22, 4:22) |

### (9) 네게브 그랄

① 이삭 탄생 전

| 장막 생활 이동 경로 9 | | |
|---|---|---|
| 1 | 장소 | 네게브 그랄<br>- 헤브론 서남쪽, 가데스와 술 사이 블레셋 땅(창 20:1) |
| 2 | 가장(家長) | 아브라함 |
| 3 | 시기 | BC 2066(아브라함 100세, 사라 90세) |
| 4 | 가족 | 4명: 아브라함, 사라, 하갈, 이스마엘 |

| 장막 생활 이동 경로 9 | | |
|---|---|---|
| 5 | 이삭의 출생 | 하나님이 말씀하신 시기에 사라에게서 아들 '이삭'(나를 웃게 하다)이 태어남(창 21:2-3) |
| 6 | | 여호와께서 블레셋 그랄 왕 아비멜렉에게 '꿈에 현몽하시어' 아브라함의 아내 사라를 취하지 말라 경고하심(창 20:7) |

② 이삭 탄생 후

| 장막 생활 이동 경로 9-1 | | |
|---|---|---|
| 1 | 장소 | 네게브 그랄 |
| 2 | 가장(家長) | 아브라함 |
| 3 | 시기 | BC 2065(아브라함 101세, 사라 91세, 이삭 1세, 이스마엘 15세) |
| 4 | 가족 | 5명: 아브라함, 사라, 이삭, 하갈, 이스마엘 |
| 5 | 하갈과 이스마엘이 쫓겨나다 | ① 원인: 이삭이 젖을 떼었을 때 이스마엘이 동생 이삭을 놀리므로 여호와께서 아브라함에게 명령하심<br>② 장소: 브엘세바 광야<br>- 광야로 나가서 방황하던 중에 가죽부대의 물이 떨어져 고통을 받을 때, 하나님의 사자가 하갈을 불러 '샘물'을 보여주셔서 하갈의 가죽부대에 물을 가득 채워 이스마엘에게 먹이게 하심<br>- 또한 하갈에게 이스마엘로 큰 민족을 이루게 하리라 하심 |
| 6 | 이스마엘의 거주지 | 시내 반도 바란 광야<br>- 이스마엘이 활 쏘는 자로 장성함<br>- 하갈이 그에게 애굽 여인을 아내로 얻게 함(창 21:20-21) |

## (10) 브엘세바

① 사라 생전

| 장막 생활 이동 경로 10 | | |
|---|---|---|
| 1 | 장소 | 가나안 브엘세바(야곱과 에서의 고향)<br>- 아브라함이 블레셋의 아비멜렉 왕에게 암양 새끼 일곱을 주고, 이곳에 7개의 우물을 팠음. 맹세의 우물 즉 브엘세바(7개의 우물의 뜻도 있음)라 함(창 21:27)<br>- 아브라함이 에셀 나무를 심고 영원하신 여호와의 이름을 부름(창 21:33)<br>- 브엘세바는 훗날 이스라엘 영토의 남방 한계선이 되었음 |
| 2 | 가장(家長) | 아브라함 |
| 3 | 시기 | ~BC 2051(모리아 산 사건), ~BC 2027(아브라함 115세, 사라 105세, 이삭 15세) |
| 4 | 가족 | 3명: 아브라함, 사라, 이삭 |
| 5 | 모리아 산 사건 | ① 배경: 여호와께서 아브라함을 시험하시려고 부르시어 "네 아들 네 사랑하는 독자 이삭을 데리고 모리아 땅(예루살렘 산악 지대)으로 가서 내가 네게 일러 준 한 산 거기서 그를 번제로 드리라"(창 22:2) 하심<br>② 3일 길을 걸어가서 모리아 산에서 이삭을 번제로 드리려고 아브라함이 칼을 뽑는 순간 하늘에서 천사가 '이삭에게 손을 대지 말라'고 하는 음성이 들림. 아브라함은 하나님께서 준비해 주신 숫양으로 제사를 드림(창 22:9-10, 12-13)<br>- 아브라함이 그 땅 이름을 여호와 이레(하나님께서 준비하심)라 함<br>- 번제 드리던 장소에 훗날 솔로몬 왕이 예루살렘 성전을 건축<br>③ 하나님께서 아브라함의 믿음(여호와를 경외함)을 보시고 '네 씨가 크게 번성하여 하늘의 별과 같고 바닷가의 모래와 같게 하리라' 하심(창 22:17) |

| 장막 생활 이동 경로 10 | | |
|---|---|---|
| 6 | 나홀의 소식 | 아브라함이 하란에 살고 있는 동생 나홀의 소식을 전해 들음(창 22:20-24)<br>- 아내 밀가에게서 아들 8명, 첩 르우마에게서 아들 4명을 낳음<br>동생 나홀의 아들 12명: 아람 족속의 12지파의 조상이 됨. |
| 7 | 사라의 죽음 | 아브라함의 아내 사라가 헤브론(기럇아르바)에서 BC 2029년(아브라함 137세, 이삭 37세)에 127세로 죽음. 가나안 마므레 앞 막벨라 밭과 굴을 사서 그 밭 굴에 장사지냄(성경에 여성으로서 죽은 나이가 유일하게 기록됨, 창 23:19-20)<br>* 아브라함의 가족 매장지<br>① 위치: 가나안 땅 헤브론(기럇아르바) 마므레 막벨라 밭 굴<br>② 구입: 아브라함이 헷 족속 소할의 아들 에브론에게서 은 400세겔을 주고 샀음<br>③ 시기: BC 2029<br>④ 매장된 사람: 아브라함, 사라, 이삭, 리브가, 야곱, 레아(6명)<br>첫 번째 매장자: 아브라함의 아내 사라 |
| 8 | 그두라의 자손 | 아브라함은 본처 사라의 생존 시 미디안(현재 아라비아 반도 북서쪽 홍해 연안) 여인 그두라를 후처로 맞아 아들 6명을 낳음(창 25:1-2)<br>- 아들 6명은 미디안의 조상이 되었다.<br>- 아브라함은 그두라의 아들들로 하여금 장자 이삭을 떠나 동방(동쪽 땅)으로 가게 함(창 25:6) |
| 9 | 영원한 본향 | 아브라함은 나그네(낯선 땅에서 부동산이나 고정된 거주지가 없이 지내는 사람) 또는 거류하는 자(거주지는 있지만 토지는 소유하지 않은 사람)로, 때로는 한 곳에 정착하며, 어떤 경우는 유목민처럼 이동하며 살았다.<br>그 이유는 어느 한 곳에 애착을 가지지 않고 여호와께서 자신에게 약속하신 영원한 본향(하나님의 나라)을 바라보았기 때문이다. |

② 사라 사후

| 장막 생활 이동 경로 10-1 | | |
|---|---|---|
| 1 | 장소 | 브엘세바 |
| 2 | 가장(家長) | 아브라함 |
| 3 | 시기 | BC 2027(아브라함 139세, 이삭 39세) |
| 4 | 가족 | 2명: 아브라함, 이삭 |
| 5 | 리브가를 데리러 가다 | ① 장소: 하란<br>아브라함이 하나님께로부터 처음 소명 받아 하란에서 가나안 땅으로 이주<br>② 동기: 아브라함 고향(75년간 거주), 아브라함의 족속(동생 나홀의 자손들)에서 '아들 이삭의 아내'를 택하여 오기 위함(창 24:4)<br>- 사유: 이 지방 가나안 족속의 딸 중에서 이삭의 아내를 택하지 않으려고<br>③ 소임을 맡은 사람: 아브라함이 후계자로 생각해 두었던 그의 늙은 종 엘리에셀(아브라함이 나이가 많아 그의 집의 모든 소유를 맡은 사람)<br>④ 아브라함의 늙은 종이 메소포타미아 하란으로 가서 '나홀의 성읍'에 도착, 그의 손녀 리브가(브두엘의 딸이며 라반의 누이)를 데려가기 위하여 그녀의 가족들을 만남(창 24:50-51) |

### (11) 브엘라해로이

| 장막 생활 이동 경로 11 | | |
|---|---|---|
| 1 | 장소 | 브엘라해로이<br>- 네게브 지역: 가데스와 베렛 사이 |
| 2 | 가장(家長) | 이삭 |
| 3 | 시기 | BC 2026(아브라함 140세, 이삭 40세) |

| 장막 생활 이동 경로 11 | | |
|---|---|---|
| 4 | 가족 | 4명: 아브라함, 이삭, 리브가, 그녀의 유모 |
| 5 | 이삭이 리브가를 아내로 맞다 | 아브라함의 늙은 종이 리브가와 그녀의 유모를 메소포타미아 하란에서 데려와 이삭이 리브가를 아내로 맞이함(창 24:67) |

### (12) 그랄

| 장막 생활 이동 경로 12 | | |
|---|---|---|
| 1 | 장소 | 블레셋 땅 그랄<br>- 가나안 땅에 극심한 기근이 들어 애굽으로 거주지를 옮기려다 하나님의 말씀에 순종하여 가나안에 머무름(창 26:2) |
| 2 | 가장(家長) | 이삭 |
| 3 | 시기 | BC 2020~약 BC 2008 추정(12년간)<br>(아브라함 146세, 이삭 46세) |
| 4 | 가족 | 4명: 아브라함, 이삭, 리브가, 그녀의 유모 |
| 5 | 이삭이 거부가 되다 | 아브라함이 많은 재산을 소유했고, 그 대부분을 이삭에게 상속. 또한 농사를 지어 풍성한 수확을 거둬 거부가 됨(창 26:12-13) |
| 6 | 블레셋 거주 | 그 당시 블레셋의 대부분은 크레타 섬에 거주하고, 가나안 땅에는 일부만 정착. 따라서 블레셋의 세력이 그다지 크지 않았음 |
| 7 | 이삭이 아내를 누이라고 함 | - 이삭이 아내 리브가의 미모에 기인해 블레셋 사람들이 자기를 죽일까 하여 리브가를 누이라고 속였음(창 26:7)<br>- 이삭이 리브가를 껴안은 것을 블레셋 왕 아비멜렉이 창으로 본 후, 이삭을 불러 그 해명을 듣고 이삭을 질책함(창 26:10)<br>- 그 후 아비멜렉이 모든 백성들에게 이삭이나 그의 아내를 범하지 못하도록 명령 |

## (13) 그랄 골짜기

| 장막 생활 이동 경로 13 | | |
|---|---|---|
| 1 | 장소 | 그랄 골짜기에 장막을 침<br>- 이삭이 블레셋 땅 그랄에 거주할 때 블레셋 사람들이 거부가 된 이삭을 시기하고, 아브라함 때 판 우물을 흙으로 메워 서로 다투었음<br>- 그랄 왕 아비멜렉이 이삭에게 그랄에서 떠나라 하여 그랄 골짜기로 이동하여 장막을 침(창 26:16-17)<br>- 그곳에 제단을 쌓고, 장막을 치고, 여호와의 이름을 부름<br>- 또한 종들이 우물을 다시 파서 물을 얻었다. 그곳 이름을 '르호봇'(넓은 곳)이라 함. |
| 2 | 가장(家長) | 이삭 |
| 3 | 시기 | 약 BC 2008년 추정 |
| 4 | 가족 | 4명: 아브라함, 이삭, 리브가, 그녀의 유모 |

## (14) 브엘세바

| 장막 생활 이동 경로 14 | | |
|---|---|---|
| 1 | 장소 | 가나안 땅 브엘세바(뜻: 맹세의 우물, 7개의 우물)<br>- 이삭이 '그랄 골짜기'에서 '브엘세바'로 올라갔더니, 그 밤에 여호와께서 나타나 '나는 네 아버지 아브라함의 하나님이니 두려워하지 말라 내 종 아브라함을 위하여 내가 너와 함께 있어 네게 복을 주어 네 자손이 번성하게 하리라' 하심(창 26:23-24) |
| 2 | 가장(家長) | 이삭 |
| 3 | 시기 | BC 2008~BC 1915 추정(약 93년간) |
| 4 | 가족 | 7명+α: 아브라함, 이삭, 리브가, 그녀의 유모, 에서, 에서의 아내, 야곱, 에서의 아들들 |

| 장막 생활 이동 경로 14 | | |
|---|---|---|
| 5 | 에서와 야곱 출생(쌍둥이) | BC 2006(아브라함 160세, 이삭 60세) |
| 6 | 아브라함의 죽음 | BC 1991(175세)<br>- 아브라함 사망 시 이삭 75세, 이스마엘 88세, 야곱과 에서 15세<br>- 이삭과 이스마엘이 가나안 헤브론 마므레 앞 막벨라 밭 굴, 곧 조상의 매장지에 장사(창 25:9)<br>* 아브라함이 사망 시 노아의 장남 셈의 손자 게델이 460세 |
| 7 | 이삭의 장남 에서 결혼 | BC 1966<br>- 40세에 헷 족속 브에리의 딸 유딧과 헷 족속 엘론의 딸 바스맛과 결혼<br>- 가나안 여인과 결혼하여 이삭과 리브가의 근심이 매우 컸다(창 26:35) |
| 8 | 야곱에게 장자권 부여 | - 시기: BC 1935(이삭 131세)<br>- 이삭이 '장자권'(상속권)을 장자인 에서 대신 차남 야곱(71세)에게 부여하고 축복함(창 27:30)<br>- 야곱과 리브가는 늙고 눈이 잘 보이지 않는 이삭을 속임 |
| 9 | 야곱의 피신 | - 야곱이 장자권을 빼앗긴 형 에서의 살해 위협에 직면하자, 어머니 리브가가 친정 하란(밧단아람)에 자신의 오빠 라반(야곱의 외삼촌)의 집으로 야곱을 피신시킴(창 27:43)<br>- 브엘세바에서 메소포타미아 북부 하란(유프라테스 강 상류)까지는 직선거리로 800㎞로, 동반자도 없이 광야의 매우 험난한 생사의 여정이었음 |
| 10 | 야곱의 피난생활(20년) | - 외삼촌의 큰딸 레아를 아내로 맞이하기 위해 7년, 또한 작은딸 라헬을 아내로 맞이하기 위해 7년, 그리고 6년은 라반의 양치기로 자신의 재물을 모으기 위해 수고하며 20년간 하란에서 피난 생활을 함(창 31:41)<br>- 12명의 자녀를 얻음(아들 11명, 딸 1명)<br>- 레아: 아들 6명과 딸 1명, 라헬: 아들 1명, 첩-빌하: 아들 2명, 첩-실바: 아들 2명<br>- 많은 양과 염소 등 가축과 재물을 소유 |

| 장막 생활 이동 경로 14 | | |
|---|---|---|
| | | - 야곱이 브엘세바로 귀환: BC 1915(이삭 151세, 야곱 91세)<br>- 아내 2명, 첩 2명, 아들 11명, 딸 1명 등 가족 17명과 종들과 양 등 가축, 재물 등과 함께 귀환할 때에는 '이스라엘 족속'을 이루었음 |
| 11 | 에서의 거주지 | - 형 에서가 20년 만에 야곱의 가족들이 귀환한다는 소식을 듣고, '하란'에서부터 광야로 마중 나가 야곱의 가족과 화해하고, 바로 그의 거주지 '세일'(에덴 동편)로 돌아감(창 33:16)<br>- 에서의 자손들은 세일 산의 원주민인 호리 족속을 정복하고 그들을 쫓아냈음<br>- '세일'은 터가 넓고, 활을 쏘기가 좋고, 아버지 이삭이 거주하는 '브엘세바'에서 멀리 떨어지지 않은 곳<br>- 에서의 후손인 에돔 족속은 이스라엘보다 먼저 왕정 체계를 갖추고 안정된 성장을 이루었음<br>* 야곱은 광야에서 형 에서가 세일로 돌아간 후 '숙곳'에 이르러 자기를 위하여 집을 짓고, 그의 가축을 위하여 우릿간을 지음. 그 땅 이름을 '숙곳'(막)이라 부름(창 33:17) |
| 12 | 야곱이 "하나님을 대면한 사건들" | ① 고향 가나안 브엘세바를 떠나 외가 하란(밧단아람)으로 피신하는 길에서(창 28:10-13, 18-19, 22)<br>- '루스'라는 곳에 이르러, 해가 저물자 '그곳의 한 돌을 가져다가 베개로 삼고 거기 누워 자더니' 잘 때 꿈에 본즉, 하나님의 사자들(천사들)이 땅위에서 하늘까지 닿은 사닥다리로 하늘을 오르내리며, 그 위에 계신 여호와께서 "나는 여호와니 너의 조부 아브라함의 하나님이요 이삭의 하나님이라 네가 누워 있는 땅을 내가 너와 네 자손에게 주리니" 하심<br>- 아침에 일어나 베개로 삼았던 돌을 기둥으로 세우고, 그 위에 기름을 붓고, 그곳 이름을 '벧엘'(하나님의 집)이라 하고, 하나님께서 주신 모든 것에서 '십일조'를 드리겠다고 다짐함<br>- 이 사건은 하나님께서 야곱에게 나타나셨던 최초의 기록<br>- 야곱은 하나님의 현현(顯現)을 모두 7번 경험함<br>② 외가 '하란'에서 고향 '브엘세바'로 돌아오는 길에서<br>- 고향을 떠난 지 20년 후, 2명의 아내와 2명의 첩과 11명의 아들과 1명의 딸 등 가족과 종들과 가축 등의 소유를 인도하여 '얍복 강 나루'(뜻: 씨름꾼)를 건너가게 함(창 32:22) |

| 장막 생활 이동 경로 14 | | |
|---|---|---|
| | | - 야곱은 홀로 남았더니 어떤 사람이 날이 새도록 야곱과 씨름하나 이기지 못함. 그가 야곱에게 "네 이름을 다시는 야곱이라 부를 것이 아니요 '이스라엘'이라 부를 것이니 이는 네가 하나님과 및 사람들과 겨루어 이겼음이니라"(창 32:24-25, 28)<br>- 야곱이 그곳 이름을 '브니엘'(하나님의 얼굴)이라 하였으니 '이는 내가 하나님과 대면하였으나 내 생명이 보전되었다' 함(창 32:30) |

## (15) 세겜

| 장막 생활 이동 경로 15 | | |
|---|---|---|
| 1 | 장소 | 가나안 세겜(창 33:18-20)<br>- 야곱이 그의 많은 식솔들과 하란에서 떠나 가나안 땅 세겜 성읍에 평안히 이르러 그 성읍 앞에 장막을 치고 제단을 쌓음. 그 이름을 '엘엘로헤이스라엘'(하나님은 이스라엘의 하나님이시다)이라 함<br>- 장막을 친 밭은 세겜의 아버지 하몰의 아들들의 손에서 야곱이 100크시타에 샀음 |
| 2 | 가장(家長) | 야곱 |
| 3 | 시기 | BC 1915(이삭 151세, 야곱 91세) |
| 4 | 가족 | 17명<br>※ 야곱의 딸 디나가 6세 때 정착하여, 그가 성숙한 여성이 될 때까지 오랫동안 거주 |
| 5 | 세겜 성 사건 | 히위 족속 하몰의 아들, 추장 세겜이 야곱의 아내 레아의 딸 디나를 강간하여, 야곱의 아들 시므온(둘째)과 레위(셋째)가 세겜 성읍을 기습, 그 성 안의 모든 남자들을 살육함(창 34:25) |

### (16) 벧엘

| | | 장막 생활 이동 경로 16 |
|---|---|---|
| 1 | 장소 | 가나안 벧엘(일명 '루스')<br>- 세겜 성 사건으로 인하여 세겜을 떠나 '벧엘'로 올라와 제단을 쌓고, 그 이름을 엘벧엘(벧엘의 하나님)이라 부름<br>- 야곱의 형(에서)을 피하여 하란으로 갈 때 하나님이 처음으로 야곱에게 나타나서 안심시키며 보호해 주실 것을 약속하신 곳 (창 35:31) |
| 2 | 가장(家長) | 야곱 |
| 3 | 시기 | BC 1914 |
| 4 | 가족 | 17명 |
| 5 | 하나님이 야곱에게 나타나시다 | "하나님이 그에게 이르시되 나는 전능한 하나님이라 생육하며 번성하라 한 백성과 백성들의 총회가 네게서 나오고 왕들이 네 허리에서 나오리라"(창 35:11) |
| 6 | 야곱의 아내 라헬이 죽다 | 벧엘에서 길을 떠나 에브랏(베들레헴)에 이르는 중 야곱의 아내 라헬이 '베냐민'(12번째 아들) 출산 중에 사망(창 35:19).<br>베들레헴 길에 장사하여 '라헬의 묘비' 세움 |
| 7 | 르우벤이 빌하와 동침 | 다시 길을 걸어 '에델 망대'를 지나 장막을 침. 그곳에서 야곱의 장남 르우벤이 아버지의 첩 빌하와 동침하매 야곱이 이 일을 들었음(창 35:21-22) |

### (17) 헤브론

| | | 장막 생활 이동 경로 17 |
|---|---|---|
| 1 | 장소 | 가나안 헤브론 마므레(기럇아르바)<br>- 할아버지 아브라함과 아버지 이삭이 거류하던 곳(창 25:27) |
| 2 | 가장(家長) | 야곱 |
| 3 | 시기 | BC 1914~BC 1876(약 38년) |

| 장막 생활 이동 경로 17 | | |
|---|---|---|
| | | - 야곱이 130세에 그의 아들 11명과 손자 등 자손 66명(며느리, 종들 제외)과 함께 11번째 아들 요셉이 거주하는 애굽으로 이주함(창 46:26) |
| 4 | 가족 | 이삭, 야곱의 자손들 |
| 5 | 요셉이 노예로 팔려감 | BC 1898 요셉(17세)이 형들에 의해 애굽의 노예로 팔려감<br>(야곱 108세)(창 37:28) |
| 6 | 이삭의 죽음 | BC 1886 이삭이(180세) 죽음(야곱 120세)<br>에서와 야곱이 헤브론 마므레 막벨라 밭 굴 조상 매장지에 장사함 |
| 7 | 총리 요셉 | BC 1885 요셉(30세) 애굽의 총리가 됨 |

### (18) 고센

| 장막 생활 이동 경로 18 | | |
|---|---|---|
| 1 | 장소 | 애굽의 고센(Goshen)으로 이주(나일 강 삼각주 지중해 연안 지역) |
| 2 | 가장(家長) | 야곱 |
| 3 | 시기 | BC 1876(야곱 130세, 요셉 39세) |
| 4 | 가족 | 70명 - 가나안: 야곱 자손 66명, 애굽 거주: 요셉 가족 4명<br>(창 46:27) |
| 5 | 야곱 죽음 | BC 1859 147세로 죽다(요셉 56세)<br>- 요셉 등 12명의 아들이 가나안 헤브론 마므레 조상 매장지에 성대하게 장사 지냄 |
| 6 | 요셉 죽음 | BC 1805 110세로 죽음. 애굽 고센 지역에 장사. BC 1446 출애굽 시에 모세가 유해를 가나안 세겜에 이장<br>* 이스라엘 민족의 애굽 땅의 노예 생활: 430년간 |

### 4) 이삭·야곱·요셉 3대 족장의 주요 연대

| 이삭 | 야곱 | 중요한 사건 | 요셉 | 연도 |
|---|---|---|---|---|
| 131세 | 71세 | ① 가족(이삭, 리브가, 쌍둥이 형 에서, 야곱)이 가나안 브엘세바 거주(BC 1935)<br>② 형 에서를 속이고 장자권 획득<br>③ 형의 위협으로 어머니 고향 하란(밧단아람)의 외삼촌 라반에게 피신<br>④ 하란에 20년간 거주하며 외삼촌의 두 딸과 결혼, 2명의 처와 2명의 첩으로부터 11명의 아들을 둠(결혼 71세) | | |
| 151세 | 91세 | 아버지 이삭이 거주하는 가나안 헤브론 하란에서 출생, 기럇아르바로 귀향 | 출생 | BC 1915 |
| 168세 | 108세 | 요셉이 애굽 노예로 팔려감 | 17세 | BC 1898 |
| 180세 | 120세 | 요셉이 애굽의 총리가 됨 | 30세 | BC 1885 |
| | 130세 | 야곱과 그의 가족이 애굽으로 이주(장정 66명) | 39세 | BC 1876 |
| | 147세 | 야곱이 애굽에서 사망 | 56세 | BC 1859 |
| | | 요셉이 가나안 헤브론 마므레(상수리 수풀로 유명, 예루살렘 남쪽 301㎞ 지점)의 조상 매장지(아브라함이 헷 사람 에브론에게서 매입한 막벨라 밭 굴)에 성대하게 장사 지냄<br>- 아브라함과 사라, 이삭과 리브가, 야곱의 아내 레아가 이미 묻힌 곳.<br>* 야곱의 장례식 퍼포먼스는 먼 미래에 있을(413년 후) '출애굽의 예행 연습으로 생각됨. 애굽 왕 바로의 모든 신하와 장수가 참석함. (요셉이 총리 14년 끝나고, 12년 지난 때)<br>-요셉의 국가 공헌에 의해 야곱의 장례식은 국장급 행사였음 | 110세 | BC 1805<br>(요셉 사망) |

8

# 이스라엘 민족의 400년 애굽 생활

### 1) 여호와 하나님의 예고

① 이스라엘 민족이 이방에서 객이 되리라

"여호와께서 아브람에게 이르시되 너는 반드시 알라 네 자손이 이방에서 객이 되어 그들을 섬기겠고, 그들은 사백 년 동안 네 자손을 괴롭히리니"(창 15:13).

② 이스라엘이 그 나라에서 나오리라

"그들이 섬기는 나라를 내가 징벌할지며 그후에 네 자손이 큰 재물을 이끌고 나오리라"(창 15:14).

### 2) 요셉, 야곱의 애굽 이주

① 가나안 땅에 양식 기근이 발생하다.

"그가 또 그 땅에 기근이 들게 하사 그들이 의지하고 있는 양식을 다 끊으셨도다"(시 105:16).

② 요셉이 애굽에 팔려가다

"그가 한 사람을 앞서 보내셨음이여 요셉이 종으로 팔렸도다"(시 105:17).

③ 요셉이 애굽의 총리로 다스리다

"그를 그의 집의 주관자로 삼아 그의 모든 소유를 관리하게 하고 그의 뜻대로 모든 신하를 다스리며 그의 지혜로 장로들을 교훈하게 하였도다"(시 105:21-22).

④ 이스라엘이 애굽으로 이주하다

"이스라엘이 애굽에 들어감이여 야곱이 함의 땅(고센 지방)에 나그네가 되었도다"(시 105:23).

### 3) 이스라엘의 노예 생활

① 노예 생활을 하게 하다

"또 대적들의 마음을 변하게 하여 그의 백성을 미워하게 하시며 그의 종들에게 교활하게 행하게 하셨도다"(시 105:25).

② 이스라엘이 애굽에서 번성하다

"여호와께서 자기의 백성을 크게 번성하게 하사 그의 대적들보다 강하게 하셨으며"(시 105:24).

### ③ 모세가 부르심을 받다

"여호와의 사자가 떨기나무 가운데로부터 나오는 불꽃 안에서 그에게 나타나시니라 그가 보니 떨기나무에 불이 붙었으나 그 떨기나무가 사라지지 아니하는지라"(출 3:2).

"하나님이 이르시되 이리로 가까이 오지 말라 네가 선 곳은 거룩한 땅이니 네 발에서 신을 벗으라"(출 3:5).

"하나님이 이르시되 내가 반드시 너와 함께 있으리라 네가 그 백성을 애굽에서 인도하여 낸 후에 너희가 이 산에서 하나님을 섬기리니 이것이 내가 너를 보낸 증거니라"(출 3:12).

## 4) 애굽에 내려진 10가지 재앙(여호와의 이적과 기사)

**- 이스라엘을 애굽에서 건지기 위하여 베푸신 10가지 재앙과 광야에서 이스라엘 백성을 인도하며 보여주신 하나님의 크신 능력을 의미한다.**

"여호와께서 강한 손과 편 팔과 큰 위엄과 이적과 기사로 우리를 애굽에서 인도하여 내시고"(신 26:8).

### 첫째 재앙 : 물이 피가 되다

"모세와 아론이…바로와 그의 신하의 목전에서 지팡이를 들어 나일 강을 치니 그 물이 다 피로 변하고 나일 강의 고기가 죽고 그 물에서는 악취가 나니 애굽 사람들이 나일 강 물을 마시지 못하며"(출 7:20-21).

### 둘째 재앙: 개구리가 나일 강에서 온 땅으로 올라오다

"아론에게 명령하기를 네 지팡이를 잡고 네 팔을 강들과 운하들과 못 위에…그의 손을 내밀매 개구리가 올라와서 애굽 땅에 덮이니"(출 8:5-6).

### 셋째 재앙: 티끌이 이가 되다

"그들이 그대로 행할새 아론이 지팡이를 잡고 손을 들어 땅의 티끌을 치매 애굽 온 땅의 티끌이 다 이가 되어 사람과 가축에게 오르니"(출 8:17).

### 넷째 재앙: 파리가 가득하다

"여호와께서 그와 같이 하시니 무수한 파리가 바로의 궁과 그의 신하의 집과 애굽 온 땅에 이르니 파리로 말미암아 그 땅이 황폐하였더라"(출 8:24).

### 다섯째 재앙: 가축이 죽다

"여호와의 손이 들에 있는 네 가축 곧 말과 나귀와 낙타와 소와 양에게 더하리니 심한 돌림병이 있을 것이며…애굽의 모든 가축은 죽었으나 이스라엘 자손의 가축은 하나도 죽지 아니한지라"(출 9:3, 6).

### 여섯째 재앙: 악성 종기가 생기다

"그들이 화덕의 재를 가지고 바로 앞에 서서 모세가 하늘을 향하여 날리니 사람과 짐승에게 붙어 악성 종기가 생기고"(출 9:10).

### 일곱째 재앙: 우박이 내리다

"모세가 하늘을 향하여 지팡이를 들매 여호와께서 우렛소리와 우박을 보내시고 불을 내려…애굽 온 땅에서 사람과 짐승을 막론하고 밭에 있는 모든 것을 쳤으며 우박이 또 밭의 모든 채소를 치고 들의 모든 나무를 꺾었으되 이스라엘 자손들이 있는 그곳 고센 땅에는 우박이 없었더라"(출 9:23, 25-26).

### 여덟째 재앙: 메뚜기가 땅을 덮다

"모세가 애굽 땅 위에 그 지팡이를 들며 여호와께서 동풍을 일으켜 온 낮과 온 밤에 불게 하시니…메뚜기가 온 땅을 덮어 땅이 어둡게 되었으며 메뚜기가 우박에 상하지 아니한 밭의 채소와 나무 열매를 다 먹었으므로 애굽 온 땅에서 나무나 밭의 채소나 푸른 것은 남지 아니하였더라"(출 10:13, 15).

### 아홉째 재앙: 흑암이 땅을 덮다

"모세가 하늘을 향하여 손을 내밀매 캄캄한 흑암이 삼 일 동안 애굽 온 땅에 있어서 그 동안은 사람들이 서로 볼 수 없으며 자기 처소에서 일어나는 자가 없으되 온 이스라엘 자손들이 거주하는 곳에는 빛이 있었더라"(출 10:22-23).

### 열째 재앙 : 처음 난 것들이 죽다

"밤중에 여호와께서 애굽 땅에서 모든 처음 난 것 곧 왕위에 앉은 바로의 장자로부터 옥에 갇힌 사람의 장자까지와 가축의 처음 난 것을 다 치시매 그 밤에 바로와 그 모든 신하와 모든 애굽 사람이 일어나고 애굽에 큰 부르짖음이 있었으니 이는 그 나라에 죽임을 당하지 아니한 집이 하나도 없었음이었더라"(출 12:29-30).

9

# 이스라엘 민족의 40년 광야 생활

* BC 1446 애굽 라암셋 출발- BC 1406 모압 평지 도착

(가나안 약속의 땅 여리고 성 맞은편, 요단 강 동쪽)

애굽과 시내(Sinai)

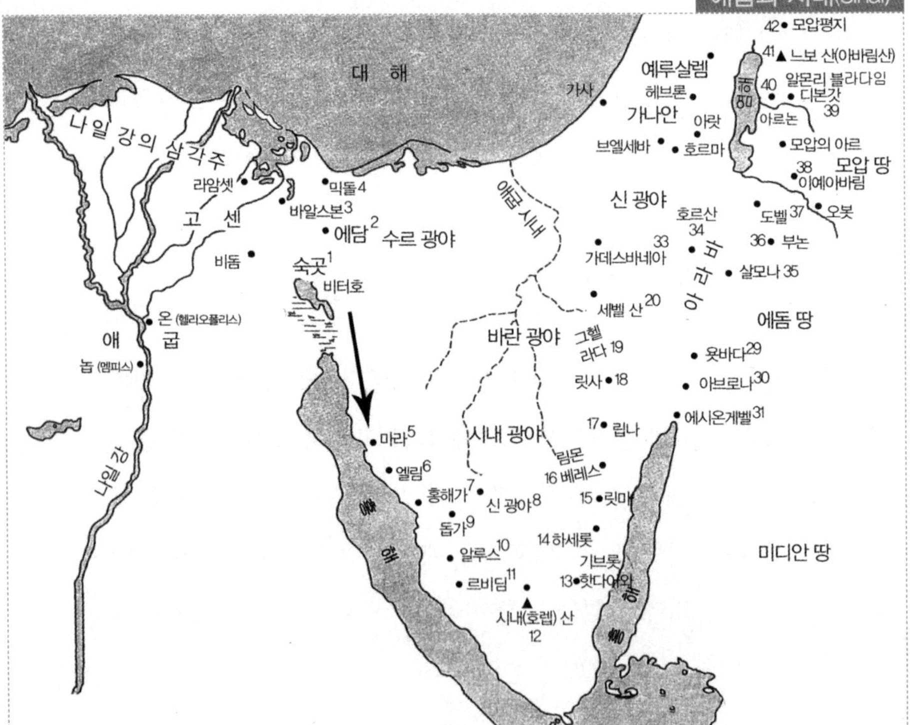

## 1) 애굽에서 가나안까지 40년의 여정

* 지명 1-42: 40년간의 '가나안까지의 여정' 중 광야에서 장막을 친(camped) 장소의 일련번호

| 출발지 | 라암셋(BC 1446, Ramses) | 1 | 숙곳(Succoth) |
|---|---|---|---|
| - 이집트 북쪽 나일 강 삼각주, 지중해 연안 도시 고센(Goshen) 지역<br>- 출발 일자: 첫째 달 열다섯째 날(유월절 다음 날)<br>- 인도자: 모세(80세)<br>- 민족 대이동: 이스라엘 자손(20-60세 장정) 약 600,000명(여자, 유아, 노인들 제외)<br>* 실제 인원: 약 2,000,000명이 넘었음<br>- 수많은 이방 백성들의 무리: 모세가 행한 열 종류의 이적(애굽 바로 왕에 대한 하나님의 재앙)을 경험한 자들<br>- 양떼, 소떼 등 가축의 무리<br>야곱의 이집트 이주 BC 1876(430년 전)<br>- 이주 가족: 70명(며느리, 유아 제외한 장정들) | | * 첫 번째 장막을 친 장소<br>- 라암셋 남쪽, 현재 수에즈 운하로 가는 중간 지점의 광야<br>- 모세가 하나님의 권고로 고센 땅에 매장된 '요셉의 해골'을 취하여 가지고 나감 | |

| 2 | 에담(Etham) | 3 | 바알스본(Baal Zephon) |
|---|---|---|---|
| - 수르 광야(the desert of Shur)의 끝에 위치<br>* 광야 생활 40년간의 첫 번째 기적<br>(하나님은 구름으로 자신의 임재를 백성에게 보이시면서, 시내 광야에서 약속의 땅 가나안까지 이스라엘 자손을 인도하셨다)<br>- 낮에는 여호와의 구름기둥이 햇빛(더위)을 가리고, 밤에는 여호와의 불기둥이 구름 위에 있어 추위를 가렸다.<br>- 구름이 성막에 떠오를 때에 행진하고 구름이 머무르는 곳에 장막을 쳤다.<br>따라서 구름이 행진하는 길에서 안내자(눈)가 되었다. | | - 바알스본 동북쪽을 향하여 비하히롯(Pi Hahiroth)을 뒤돌아서(turned back) 광야로 나아가다.<br>- 여호와께서 모세에게 이스라엘 자손을 곧장 시내 산으로 인도하지 않으시고 홍해의 광야 길로 돌려 인도하도록 지시하시다(사유: 블레셋의 땅을 통과 시 전쟁이 발생하면 이스라엘 백성들이 마음을 돌려 이집트로 되돌아갈 것을 염려하셨기 때문). | |

| 4 | 믹돌(Migdol) | * | 홍해(Red Sea) 기적 |
|---|---|---|---|
| - 비하히롯 앞을 떠나 바알스본 맞은편 믹돌 앞 홍해 해변에 장막을 치다.<br>- 이스라엘 자손이 애굽 왕 바로와 그의 많은 군대와 마병들의 추격을 받다.<br>- 즉, 이스라엘 자손이 그들의 거주지인 이집트 땅에서 멀리 떠나 광야에서 갇힌 바 되었다(앞쪽과 오른쪽은 산, 왼쪽은 홍해, 뒤쪽은 애굽 군대) | | * 두 번째 기적 사건: 모세가 바다 위로 손을 내밀매 여호와께서 동풍으로 홍해를 가르시고, 바다 밑에 길을 내어 이스라엘 자손을 안전하게 건너가게 하시다.<br>- 추격하던 애굽 군대와 마병들과 병거(60대)들 모두가 수장되다.<br>- 하나님의 크신 능력(하나님의 구원 사역)을 천하 만민에게 보여주시다.<br>- 모세와 미리암(그의 누이)이 홍해를 건넌 후 여호와를 찬송하는 찬송시(노래)를 부르다.<br>- 홍해를 통과한 것은 일종의 정결의식으로, 사도 바울은 이를 물세례에 비유하였다. | |
| | 수르 광야(Desert of Shur) | 5 | 마라(Marah) |
| - 시내 반도 서북쪽에 위치한 넓은 광야<br>- 서쪽의 끝은 이집트의 수에즈 운하에 닿다.<br>- 사흘 길을 걸어가는 동안 물을 전혀 얻지 못하였다. | | - 시내 반도 중부 시내 광야(Desert of Sinai)의 홍해 해안가에 있는 도시<br>- 그곳의 물이 썩어 백성들이 마실 수가 없어 그곳을 '마라'라 하다.<br>- 여호와께서 마실 수 있는 물로 변하게 역사하시다(모세가 한 나무를 물에 던지게 하심).<br>- 여호와께서 법도와 율례를 정하시다. | |
| 6 | 엘림(Elim) | 7 | 홍해가(by the Red Sea) |
| -홍해 해안가 마라의 남쪽(시내 반도 서쪽)<br>- 물샘 12곳이 있었다(twelves springs).<br>- 종려나무 70그루가 있었다(seventy palm trees). | | - 시내 반도 중부의 서쪽 해안 | |
| 8 | 신 광야(Desert of Zin) | 9 | 돕가(Dophkah) |
| - 시내 반도 남쪽 신 광야에 있는 장막(엘림과 시내 산 사이)<br>- 애굽에서 나온 후 둘째 달 15일<br>* 여호와께서 매일 백성들에게 양식을 공급하심(가나안 지경에 이르기까지 40년간)<br>- 출애굽 시 가지고 나온 양식은 한 달이 지나자 모두 떨어졌다.<br>저녁: 메추라기(고기)<br>아침: 만나(하늘의 곡식: 떡) | | - 시내 반도 남쪽, 신 광야의 서쪽 | |

| 8 | 신 광야(Desert of Zin) | 9 | 돕가(Dophkah) |
|---|---|---|---|
| | - 제7일은 안식일이므로 제6일째는 2일치 의 양식 공급 | | |
| 10 | 알루스(Alush) | 11 | 르비딤(Rephidim) |
| | - 돕가 남쪽 신 광야에 위치, 시내 반도 남쪽 | | - 알루스 남쪽 시내 광야에 위치<br>-먹을 물이 없어 모세와 이스라엘 자손들이 다투어 그곳 이름을 '므리바'라고 함<br>-모세가 여호와의 말씀에 의하여 호렙 산의 반석 위를 그의 지팡이로 내려치니 그 반석에서 물이 나오다<br>-이스라엘이 아말렉과의 전투에서 승리(장수: 여호수아) "여호와 닛시"(여호와는 나의 깃발)라 함<br>-모세가 여호와의 지팡이를 손에 잡고 올리면 이스라엘이 승리, 손에 잡고 내리면 아말렉이 승리 |
| 12 | 시내 광야(Desert of Sinai) | | 시내 산(Siani Mountain, 일명 호렙 산) |
| | - 시내 반도 남쪽 시내 산 앞에 장막<br>- 애굽 땅을 떠난 지 3개월 되던 날<br>- 이스라엘 자손의 지파별 1차 인구조사(BC 1445, 둘째 해, 둘째 달, 첫째 날) | | - 여호와께서 시내 산 꼭대기에 강림하시고 모세를 그곳으로 부르시어, 모세가 올라가 40일간을 하나님과 직접 대면하다.<br>모세는 그 기간 동안 떡도 먹지 않고 물도 마시지 않았다.<br>- 여호와께서 모세에게 '시내 산 언약'인 '십계명'(The Ten Commandments)을 하달하시다. 모세가 '십계명을 기록한 돌판 2개'를 가지고 40일 만에 하산하였을 때, 시내 산 아래에서 모세를 기다리던 이스라엘 자손들은 그들의 여호와 하나님을 믿지 못하여 '금송아지 우상'을 만들어 숭배하고 있었다. |
| | - 목적: ① 지파별 조직체 구성<br>② 가나안 정복 전쟁 대비 | | - 따라서 출애굽 후 3개월 만에 시내 산에 도착한 이스라엘 자손들은 시내 산에서 1년간 생활하며 하나님으로부터 하나님의 율법(규례와 법도) 교육을 집중적으로 받았다. |

| | | | |
|---|---|---|---|
| 12 | 시내 광야(Desert of Sinai) | | 시내 산(Siani Mountain, 일명 호렙 산) |
| - 인구 조사: 603,550명<br>① 20-60세까지의 장정<br>② 레위 지파는 제외 | | - 산 아래에 있는 백성들은 산에 불이 붙어 불길이 충천하고 어둠과 구름과 흑암이 덮인 가운데, 백성들에게 임하신(여호와의 영광과 위엄) 여호와의 음성만을 듣고 여호와의 형상은 보지 못하였다. | |
| 13 | 기브롯 핫다아와<br>(Kibroth Hattaavah) | 14 | 하세롯(Hazeroth) |
| - 시내 반도 동쪽 광야 위치<br>- 여호와께서 백성들에게 진노 '큰 재앙'을 내리시다.<br>- 메추라기에 욕심을 낸 백성들을 죽이시다.<br>- 기브롯 핫다아와: 백성들의 '탐욕의 무덤' 이란 의미 | | - 시내 반도 남쪽, 시내 산에서 'U-turn' 북쪽으로 행진, 광야의 도시<br>- 모세의 누이 여선지자 미리암이 여호와의 진노로 나병에 걸리다(사유: 모세가 구스 여자를 후처로 취하자 모세의 형 아론과 미리암이 모세를 비방한 죄로 하나님께서 미리암에게 징계를 내리심). | |
| 15 | 릿마(Rithmah) | 16 | 림몬 베레스(Rimmon Perez) |
| * 광야 생활 40년<br>- 모세를 통하여 율법과 계명으로 훈련시켜 노예 민족이었던 이스라엘 민족을 세계에서 가장 우수한 민족으로 변모시키셨다.<br>- 약속의 땅, 가나안으로 들어가기 전 하나님의 백성으로 훈련시킨 고난과 시험의 기간이었다. | | | |
| 17 | 립나(Libnah) | 18 | 릿사(Rissah) |
| | | | |
| 19 | 그헬라다(Kehelathah) | 20 | 세벨 산(Mount Shepher, 일명 세일 산) |
| | | - 시내 반도 동북쪽 바란 광야에 위치 | |
| 21 | 하라다(Haradah) | 22 | 막헬롯(Makheloth) |
| | | | |
| 23 | 다핫(Tahath) | 24 | 데라(Terah) |
| | | | |

| 25 | 밋가(Mithcah) | 26 | 하스모나(Hasmonah) |
|---|---|---|---|
| | | | |

| 27 | 모세롯(Moseroth) | 28 | 브네 야아간(Bene Jaakan) |
|---|---|---|---|
| | | | |

| 29 | 홀 하깃갓(Hor Haggidgad) | 30 | 욧바다(Jotbathah) |
|---|---|---|---|
| | | | - 에시온 게벨 북쪽<br>- 에돔 땅에 위치 |

| 31 | 아브로나(Abronah) | 32 | 에시온 게벨(Ezion Geber) |
|---|---|---|---|
| - 욧바다와 에시온 게벨 사이 광야에 위치 | | - 시내 반도 오른편 북동쪽 아카바 만 끝의 항구도시 | |

| 33 | 가데스바네아(Kadesh Barnea) | – 팔레스타인 남쪽, 신 광야에 위치, 에돔 성읍<br>– 호렙 산(시내 산)에서 세일 산(세벨 산)을 지나 열하룻길 |
|---|---|---|

(1) BC 1445 가나안 땅에 정탐꾼 파견
- 모세가 이스라엘 자손의 12지파에서 1명씩의 지휘관 12명을 선발해서 40일간 조사
- 정탐꾼들의 조사 귀환 보고(부정적 vs 긍정적)에 기인해 백성들이 지도자 모세에게 강력히 원망하는 사건이 발생하자 여호와께서 벌을 내리시다.
① 이스라엘 자손에게 광야에서 40년간 방황하게 하심(정탐한 일자 40일×1년=40년)
② 부정적인 보고를 한 10명의 정탐꾼을 재앙으로 죽이시다(정탐꾼 중 여호수아와 갈렙만 살아서 가나안 땅을 밟다).
(2) BC 1408(광야 생활 38년째) 므리바 물 사건
- 백성들이 물이 없어 지도자 모세를 원망하자 모세가 지팡이로 두 번 치니 물이 솟아나오다.
- 이 사건으로 모세와 아론이 가나안 땅에 들어가지 못하고 모두 광야에서 죽다.
- 사전에 '여호와의 거룩함'을 백성에게 나타내지 못하였기 때문에 여호와께서 벌을 내리시다.

| 34 | 호르산(Mount of Hor) | 35 | 살모나(Zalmonah) |
|---|---|---|---|
| - 에돔 땅 변경에 위치<br>① BC 1406(출애굽 40년째) 제사장 아론 죽음<br>- 여호와의 명령으로 호르 산 꼭대기에 올라가 죽다(123세, 므리바 물 사건에서 기인)<br>- 모세가 아론의 옷을 벗겨 그의 아들 엘르아살에게 제사장의 옷을 입히다. | | - 에돔 땅 중앙에 위치 | |

| 34 호르산(Mount of Hor) | 35 살모나(Zalmonah) |
|---|---|
| ② 가나안 땅 남방(네겝)에 거주하는 아랏 왕이 이스라엘을 공격, 모세가 기도하여 여호와께서 그들과 그들의 성읍을 멸하시다. 이곳을 '호르마'라 부르다.<br>호르마 전투 승리가 가나안 정복 전쟁의 첫 승리이다. | |
| **36 부논(Punon)** | **37 오봇(Oboth)** |
| BC 1406(광야 생활 40년째)<br>- 백성이 호르 산에서 출발하여 홍해 길을 따라 에돔 땅을 우회하려 하매 백성들이, 하나님과 모세를 향하여 원망하다.<br>- 여호와께서 불뱀을 백성 중에 보내어 물게 하시므로 백성 중에 죽는 자가 많았다.<br>- 그러므로 모세가 여호와께 백성을 위하여 기도하고, 하나님께서 명하신 대로 모세가 놋뱀을 만들어 장대 위에 매달아 그 놋뱀을 쳐다본 사람은 모두 살았다. | |
| **38 이예 아바림(Iye Abarim)** | **39 디본 갓(Dibon Gad)** |
| - 모압 평지에 위치(사해 동쪽) | - 사해 동쪽 아르논 강 연안 세렛 골짜기<br>- 세렛 시내는 모압과 암몬 간의 경계선 |
| **40 알몬 디블라다임 (Almon Diblathaim)** | **41 아바림 산(Mount Abraim)** |
| - 아르논 강 건너편<br>- 모압과 아모리(암몬) 사이에서 모압의 경계 | - 느보 산(Mount of Nebo)이라고도 함<br>- 모압의 북쪽 경계(사해 북쪽 요단 강 동쪽)<br>- 헤스본에 거주하는 암몬(아모리) 왕 시혼을 죽이다.<br>- 에드레이에서 아스다롯에 거주하는 바산 왕 옥을 죽이다.<br>- 여리고 성 맞은편 모압 땅 아바림 산에 올라가서 여호와께서 모세에게 "내가 이스라엘 자손에게 줄 가나안 땅을 바라보라" 하시다. |

| 42 | 모압 평지(plains of Moab, BC 1406 광야 생활 40년째 해) |
|---|---|

- 여리고 성 맞은편 요단 강 동쪽 모압 평지 싯딤에 장막
① 제2차 지파별 인구조사
- 흐트러진 이스라엘 공동체(12지파)를 재구성하여 약속의 땅 가나안에 정착하기 위한 준비
- 약 40년 전 시내 산에서의 제1차 인구조사 대비 1,820명 감소
② 모세가 이스라엘 자손에게 여호와께서 주신 명령(율법)을 설명하다.
- 열한째 달 첫 번째 날
③ 요단 강 동편 정복
④ 십볼의 아들 모압 왕 발락과 대치
⑤ 이스라엘 자손이 모압 여자들과 '브올의 음행 사건'을 일으키다.
- 모세가 관련자를 모두 죽이다.
⑥ 모세가 제사장 엘르아살 앞에서 자신의 후임자로 여호수아에게 안수하다.
⑦ 모세가 여리고 맞은편 느보 산의 비스가 산꼭대기에서 죽다.
- 모세도 신 광야 가데스바네아의 '므리바 물 사건'으로 아론과 같이 가나안 땅에 입성하지 못하고 죽다(120세).
- 모세의 시체는 하나님께서 천사장 미가엘을 시켜서 벳브올 맞은편 모압 땅에 있는 골짜기에 장사하였다.

| * | BC 1405: 약속의 땅, 가나안 '여리고 성' 입성 |
|---|---|

- 인도자: 여호수아, 갈렙
- 여리고 성의 위치: 모압 평지의 바로 건너편(요단 강 서편)으로 가나안 땅의 관문
- 당시에 교역의 중심지이고, 백성들이 많이 살고, 물질의 풍요로움 등으로 우상 숭배가 만연
① 가나안 정복전쟁
(모세) 이스라엘 자손의 원수 미디안 족속을 전멸시킴: 미디안 족속의 다섯 왕과 남자들을 죽이고 재물을 탈취하고, 부녀들과 아이들을 포로로 잡다.
- 각 지파에서 천 명씩, 1만 2천 명의 군대를 무장시켜 제사장 엘르아살의 아들 비느하스를 지휘관으로 하여 승리하다.
(여호수아) 5년간의 정복전쟁(BC 1405-1400)에서 가나안 땅의 31개 성읍의 왕들을 물리치고 승리하다.
② 이스라엘 자손에게 12지파별로 기업(거주할 땅) 분할
- 지도자: 여호수아

| * | 실로 |
|---|---|

- 에브라임 지파의 산지로 가나안 땅에서 마지막으로 장막을 친 성읍
- 하나님의 궤(법궤)가 '사사 시대'까지 이 실로 성막에 보존됨: 약 350년
* BC 1405-BC 1050
- 여호수아의 이스라엘 통치: 15년(BC 1405-BC 1390), 110세에 사망

### 2) 40년 동안 광야 길을 걷게 하신 이유

① 그 마음을 시험하시기 위해

"네 하나님 여호와께서 이 사십 년 동안에 네게 광야 길을 걷게 하신 것을 기억하라 이는 너를 낮추시며 너를 시험하사 네 마음이 어떠한지 그 명령을 지키는지 지키지 않는지 알려 하심이라"(신 8:2).

② 하나님의 말씀으로 산다는 것을 알려주기 위해

"너를 낮추시며 너를 주리게 하시며 또 너도 알지 못하며 네 조상들도 알지 못하던 만나를 네게 먹이신 것은 사람이 떡으로만 사는 것이 아니요 여호와의 입에서 나오는 모든 말씀으로 사는 줄을 네가 알게 하려 하심이니라"(신 8:3).

③ 하나님의 자녀이기에 징계도 하심

"너는 사람이 그 아들을 징계함같이 네 하나님 여호와께서 너를 징계하시는 줄 마음에 생각하고"(신 8:5).

④ 하나님 경외하는 법을 가르치기 위해

"네 하나님 여호와의 명령을 지켜 그의 길을 따라가며 그를 경외할지니라"(신 8:6).

⑤ 하나님의 명령에 순종하는 것을 가르치기 위해

“내가 오늘 명하는 모든 명령을 너희는 지켜 행하라 그리하면 너희가 살고 번성하고 여호와께서 너희의 조상들에게 맹세하신 땅에 들어가서 그것을 차지하리라”(신 8:1).

* 경외란 하나님의 주권을 인정하고 예배와 삶을 통해 여호와를 높이는 것이다.

### 3) 하나님의 권능의 증거

#### (1) 하나님의 권능과 현상

① 하나님의 임재의 상징: 구름(출 19:9, 40:38)

② 하나님의 영광과 위엄의 상징: 우박(시 18:13)

③ 하나님의 음성: 하늘의 우렛소리(시 18:13)

④ 하나님의 섭리(통치): 자연 만물의 움직임

- 천둥소리(욥 37:4, 40:9), 우렛소리(욥 36:33), 번개(시 18:14), 우박(시 18:13), 폭풍우(욥 40:6), 구름(욥 36:28), 흑암(시 18:11), 숯불(시 18:13), 화살(시 18:14)

#### (2) 하나님의 강림 시 현상

① 우레(출 20:18) ② 번개(출 20:18) ③ 산 위의 구름(출 19:16)

④ 나팔소리(출 20:18, 19:19) ⑤ 산의 연기(흑암)(출 20:18)

⑥ 온 산이 진동(출 19:18)

### ⑶ 하나님의 징벌(심판, 재앙) 방법

① 유황과 불(창 19:24) ② 불(왕상 18:38) ③ 폭풍우(욥 1:9) ④ 번갯불(욥 37:3) ⑤ 우박(시 18:13) ⑥ 우렛소리(시 18:13) ⑦ 숯불(시 18:13)

## 4) 길을 안내한 구름

①

"성막을 세운 날에 구름이 성막 곧 증거의 성막을 덮었고 저녁이 되면 성막 위에 불 모양 같은 것이 나타나서 아침까지 이르렀으되"(민 9:15).

②

"낮에는 여호와의 구름이 성막 위에 있고 밤에는 불이 그 구름 가운데에 있음을 이스라엘의 온 족속이 그 모든 행진하는 길에서 그들의 눈으로 보았더라"(출 40:38).

③

"구름이 성막에서 떠오르는 때에는 이스라엘 자손이 곧 행진하였고 구름이 머무는 곳에 이스라엘 자손이 진을 쳤으니"(민 9:17).

④

"구름이 떠오르지 않을 때에는 떠오르는 날까지 나아가지 아니하였으며"(출 40:37).

"이틀이든지 한 달이든지 일 년이든지 구름이 성막 위에 머물러 있을 동안에는 이스라엘 자손이 진영에 머물고 행진하지 아니하다가 떠오르면 행진하였으니"(민 9:22).

⑤

"곧 그들이 여호와의 명령을 따라 진을 치며 여호와의 명령을 따라 행진하고 또 모세를 통하여 이르신 여호와의 명령을 따라 여호와의 직임을 지켰더라"(민 9:23).

광야 행군 시 지파 배치도

– 인도자 : 모세(레위 자손)
– 관리
① 법궤: 레위 자손
② 성물: 고핫 자손(레위 자손)
③ 성막: 게르손과 므라리 자손(레위 자손)

### 5) 가나안 땅에 정탐꾼 파견– 여호와께서 모세에게 명하심

#### (1) 시기

BC 1445(출애굽 후 둘째 해)

#### (2) 장소

가데스바네아(민 13:26) - 팔레스타인 남쪽 신 광야의 에돔 성읍

#### (3) 목적

약속의 땅 가나안을 사전에 탐지하여 이스라엘 자손이 가나안 땅을

① 어떻게 정복해야 할 것인가를 파악하고

② 정복로(길)와 정복할 성읍 등을 탐색하기 위함이다.

#### (4) 정탐꾼 선발 방법과 인원(민 13:2)

- 이스라엘 각 지파에서 지휘관으로 선발된 자 한 사람씩 12명

#### (5) 정탐 기간

40일(민 13:25)

**(6) 정탐꾼의 정탐 후 보고 내용**(민 13:26)

- 모세와 아론과 이스라엘 자손의 온 회중 앞에 나와서 보고

① 가나안 땅 현황(민 13:27)

- 과연 그 땅은 젖과 꿀이 흐르는 아름다운 땅임

- 정탐꾼이 가지고 온 그 땅의 과일을 보여줌

② 가나안 상황(민 13:28)

거주민은 강하고, 성읍은 견고하고, 심히 크고, 거기서 아낙 자손을 목격하였다. 아낙 자손은 네피림 후손으로 거인들이었다.

③ 가나안 거주 민족(민 13:29)

아말렉인: 남방 거주 헷 사람과 여부스 사람과 아모리 사람 – 산지에 거주

가나안인: 해변과 요단가 거주

④ 정탐꾼 12명의 정탐 보고

- 유다 지파의 갈렙과 에브라임 지파의 여호수아 등 2명(민 13:30): 이스라엘 자손이 정복 가능한 땅이라고 긍정적인 보고를 하다.

- 그 외 10지파의 정탐꾼 10명(민 13:31-32): 견고한 성과 거주민의 강력함으로 절대로 정복할 수 없다고 부정적인 보고를 하다.

**(7) 정탐꾼들의 보고를 듣고 그 현장에 있던 백성들이 출애굽의 지도자 모세를 원망하며 강력하게 항의하는 사건이 발생하다**(민 14:2–3).

- 그때에 여호와의 영광이 성막에서 이스라엘 모든 자손에게 나타나시어 원망하는 백성들에게 벌을 내리시다.

* 하나님의 뜻과 계획을 지연시킨 패역한 자들에 대한 하나님의 징계

① 정탐한 날 수인 40일의 하루를 1년으로 쳐서 그 40년간을 광야에서 방황하게 하다(민 14:34).

② 땅을 정탐하고 돌아와서 악평하여 온 회중이 모세를 원망케 한 정탐꾼 10명은 여호와 앞에서 재앙으로 죽임을 당하다(민 14:36-37).

③ 그러나 그 땅을 정탐하러 갔던 사람들 중에서 하나님을 온전히 따랐던 여호수아와 갈렙은 생존하여 가나안 땅을 밟았고, 그들의 자손이 그 땅을 차지하였다(민 14:38).

# 10

# 십계명(The Ten Commandments)

## : 출애굽기 20장 1–17절

“하나님이 이 모든 말씀으로 말씀하여 이르시되 나는 너를 애굽 땅, 종 되었던 집에서 인도하여 낸 네 하나님 여호와니라”(출 20:1-2).

**제일은**, 너는 나 외에는 다른 신들을 네게 두지 말라

**제이는**, 너를 위하여 새긴 우상을 만들지 말고 또 위로 하늘에 있는 것이나 아래로 땅에 있는 것이나 땅 아래 물속에 있는 것의 어떤 형상도 만들지 말며 그것들에게 절하지 말며 그것들을 섬기지 말라. 나 네 하나님 여호와는 질투하는 하나님인즉 나를 미워하는 자의 죄를 갚되 아버지로부터 아들에게로 삼사 대까지 이르게 하거니와 나를 사랑하고 내 계명을 지키는 자에게는 천 대까지 은혜를 베푸느니라

**제삼은**, 너는 네 하나님 여호와의 이름을 망령되게 부르지 말라. 여호와는 그의 이름을 망령되게 부르는 자를 죄 없다 하지 아니하리라

**제사는**, 안식일을 기억하여 거룩하게 지키라. 엿새 동안은 힘써 네 모든 일을 행할 것이나 일곱째 날은 네 하나님 여호와의 안식일인즉 너나 네 아들이나 네 딸이나 네 남종이나 네 여종이나 네 가축이나 네 문 안에 머무는 객이라도 아무 일도 하지 말라. 이는 엿새 동안에 나 여호와가 하늘과 땅과 바다와 그 가운데 모든 것을 만들고 일곱째 날에 쉬었음이라. 그러므로 나 여호와가 안식일을 복되게 하여 그날을 거룩하게 하였느니라

**제오는**, 네 부모를 공경하라. 그리하면 네 하나님 여호와가 네게 준 땅에서 네 생명이 길리라

**제육은**, 살인하지 말라

**제칠은**, 간음하지 말라

**제팔은**, 도둑질하지 말라

**제구는**, 네 이웃에 대하여 거짓 증거하지 말라

**제십은**, 네 이웃의 집을 탐내지 말라. 네 이웃의 아내나 그의 남종이나 그의 여종이나 그의 소나 그의 나귀나 무릇 네 이웃의 소유를 탐내지 말라(출 20:1-17)

11

# 광야 생활 중 제정된 각종 규례

## 1) 성막, 성소, 속죄소 등의 운영

성막(The Tabernacle): 회막, 장막이라고도 한다

- 성막을 세운 것은 이스라엘 백성이 출애굽하고 둘째 해(BC 1445) 첫째 달 첫째 날에 팔레스타인 남쪽 신 광야에 위치한 가데스바네아(Kadesh Barnea)에서였다(출 40:2).

- 성막은 하나님의 임재를 상징하는 궤와 속죄소를 덮고 있는 천막을 말한다.

- 성막은 ① 하나님이 임재하시는 곳 ② 백성들이 하나님께 제사 드리며 그분과 교제하는 곳 ③ 백성들의 죄를 속죄하는 곳, 즉 백성들의 신앙과 삶의 중심이었다.

- 성막은 크게 세 부분으로 나뉜다: 성막의 뜰, 성소, 지성소

### (1) 성막의 뜰(The Courtyard of the Tabernacle)

① 회막의 성막 문 앞에 있는 번제단과 회막 사이에 물두멍이

있었다(출 40:6-7).

② 이스라엘 백성이면 누구나 들어가 예배드릴 수 있다.

③ 따라서 이곳은 구원의 장소와 생명의 장소로 상징된다.

④ 성소가 하나님을 위한 곳이라면 성막의 뜰은 사람을 위한 곳이다.

(2) **성소**(The Holy Place)

① 첫째 휘장은 성막의 뜰 입구의 막(민 4:26)으로, 각종 절기에 제사장과 대제사장이 여호와께 제사 드리는 곳이다.

② 둘째 휘장은 성막의 휘장, 곧 성소 출입구의 막(민 4:25)으로, 성소 안에는 등잔대, 진설병, 진설대(떡상)가 있었다.

(3) **지성소**(The Most Holy Place)

① 1년에 단 한 번, 대제사장만이 속죄일에 희생제물의 피를 가지고 들어가 자기와 이스라엘 온 백성의 죄를 속죄하는 제사를 여호와께 드리는 거룩한 곳이다.

② 성소의 내실로 휘장으로 가려져 있고, 그 안에는 세 가지, 곧 여호와의 언약궤(모세가 시내 산에서 받은 십계명 돌판 2개), 아론의 싹 난 지팡이, 만나를 담은 금항아리가 있다. 셋째 휘장은 성소와 지성소 사이를 구분하는 막이다(민 4:5).

(4) **속죄소**(The Atonement Cover)

- 지성소 내에 있는 시은좌 곧 은혜의 자리(증거궤 위에 두었음)로

서 여호와의 계시를 이스라엘 백성에게 전달해 주는 중심 장소였다(출 25:21-22).

① 증거판: "여호와께서 시내 산 위에서 모세에게 이르시기를 마치신 때에 증거판 둘을 모세에게 주시니 이는 돌판이요 하나님이 친히 쓰신 것이더라…그 판은 하나님이 만드신 것이요 글자는 하나님이 쓰셔서 판에 새기신 것이더라"(출 31:18, 32:16).

* 즉 십계명이 새겨진 돌판을 증거판이라 한다.

② 증거궤(the ark of the Testimony): 증거판이 들어 있는 법궤를 증거궤라 한다.

- 증거궤와 동의어: 여호와의 언약궤, 하나님의 언약궤, 여호와의 궤, 하나님의 궤, 언약궤, 궤 등

③ 진설병(the bread of the Presence): 성소 앞의 상 위에 두 줄로 차려 놓은, 누룩 없는 12개의 떡(무교병)으로 매 안식일마다 새것으로 바꾸어 놓았다.

* 예수 그리스도께서 십자가 위에서 운명하실 때에 지성소의 휘장이 위에서 아래로 찢어져 둘로 나뉘었다(막 15:38).

그러므로 누구나 그리스도를 통하여 하나님께 나아갈 수 있게 되었다(히 10:19-22).

### 2) 레위 지파에 부여된 임무

- 레위인: 야곱과 그의 아내 레아 사이에 태어난 6남 중 3남 레

위 자손을 말한다.

"여호와께서 모세에게 말씀하여 이르시되 보라 내가 이스라엘 자손 중에서 레위인을 택하여 이스라엘 자손 중에 태를 열어 태어난 모든 자를 대신하게 하였은즉 레위인은 내 것이라"(민 3:11-12).

"그러므로 레위는 그의 형제 중에 분깃이 없으며 기업이 없고 네 하나님 여호와께서 그에게 말씀하심같이 여호와가 그의 기업이시니라"(신 10:9).

① 제사장 직무

"너는 아론과 그의 아들들을 세워 제사장 직무를 행하게 하라 외인이 가까이 하면 죽임을 당할 것이니라"(민 3:10).

② 성소의 직무

"레위인은 너와 합동하여 장막의 모든 일과 회막의 직무를 다할 것이요 다른 사람은 너희에게 가까이 하지 못할 것이니라"(민 18:4).

③ 여호와의 언약궤를 메며 여호와를 섬기는 일

"그때에 여호와께서 레위 지파를 구별하여 여호와의 언약궤를 메게 하며 여호와 앞에 서서 그를 섬기며 또 여호와의 이름으로 축복하게 하셨으니 그 일은 오늘까지 이르느니라"(신 10:8).

④ 법궤와 성소의 기물 이동

"진영이 전진할 때에 아론과 그의 아들들이 들어가서 칸 막는 휘장을 걷어 증거궤를 덮고"(민 4:5).

⑤ 신령한 노래와 연주로 찬양 드리는 일

"다윗이 군대 지휘관들과 더불어 아삽과 헤만과 여두둔의 자손 중에서 구별하여 섬기게 하되 수금과 비파와 제금을 잡아 신령한 노래를 하게 하였으니"(대상 25:1).

⑥ 십일조 예물을 관할하는 일을 수행

"성심으로 그 예물과 십일조와 구별한 물건들을 갖다 두고 레위 사람 고나냐가 그 일의 책임자가 되고 그의 아우 시므이는 부책임자가 되며"(대하 31:12).

### 3) 하나님께서 명령하신 법과 규례

| | | |
|---|---|---|
| 계명 | commands | 모세가 시내 산에서 받은 십계명 |
| 율법 | laws | 하나님의 뜻이 기록된 법전<br>(모세오경) |
| 율례 | decrees | 모세가 시내 산에서 받은 도덕법, 시민법, 제사법 등<br>법률 적용에 관한 일반적인 율례 |

| | | |
|---|---|---|
| 규례 | ordinances | 백성들의 언행 심사를 분별하고 판단하는 일반적인 규칙으로 모세가 시내 산에서 받은 것 |
| 법도 | precepts | 하나님의 백성이 일반적으로 지켜야 할 규례 |

### 4) 이스라엘이 지켜야 할 7대 절기

(1) **유월절**(the Passover, 민 28:16-25)

: 이스라엘 민족을 애굽의 속박으로부터 구원하신 하나님의 역사하심을 기념하는 절기. 곧, 애굽에서 나오던 시각인 첫째 달 (아빕 월) 열넷째 날 초저녁 해질 때에 유월절 제사를 소와 양으로 여호와께 드린다.

- 제사는 번제가 항상 중심 제사이며, 소제가 이에 곁들여진다. 번제는 헌신을 상징하며, 소제는 성결한 삶을 상징한다.
- 유월절 규례
  여호와께서 애굽 땅에서 모세와 아론에게 일러 말씀하시다.

① 할례를 받은 남자만 절기에 참여

② 이방 사람, 거류민, 타국 품꾼은 참여 불가

③ 각 사람이 돈으로 산 종은 할례를 받은 후에 참여 가능

④ 한 집에서만 먹되, 집 밖으로 고기를 내지 못함

(2) **무교절**(the Feast of Unleavened Bread, 출 12:15-20)

"너희는 이레 동안 무교병을 먹을지니 그 첫날에 누룩을 너

희 집에서 제하라"(출 12:15).

"너희에게 첫날에도 성회요 일곱째 날에도 성회가 되리니 너희는 이 두 날에는 아무 일도 하지 말고 각자의 먹을 것만 갖출 것이니라"(출 12:16).

"너희는 무교절을 지키라 이날에 내가 너희 군대를 애굽 땅에서 인도하여 내었음이니라 그러므로 너희가 영원한 규례로 삼아 대대로 이날을 지킬지니라"(출 12:17).

* 누룩은 죄악된 생활을 상징하고, 무교병은 고난의 떡을 상징한다.

(3) **맥추절**(the Feast of Harvest, 출 23:16)

: 이스라엘 자손이 홍해를 건넌 지 일곱 번째 안식일 다음날(유월절 이후 50일째 되는 날)로, 모세가 시내 산에서 1차 십계명을 받음을 기념하고 애굽에서 종 되었던 것을 기억하기 위한 절기이다.

"맥추절을 지키라 이는 네가 수고하여 밭에 뿌린 것의 첫 열매를 거둠이니라 수장절을 지키라 이는 네가 수고하여 이룬 것을 연말에 밭에서부터 거두어 저장함이니라"(출 23:16).

* 칠칠절(the Feast of Weeks) 또는 오순절(칠칠절의 신약 명칭: 예수님께

서 성령을 부어 주심)이라고도 한다.

(4) **초막절**(the Feast of Tabernacles, 민 29:12-34)

: 일곱째 달 열닷새 되는 날부터 이레 동안, 출애굽 후 광야에서 40년간 방황하던 시절 곧 장막에 거하던 삶(일)을 기념하는 절기이다. 1년 동안 수고한 모든 곡식을 가을에 거두어들이고 초막에 거하며 하나님께 감사의 번제를 드리는 추수감사절의 성격이다. 장막절, 수장절(the Feast of Ingathering)이라고도 한다.

(5) **나팔절**(the Feast of Trumphet, 레 23:24-25)

일곱째 달 초하루(7월 1일), 모세가 시내 산에서 2차 십계명을 받아 내려오기 전 이스라엘 자손이 나팔을 불며 모여 모세를 기다린 날에 번제로 제사를 드리며 예배(헌신)의 중요성과 공동체의 삶(정결한 삶)을 기억하게 하신 절기로서, 모든 백성이 하나님 여호와 앞에 성회로 모이고 노동을 하지 않는 안식일로 지켰다.

(6) **초실절**(the Day of the Firstfruits)

유월절 다음 날(무교절 첫날)인 첫째 달 열닷샛날, 햇곡식(밀, 보리)의 첫 단을 감사한 마음으로 하나님께 드리는 절기로서 백성들이 곡식을 수확하고자 낫을 대는 첫날이다.

(7) **속죄일**(the Day of Atonement, 민 29:7-11)

모세가 시내 산에서 2차 십계명을 받아 내려온 일곱째 달 열흘

날로, 백성들이 1년 동안 지은 죄를 여호와로부터 사함 받는, 1년 중 가장 중요한 날 중의 하나이다. 이날은 대제사장이 1년에 한 번, 백성들을 대신하여 속제물의 피를 들고 성전 내의 지성소에 들어가 여호와께 번제를 드리는 절기로서, 온 백성들이 금식하고 안식일로 지키며 스스로 자기 몸을 괴롭게 하였다.

### 5) 이스라엘의 제사에 대한 규례

- 모든 제사를 관장하고 집행하는 사람은 레위인(지파) 제사장과 대제사장임.

#### (1) **번제**(the Burnt Offerings): 헌신

> "이스라엘 자손에게 말하여 이르라 너희 중에 누구든지 여호와께 예물을 드리려거든 가축 중에서 소나 양으로 예물을 드릴지니라 그 예물이 소의 번제이면 흠 없는 수컷으로 회막 문에서 여호와 앞에 기쁘게 받으시도록 드릴지니라"(레 1:2-3).

* 헌신을 위한 중심 제사이다. 가축 중에서 흠 없는 소나 양의 수컷을 예물로 제물 전체를 하나님 앞에서 태우는 제사로, 번제는 매일 아침과 저녁에 두 번 드리며, 또한 소제가 곁들여진다.

#### (2) **소제**(the Grain Offerings): 섬김

"누구든지 소제의 예물을 여호와께 드리려거든 고운 가루로 예물을 삼아 그 위에 기름을 붓고 또 그 위에 유향을 놓아"(레 2:1).

* 곡식을 고운 가루로 만들어 기름을 섞어 그 위에 유향을 놓아 불을 사르는 제사로, 소제물에는 누룩을 섞을 수 없고 유일하게 피가 없이 드리는 제사이며 생명을 주신 하나님께 모든 삶을 드리는 것을 의미한다.

(3) **화목제**(the Fellowship Offerings): 교제

"사람이 만일 화목제의 제물을 예물로 드리되 소로 드리려면 수컷이나 암컷이나 흠 없는 것으로 여호와 앞에 드릴지니"(레 3:1).

* 하나님과 인간 사이의 화평을 위한 제사로서 예물을 나누어 먹을 수 있는 유일한 제사이며, 제물은 소나 양이나 염소의 수컷이나 암컷이나 흠 없는 것이어야 한다.

- 화목제의 세 가지 종류

① 서원 제물(the Freewill Offerings): 서원 드린 것이 성취되었을 때 드리는 제물

② 자원 제물(the Volunteer Offerings): 축복이나 구원에 관계없이 자발적으로 드리는 제물

③ 감사 제물(the Thank Offerings): 감사함으로 드리는 예물

(4) **속죄제**(the Sin Offerings): 용서

"이스라엘 자손에게 말하여 이르라 누구든지 여호와의 계명 중 하나라도 그릇 범하였으되 만일 기름 부음을 받은 제사장이 범죄하여 백성의 허물이 되었으면 그가 범한 죄로 말미암아 흠 없는 수송아지로 속죄제물을 삼아 여호와께 드릴지니" (레 4:2-3).

"만일 이스라엘 온 회중이 여호와의 계명 중 하나라도 부지중에 범하여 허물이 있으나 스스로 깨닫지 못하다가 그 범한 죄를 깨달으면 회중은 수송아지를 속죄제로 드릴지니"(레 4:13-14).

"만일 평민의 한 사람이 여호와의 계명 중 하나라도 부지중에 범하여 허물이 있었는데 그가 범한 죄를 누가 그에게 깨우쳐 주면 그는 흠 없는 암염소를 끌고 와서 그 범한 죄로 말미암아 그것을 예물로 삼아"(레 4:27-28).

* 제사장이 그 대속물에 안수함으로 제사 드리는 자의 죄를 전가시키고 그 대속물을 죽였다. 이 원리는 예수 그리스도의 대속의 죽음을 통해 성취되었다.

### (5) 속건제(the Guilt Offerings): 관계 회복

"누구든지 여호와의 성물에 대하여 부지중에 범죄하였으면 여호와께 속건제를 드리되 네가 지정한 가치를 따라 성소의 세겔로 몇 세겔 은에 상당한 흠 없는 숫양을 양 떼 중에서 끌어다가 속건제로 드려서(레 5:15).

"성물에 대한 잘못을 보상하되 그것에 오분의 일을 더하여 제사장에게 줄 것이요 제사장은 그 속건제의 숫양으로 그를 위하여 속죄한즉 그가 사함을 받으리라"(레 5:16).

"만일 누구든지 여호와의 계명 중 하나를 부지중에 범하여도 허물이라 벌을 당할 것이니"(레 5:17).

* 누구든지 여호와의 성물(십일조나 첫 소산물 등)이나 남의 물건에 관한 규율을 부지중에 어겼으면 그것도 허물이라 벌을 받았고, 모든 제물은 제사장을 거치지 않고는 하나님께 바칠 수 없었다.
* 이는 신약에서, 오직 예수 그리스도를 통하여 하나님 앞에 나아갈 수 있음을 예시한 것이다.

## 6) 안식일, 안식년, 희년에 대한 규례

### (1) 안식일(the Sabbath)

"엿새 동안은 일할 것이요 일곱째 날은 쉴 안식일이니 성회의 날이라 너희는 아무 일도 하지 말라 이는 너희가 거주하는 각처에서 지킬 여호와의 안식일이니라"(레 23:3).

(2) **안식년**(the Sabbath Year)

"이스라엘 자손에게 말하여 이르라 너희는 내가 너희에게 주는 땅에 들어간 후에 그 땅으로 여호와 앞에 안식하게 하라 너는 육 년 동안 그 밭에 파종하며 육 년 동안 그 포도원을 가꾸어 그 소출을 거둘 것이나 일곱째 해에는 그 땅이 쉬어 안식하게 할지니 여호와께 대한 안식이라 너는 그 밭에 파종하거나 포도원을 가꾸지 말며 네가 거둔 후에 자라난 것을 거두지 말고 가꾸지 아니한 포도나무가 맺은 열매를 거두지 말라 이는 땅의 안식년임이니라"(레 25:2-5).

(3) **희년**(the Year of Jubilee, 레 25:10-11)

- 일곱 안식년 다음 해인 50년째를 희년이라 한다.

"너희는 오십 년째 해를 거룩하게 하여 그 땅에 있는 모든 주민을 위하여 자유를 공포하라 이 해는 너희에게 희년이니 너희는 각각 자기의 소유지로 돌아가며 각각 자기의 가족에게로 돌아갈지며 그 오십 년째 해는 너희의 희년이니 너희는 파종하지 말며 스스로 난 것을 거두지 말며 가꾸지 아니한 포도를 거두지 말라"(레 25:10-11).

* 희년이 되면 토지와 가옥과 가족까지도 모두 되돌려 주어서 새로운 삶을 다시 시작하게 하였다.

12

# 가나안 정복 전쟁

## 1) 구약 시대의 가나안(팔레스타인)

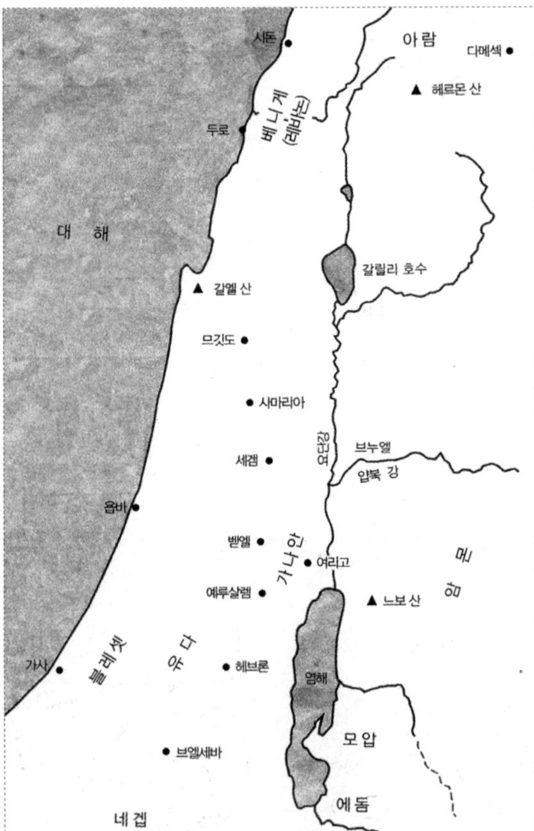

### 2) 팔레스타인의 기후 조건(신 11:14; 렘 5:24)

① 이른 비(10월, 11월): 곡식을 심게 하는 가을비
② 늦은 비(3월, 4월): 곡식을 여물게 하는 추수기의 봄비

### 3) 여리고(Jericho) 성 공략 시 성읍을 도는 순서

: 여호수아(Joshua)의 인도, 가나안 땅 정복의 첫 관문(수 6:2-16)

① 무장한 사람들
② 일곱 양각 나팔을 가진 일곱 제사장들
③ 언약궤를 멘 제사장들
④ 나머지 무사들

- 엿새 동안 성 주위를 매일 한 번씩, 일곱째 날에는 그 성을 일곱 번 돈다.
- 이 순서는 이스라엘 민족이 광야에서 40년간 행군할 때의 순서와 일치한다.

### 4) 레위인에게 준 성읍

- 제사장과 레위인은 이스라엘 백성을 대신하며 하나님을 섬기기 위하여 선택되었으나, 그들은 가나안 땅에서 기업을 분할 받지 못하였으므로 다른 지파들이 레위인의 생활을 책임지게 하였다.

①

"이스라엘 자손에게 명령하여 그들이 받은 기업에서 레위인에게 거주할 성읍들을 주게 하고 너희는 또 그 성읍들을 두르고 있는 초장을 레위인에게 주어서"(민 35:2).

"너희가 레위인에게 줄 성읍은 살인자들이 피하게 할 도피성으로 여섯 성읍이요 그 외에 사십이 성읍이라"(민 35:6).

"너희가 레위인에게 모두 사십팔 성읍을 주고 그 초장도 함께 주되"(민 35:7).

②

"성읍은 그들의 거처가 되게 하고 초장은 그들의 재산인 가축과 짐승들을 둘 곳이 되게 할 것이라"(민 35:3).

③

"너희가 레위인에게 줄 성읍들의 들은 성벽에서부터 밖으로 사방 천 규빗이라"(민 35:4).

④

"내가 이스라엘의 십일조를 레위 자손에게 기업으로 다 주어서"(민 18:21).

"내가 이스라엘 자손에게 받아 너희에게 기업으로 준 십일조를 너희가 그들에게서 받을 때에 그 십일조의 십일조를 거제로 여호와께 드릴 것이라"(민 18:26),

레위인에게 주어진 땅은 약 40㎢로 가나안 땅의 0.1%밖에 되지 않는다.

레위인은 다른 지파들과 섞여 살면서 자신들이 필요한 정도의 집만 소유했고, 그 집은 자손에게 물려주었다.

만약 레위인이 그 집을 팔면 다른 레위인이 언제든지 무를 수 있었다.

### 5) 유다 지파의 역할

유다 지파: 야곱과 그의 아내 레아 사이에 태어난 6남 중 4남인 유다의 자손

#### ① 이스라엘 민족 12지파의 장자 지파가 됨

"유다야 너는 네 형제의 찬송이 될지라 네 손이 네 원수의 목을 잡을 것이요 네 아버지의 아들들이 네 앞에 절하리로다… 규가 유다를 떠나지 아니하며 통치자의 지팡이가 그 발 사이에서 떠나지 아니하기를 실로가 오시기까지 이르리니 그에게 모든 백성이 복종하리로다"(창 49:8, 10).

② 가나안 정복 전쟁을 이끎(여호수아가 죽은 후에 미정복 상태로 남아 있었던 가나안 땅 정복)

"유다가 그의 형제 시므온과 함께 가서 스밧에 거주하는 가나안 족속을 쳐서 그곳을 진멸하였으므로 그 성읍의 이름을 호르마라 하니라…유다가 또 가사 및 그 지역과 아스글론 및 그 지역과 에그론 및 그 지역을 점령하였고"(삿 1:17-18).

③ 다윗 왕이 유다의 10대손

"또 자기와 함께 한 추종자들과 그들의 가족들을 다윗이 다 데리고 올라가서 헤브론 각 성읍에 살게 하니라 유다 사람들이 와서 거기서 다윗에게 기름을 부어 유다 족속의 왕으로 삼았더라"(삼하 2:3-4).

④ 남방 유다 왕국에서 주도적 역할

"솔로몬의 아들 르호보암은 유다 왕이 되었으니 르호보암이 왕위에 오를 때에 나이가 사십일 세라 여호와께서 자기 이름을 두시려고 이스라엘 모든 지파 가운데에서 택하신 성읍 예루살렘에서 십칠 년 동안 다스리니라"(왕상 14:21).

⑤ 세상을 구원할 메시아 예수 그리스도의 탄생

"아브라함과 다윗의 자손 예수 그리스도의 계보라…그런즉 모든 대 수가 아브라함부터 다윗까지 열네 대요 다윗부터 바벨론으로 사로잡혀 갈 때까지 열네 대요 바벨론으로 사로잡혀 간 후부터 그리스도까지 열네 대더라"(마 1:1, 17).

### 6) 가나안 땅에 살던 족속들

| | 족속 | | 내용 |
|---|---|---|---|
| ① | 아모리(암몬) 족속 | Ammonites | 가나안 초기 원주민: 요단 강 서편의 산악지대에 거주 |
| ② | 아낙 자손 | Anakites | 가나안 초기 원주민: 가나안 사람들 중에서 가장 키가 크고 힘이 센 종족(거인들) |
| ③ | 아이 족속 | Avvites | 에게 해 해안, 가사(Gasa) 근처에 살았던 가나안 족속 |
| ④ | 호리 족속 | Horites | 세일 산에 거주하던 원주민: 후에 에서의 후손과 합병 |
| ⑤ | 마온 자손 | Meunites | 세일 산에 거주하는 부족 |
| ⑥ | 미디안 족속 | Midian | 북서부 아라비아, 시내 반도 동부, 모압 근처에 살던 족속 |

### 7) 이스라엘 자손이 가나안 정복 시 쫓아내지 못한 족속들

① 베냐민 자손: 예루살렘에 거주하는 여부스(Jebus) 족속

"베냐민 자손은 예루살렘에 거주하는 여부스 족속을 쫓아내지 못하였으므로 여부스 족속이 베냐민 자손과 함께 오늘까지 예루살렘에 거주하니라"(삿 1:21).

② 에브라임 자손: 게셀에 거주하는 가나안 족속

"에브라임이 게셀에 거주하는 가나안 족속을 쫓아내지 못하매

가나안 족속이 게셀에서 그들 중에 거주하였더라"(삿 1:29).

※ 게셀: 예루살렘 서쪽 약 30㎞ 지점에 위치한 팔레스타인 성읍

### 8) 이삭의 장남 에서의 자손(에돔 족속)

| | 아내 | |
|---|---|---|
| ① | 아다<br>(Adah) | 가나안 족속(Canaan) 중 헷 족속(the Hittite) 엘론(Elon)의 딸<br>- 아다는 대홍수 이전에 엄청난 대반역자였던 가인(Cain, 아담의 장남)의 자손 라멕(Lamech)의 아내 아다와 동명으로, 아버지 이삭이 그 이름을 바스맛(Basemath)으로 개명<br>- 외아들 엘리바스(Eliphaz)<br>첩, 딤나(Timna)가 아말렉(Amalek)을 낳았고, 아말렉 족속은 구약성경에서 육신적인 사람들의 대표적인 모형<br>- 당시에는 모계사회로 딤나가 여자 족장이었다.<br>사울 왕이 그의 왕권을 잃은 것도 이스라엘에게 애굽에서 나올 때에 길에서 대적한 아말렉 왕과 우호적이기 때문(삼상 15:2, 8) |
| ② | 오홀리바마<br>(Oholibamah) | 히위 족속(the Hivite), 브에리의 딸<br>- 헷 족속은 강력한 아낙 족 혈통을 갖고 있는 거인 족속이었고, 오홀리바마는 매력적인 젊은 여성으로 에서가 가장 총애함<br>- 에서가 아내의 연줄로 헷 족의 모든 부족들을 완전히 지배함<br>그녀의 이름은 '산당의 장막'의 뜻임<br>아버지 이삭이 결혼을 강력히 반대하였고 그 이름을 유딧으로 개명함<br>- 아들 3명: 여우스(Jeush) - 여우스 족장<br>얄람(Jalam) - 얄람 족장<br>고라(Korah) - 고라 족장 |

| | 아내 | |
|---|---|---|
| ③ | 바스맛<br>(Basemath) | 이스마엘 족속이자 에서의 삼촌 이스마엘의 딸. 에서와는 사촌간의 결혼<br>- 첫째 아내 바스맛과 동명으로 아버지 이삭이 마할렐으로 개명함<br>- 외아들 르우엘(Reuel) |

* 에서의 가족들은 아들 5명이 태어난 가나안을 떠나 히위(호리) 족의 고향인 세일 산(Mount Seir)으로 이주하였다.

- 그곳에는 페트라 요새가 있으며, 그 주변이 동서 무역로의 길목으로 바위로 된 성채였음.

- 에돔 족속은 세 족속, 즉 가나안 족속, 히위 족속, 이스마엘 족속으로 구성되었으나 수도권은 히위 족속(아내: 오홀리바마)이 갖고 있었다.

### 9) 성경에서 숫자 '40'과 관련된 사건

① 노아 홍수 때 밤낮 40일간 비가 내리다(창 7:4).

② 출애굽한 이스라엘 백성들은 가나안 땅에 들어가기 전 40년간 광야 생활을 했다(민 14:33).

③ 모세는 시내 산에서 40일을 금식하며 율법과 십계명을 여호와로부터 받았다(출 24:18).

④ 모세가 바란 광야 가데스바네아에 진을 치고, 가나안 땅에 정탐꾼을 40일간 보냈다(민 13:4-5).

※ 이스라엘 12지파에서 지휘관 1명씩으로 하여 그 땅의 정복로와 정복할 성읍을 탐색하여 보고하도록 하였다.

⑤ 예수님께서 사역을 시작하시기 전 40일간을 광야에서 금식기도 하시고, 마귀의 시험을 받으셨다(마 4:1).

⑥ 예수님이 부활 후 40일간 이 땅에 계시다가 승천하셨다.

⑦ 사순절: 부활주일 전 '재의 수요일'부터 시작하여 여섯 번의 주일을 제외한 40일 동안 주님의 고난과 부활을 묵상하며 경건훈련을 하는 절기이다.

13

# 이스라엘(야곱) 민족의 12지파 계보

12지파의 가나안 땅 분할

BC 2006 에서, 야곱 출생

| 야곱 71세 결혼(147세 사망) | BC 2066 이삭 출생(180세 사망)<br>BC 2166 아브라함 출생(175세 사망) | | | |
|---|---|---|---|---|
| **후손/아내** | **1** | | **2** | **3** |
| **레아**<br>(외삼촌 라반의 장녀) | ① **르우벤**<br>(Reuben)<br>'보라 아들이라' | –장자의 특권 박탈(아버지의 첩 빌하와 동침) | 하녹 족장 | |
| | | | 발루 족장 | 엘리압 |
| | | | | 벨렛 |
| | | (거주) | 헤스론 족장 | |
| | | 길르앗 남부, 사해 동쪽 지역 | 갈미 족장 | |
| | ② **시므온**<br>(Semeon)<br>'들으심' | | 여무엘 족장(느무엘) | |
| | | | 야민 족장 | |
| | | | 오핫 족장 | |
| | | | 야긴 족장(야닙) | |
| | | (거주) | 스할 족장(세라) | |
| | | 브엘세바(가드, 호르마 지역) | 사울 족장 | 살룸 |
| | ③ **레위(Levi)**<br>'연합함'<br>– 제사장 직<br>– 이스라엘 민족의 종교적 업무 총괄<br>– 다른 지파의 영토에 48개 성읍을 상속받음 | – 성전, 성소 관리(제사, 제물, 비품 등)<br>– 제사장, 성소 관리 인원 | 게르손<br>– 성막의 휘장과 회막 관리 | 립니 |
| | | | | 시므이 |
| | | | 그핫<br>– 성소의 기구 관리 | 아므람<br>(아내: 요게벳) |
| | | | | 이스할 |

4

느무엘
다단
아비람
온

BC 1450 이스라엘 자손 총회에서 모세와 아론을 거슬러 행동, 하나님께 죽임을 당함, 르우벤 자손 3명과 레위 자손 1명(고라) 등 4명

민삼

야핫

– (아내: 십보라–미디안 제사장 이드로의 딸)
– 십보라가 죽은 후 구스(에티오피아) 여자 재혼
하나님께서 출애굽 전 모세를 통하여 10가지 재앙을 애굽(바로 왕)에게 내리심
– 10번째 재앙: 모든 애굽 사람의 장자와 가축의 장자들을 죽이심
– 그날 저녁 바로가 모세에게 출국하도록 함. 유월절(Passover) 애굽에 있는 히브리인에게는 그 죽음이 넘어감. 이를 기념하는 3대 명절 중 첫 번째 명절. 그 후 약 1,480년이 지난 후 예수님께서 제자들과 마지막 유월절을 보내심
– 그 후 '성찬식'으로 바뀜

아론(아내: 엘리세바, 유다 지파 나손의 딸)
– 여호와께서 모세와 아론이 이스라엘 백성 앞에서 여호와의 거룩함을 나타내지 못하였으므로 그들이 가나안 땅을 밟지 못하고 죽게 하심(가데스 에돔 므리바 물 사건으로)

– 아론은 에돔 땅 호르 산 꼭대기에서 죽음(123세). 모세는 BC 1406(광야 생활 40년)
모압 평야에서 여호수아를 후계자로 삼아, 그를 이끌고 가나안 땅을 보여주고 설명하고 죽음(120세)

모세:
– 출애굽, 홍해사건, 광야생활 40년 인도자, – 호렙산 정상, 40일간 여호와 대면 : 십계명

(딸) 미리암: 모세가 구스 여자를 아내로 취하자 아론과 함께 모세를 비난하므로 하나님이 미리암(여선지자)을 나병에 길리게 하심. 신 광야 가데스 바네아에서 사망(BC1408)

고라 BC 1450 모세와 아론을 거슬러 여호와께서 죽이심

– 고라 자손: 시편 11편 작사

네벡

시그리

| BC 2000년 → BC 1000년 → BC 600년 → 바벨론 포로 여고냐(37년간) (29대) → 0 |
|---|
| 아브라함 다윗(14대) 엘리아김(28대) 예수 그리스도 (42대) |

| 5 | 6 |
|---|---|
| | |
| | |
| 미스마 | 함무엘 |
| 심마 | 요아 |
| 나답: 여호와께서 시내 산에서 죽이심(사유: 번제단의 불을 사용하지 않고 다른 불을 사용했기 때문) | |
| 아비후 | |
| 엘르아살(엘리):(아내: 부리엘의 딸) 사사(40년) – 죽기 전 2명의 아들 전사소식 들었다(98세) | 홉니<br>비느하스 |
| 이다말 | 에브라임 산지 라마(사무엘의 부모 거주)의 제사장들 악행으로 인하여 한날에 죽을 것이라고, 여호와께서 말씀함. 하나님의 궤를 블레셋에 빼앗기고, 전투에서 함께 전사 |
| 게르솜: 나그네의 뜻 | |
| 엘리에셀: 구원의 뜻 | |
| 앗살 족장<br>엘리카 족장<br>아비아사 족장 | 엘가나 |

| BC 2000년 → BC 1000년 → BC 600년 → 바벨론 포로 여고냐(37년간) (29대) → 0<br>아브라함 다윗(14대) 엘리아김(28대) 예수 그리스도 (42대) | |
|---|---|
| 7 | 8 |
| | |
| | |
| 삭굴 | 시므이 |
| 잇도 | 세라 |
| 북기 | 웃시엘 |
| 이가봇 | BC 1050 실로에 있던 언약궤를 전쟁의 수호를 위해 옮기다가 에벤에셀에서 블레셋에 빼앗겨 아스돗 다곤 신전에 있는 언약궤가 돌아오자 헤브론 기럇여아림(베냐민 자손의 성읍)에 보관(20년간) |
| 그의 어머니가 출산 중 사망[사유: 시아버지 엘리는 늙어서 죽고, 남편 비느하스와 그의 형 홉니가 블레셋 전투에서 전사하고, 하나님의 언약궤(모세의 십계명 돌판 2개를 간직해 둔 증거궤, 법궤)를 빼앗겼다는 소식을 듣고서] | |
| 아비아삽<br>소배 | |

| 9 | 10 | 11 | 12 | 13 |
|---|---|---|---|---|
| | | | | |
| | | | | |
| 수리삿대 | 슬루미엘 | | | |
| 여야드레 | 요엘 | | | |
| 스리히야 | 므라욧 | 아사랴 | 아마랴 | 아히둡 |
| | | | | 아히멜렉<br>대제사장(도엑 사건으로 피살) |

| | |
|---|---|
| 14 | 15 |
| | |
| | |
| | |
| | |
| 사독<br>대제사장(다윗, 솔로몬) | 살룸 |
| 아비아달<br>대제사장(다윗, 솔로몬)<br>(솔로몬 파면: 아도니야 모반 사건) | 아비멜렉<br>요나단<br>→ 다윗이 솔로몬에게 왕위를 계승한 사실을 요나단이 아도니야에게 알리어 그 모반사건을 종료하게 함. |

| 16 | 17 | 18 |
| --- | --- | --- |
| | | |
| | | |
| | | |
| | | |
| | | (바사 왕 아닥사스다 1세 때 선지자) |
| | | (아론의 16대손)<br>에스라<br>↑ BC 450년경 |
| 힐기야(아히마아스)<br>제사장(다윗) | 아사랴<br>제사장(솔로몬) | 스라야 |
| | | |

| 후손/아내 | 1 | | 2 | 3 |
|---|---|---|---|---|
| 레아 | (레위) | | (고핫) | 헤브론 |
| | | | | 웃시엘 |
| | | | | |
| | | | 므라리<br>– 성막, 널판, 기둥의 관리 | 마흘리(말리) 족장<br>무시 족장 |
| | | | 딸 요게벳(아브람의 아내) | |
| | ④ **유다(Judah)**<br>'찬송함'<br>(아내: 수아–가나안 사람) | 르우벤이 빼앗긴 장자의 특권(이스라엘 전 가문 12지파의 지도권)을 아버지 야곱으로부터 부여 받음 | 엘(아내: 다말) → : 그가 악하므로 여호와께서 가나안 땅에서 죽이심 | |
| | | | 오난 → : 형수 다말의 씨를 거절하므로 여호와께서 가나안 땅에서 죽이심 | |
| | | | 셀라 | 에르<br>라아다<br>아스베야 → (세마포 짜는 자) |
| | | | 딸 (죽음) | |
| | | | 베레스 | 헤스론 |

| 4 | 5 | 6 |
|---|---|---|
| | | |
| 미사엘 | | |
| 엘리사반(레위 자손 인구조사) 죽임을 당한 아론의 두 아들 나답과 아비후의 시체를 성막 밖으로 메고 나옴 | | |
| 시드리 | | |
| 립니 | 시므이 | 웃사 |
| 말리 | 세멜 | 바니 |
| | | |
| 레가 | | |
| 마사레 | | |
| | | |
| 여라무엘 | 람 | 마야스<br>야민<br>에겔 |
| (본처) | 브나<br>오렌<br>오셈<br>아히야 | |
| (후처: 아다라) | 오남 | 삼매 |
| | | 야다 |
| 람 | 암미나답 | 나손(BC 1445 1차 인구조사)<br>㉰ 엘리세바 (아론의 아내) |

| 7 | 8 | 9 |
|---|---|---|
| | | (BC 1000 '여호와의 언약궤'를 '기브온'으로 옮김) |
| 시므아 | 학기야 | 아사야 |
| 암시 | 힐기야 | 아마시야 |
| – 부부가 유다 베들레헴 사람 (유다 땅의 기근으로 모압으로 이주하여 살았음)<br>*엘리메렉, 말론, 기룐 3명은 모압 땅에서 죽음 | | |
| 나답 | 셀렛<br>압바임 | 이시 |
| 아비술<br>(아내: 아비하일) | 아반<br>몰릿 | |
| 예델 | | |
| 요나단 | 벨렛<br>사사 | 시어머니 나오미가 보아스에게 시집 보냄 |
| 살몬(아내: 라합) | 보아스(아내: 룻 BC 1100) | 오벳 |
| 엘리멜렉(아내: 나오미) | 말론(아내: 오르바)<br>기룐 (아내: 룻) – 이방인(모압인) | |

| 10 | 11 | 12 |
| --- | --- | --- |
| | | |
| 하사뱌 | 말룩 | 압디 |
| | | |
| | | |
| 세산 | 알래 | |
| | | |
| 이새 | ① 엘리압 | (딸) 아비하일 (남편: 여리못) |
| | ② 아비나답 | – 다윗의 아들 |
| (사울의 장수) | ③ 시므아(삼마) | 요나답(단) : 다윗의 장자 암몬의 친구 |
| | ④ 느다엘 | |
| (본부인) | ⑤ 랏대 | |
| | ⑥ 오셈 | |

| 13 | 14 | 15 |
|---|---|---|
| | | |
| 기시(구사야) | 에단 | 아다야 |
| | – 선견자(시편 1편)<br>– 다윗: 찬송(왼쪽) | |
| ㉤ 마할랏 (남편: 르호보암)<br>– 솔로몬의 장남(유다 초대 왕) | | |

| 후손/아내 | 1 | | 2 | 3 |
|---|---|---|---|---|
| (레아) | (유다)<br><br>(다말)<br>– 유다의 큰며느리<br>*시아버지인 유다가 장남 엘이 죽자 큰며느리 다말에게 둘째 시동생 셀라가 장성하면 그의 아내로 주기로 약속했으나 그가 이행하지 아니하므로, 다말은 시아버지(유다)를 속여 동침하고 쌍둥이 베레스와 세라를 낳았다. | | (베레스) | (헤스론) |
| | | 베들레헴, 헤브론, 라기스, 시글락, 브엘세바 등 29개 성읍 | | 하물 |
| | | | 세라(쌍둥이) | 시므리 |

| 4 | 5 | 6 |
|---|---|---|
| (람) | | |
| 글루배 | | |
| 갈렙 (아수바)<br>(여리못) | 예셀<br>아르돈 | 소밥 |
| 아수바가 죽은 후에 아내(에브랏) | 훌 | 우리 |
| 길르앗의 아버지, 마길의 딸(?) | 스굽 | 야일(8대 사사, 22년 통치) |
| | | |
| 여분네 | 갈렙: 헤브론(기럇아르바)을 기업으로 받음<br>BC 1445 가나안 정탐꾼<br>BC 1400 기업 분할 책임자<br>그나스 | ㉠딸 악사<br>↓<br>(아내) |
| | | 옷니엘 |
| | | BC 1390 첫 번째 사사(40년 통치, 메소포타미아의 구산 왕 격퇴) |
| | | 스라야 |

| 7 | 8 | 9 |
| --- | --- | --- |
| | | |
| | | |
| 브살렐(성막 일꾼) | | |
| | | |
| 하닷 | | |
| | | |
| 요압 | | |

| 10 | 11 |
| --- | --- |
| (이새) | ⑦ 다윗<br>BC 1011 30세 즉위(40년 통치)<br>– 15세에 사무엘에게 기름 부음 받음<br>– 소년 시절 가드 사람 골리앗과 싸워 승리<br>– 유다 왕(수도: 헤브론) 7년 6개월 통치<br>– 6째 아들까지 헤브론 출생<br>– 예루살렘 성전 건축 계획 수립(솔로몬 왕 시대 건축)<br>– BC 1004 통일 이스라엘 왕(수도: 예루살렘) 즉위 33년 통치<br>– 7째 아들 이하 예루살렘 출생<br>– 시편 73편의 저자<br>–130만 명의 상비군 육성(이스라엘 80만, 유다 50만)<br>※ 여부스 족 거주의 예루살렘을 600명으로 점령, 이스라엘의 수도로 정함 |
| (본부인) | |
| (후처: 나하스) | ㉠ 스루야 |
| | ㉠ 아비가일<br>(남편: 예델, 이스마엘인) |
| | |

| 12 | |
|---|---|
| | (다윗의 아내) |
| ① 암몬 | 아히노암 : (이스르엘 여자) 동생 압살롬이 그의 여동생 다말을 강간한 암몬을 죽임 |
| ② 다니엘 | 아비가일 : 갈멜 사람 나발의 아내였음. 다니엘은 일명 '길르압' |
| ③ 압살롬 | 마아가 : 그술 왕 달매의 딸. 아버지 다윗에게 반역. 요압 군사령관에게 피살<br>– 다윗의 모사 길로 사람 아히도벨도 압살롬의 편(핵심적 인물) |
| ④ 아도니야 | 학깃 : 솔로몬 왕에게 반란, 브나야에게 피살. 군사령관 요압과 제사장 아비아달과 역모함 |
| ⑤ 스바댜 | 아비달 |
| ⑥ 이드르암 | 에글라 |
| ⑦ 삼무아 | 밧세바 : (요압 장군의 지휘관 헷 사람, 엘리암의 딸) 요압의 지휘 장수 우리야의 아내(다윗이 살해) |
| ⑧ 소밥 | 밧세바 : 여호와께서 재앙을 내려 죽이심 |
| ⑨ 나단 | 밧세바 |
| ⑩ 솔로몬 | 밧세바 : BC 971 20세에 즉위, 40년 통치, 시편 2편(72, 127편) 저자<br>르호보암 : (남유다 왕국의 초대 왕 41세 즉위) 15년 통치(모: 암몬 사람 나아마) |
| ⑪ 여리못 | 아비하일 : ㉠ 마할랏(르호보암의 왕후) |
| | 다수의 첩 : 입할, 엘리수아, 네벡, 야비아, 엘리사마, 브엘랴다, 엘리벨렛 |
| ⑫ 그 외 9명 | 미갈 : 사울 왕의 딸 |
| ㉠ 다말 | 마아가 : 압살롬의 동생. 다윗의 장남 암몬이 강간 |
| 요압(군사령관) : 다윗이 늙었을 때, 아도니야의 왕위 계승을 돕다 솔로몬의 군사령관 여호야다의 아들 브나야에게 피살 | |
| 아비새(다윗의 장수) | |
| 아사헬(다윗의 장수) : 사울 왕과의 전투에서 아브넬 군사령관에게 전사 | |
| 아마사(압살롬의 군사령관) : 요압 군사령관에게 피살 | |

| 후손/아내 | 1 | | 2 |
|---|---|---|---|
| **(레아)** | (유다) | | (세라) |
| | ⑨ **잇사갈**<br>(Issachar) '값' | – 4명의 북이스라엘 왕 배출<br>– 요르단에 접한 북쪽 지역 수넴, 이스르엘 등 16개 성읍(매우 비옥한 땅) | – 돌라<br>– 7대 사사, BC 1115년, 23년간 |
| | | | – 부아(부니)<br>– 요(야숩)<br>– 시므론 |
| | ⑩ **스불론**<br>(Zubulon) '거함' | – 나사렛과 갈릴리 해변, 가나 지역(가버나움) 스므론 등 12개 성읍 | – 세렛<br>– 엘론 11대 사사 10년<br>– 얄르엘 |
| | (딸) 디나(Dinah) | | 히위 족속 세겜이 겁탈 → (오빠 시므온과 레위가 그를 피살) |
| **빌하**(라헬의 종)<br>첩 | ⑤ **단**(Dan)<br>'억울함을 푸심'<br>※ 사사 시대에 가장 먼저 우상 숭배 | 지중해 해안 딤나, 욥바 등 18개 성읍 | – 후심(수함) |
| | ⑥ **납달리**<br>(Naphtali)<br>'경쟁함' | 하솔, 싯딤 등 19개 성읍<br>갈릴리 호수 서쪽 | – 야스엘(야셀)<br>– 구니<br>– 예셀<br>– 실렘(삭룸) |
| **실바**(레아의 종)<br>첩 | ⑦ **갓**(Gad)<br>'복됨' | – 9대 사사, 6년 입다<br>– 선지자 중의 으뜸인 엘리야<br>길르앗 북부(야베스 등) 요단 강 동쪽 지역 | – 시본(스본) |
| | | | – 학기<br>– 수니<br>– 에스본(오스니)<br>– 에리<br>– 아로디(아롯)<br>– 아렐리 |

| 3 | 4 | 5 |
| --- | --- | --- |
| – 에단<br>– 헤만<br>– 갈미(골)<br>– 다라니 | – 아사랴<br><br>– 아말 | |
| – 웃시 | – 이스라히야 | – 미가엘<br>– 오바댜<br>– 요엘<br>– 잇시야 |
| – 르바야<br>– 여리엘<br>– 야매<br>– 입삼<br>– 스므엘 | | |
| | | |
| | | |
| | | |
| – 아히사막 | – 오홀리압(성막 일꾼) | |
| | | |
| – 요엘 | – 사밤(부스) | – 야도 |
| | | |

| 6 | 7 | 8 |
|---|---|---|
| | | |
| | | |
| | | |
| | | |
| | | |
| – 마노아(아내: 불임) : 하나님의 특별한 섭리로 임신 | – 삼손 13대 사사<br>– BC 1080 20년 동안 나실인으로 성장(아내: 딤나, 블레셋 사람, 기생) | ※ 블레셋(40년 지배)과의 전투<br>여자 들릴라의 꾐에 힘의 비밀 '머리털'을 알려 주어 붙잡혀 죽음 |
| | | |
| – 여시내 | – 미가엘 | – 길르앗 |
| | | |

| 9 | 10 | 11 | 12 | 13 |
|---|---|---|---|---|
| | | | | |
| | | | | |
| | | | | |
| | | | | |
| | | | | |
| | | | | |
| | | | | |
| – 야르아 | – 후리(일) | – 아비하일 | – 미가에 | |
| | | | – 세바 | – 요엘 |
| | | | – 요래<br>– 야긴<br>– 시아<br>– 에벨<br>– 무슬람 | |

| 14 | 15 | 16 |
|---|---|---|
| | | |
| | | |
| | | |
| | | |
| | | |
| | | |
| | | |
| | | |
| – 사밤 | – 야내 | – 사밧 |
| | | |

| 후손/아내 | 1 | |
|---|---|---|
| **(실바)** | ⑧ **아셀**(Asher)<br>'기쁨' | 갈멜 산 기슭을 따라 지중해 연안에 이르기까지 비옥한 땅. 두로, 시돈 등 22개 성읍(오늘날 항구 도시 하이파 포함) |
| | | – 총리 10년차(BC 1876) 아버지 야곱과 그 가족 66명이 애굽으로 이주<br>– 애굽의 토지법 제정: 농민의 생산량 5분의 1 바로에게 상납<br>– 제사장의 토지는 바로의 소유로 되지 아니함(그 법이 성경 레위기에 기록–지금까지 시행 유지)<br>– 아내: 아스낫(온 제사장 보디베라의 딸) |
| **라헬**<br>(외삼촌 라반의 차녀) | ⑪ **요셉**(Joseph)<br>'더함'<br>– 큰형 르우벤이 빼앗긴 '장자의 특권' 획득<br>– 아들 므낫세와 에브라임이 기업을 유업으로 받음<br>– 애굽 왕 바로의 꿈 해석, 30세에 총리(14년간–7년 흉년, 7년 풍년) | – 야곱의 11번째 아들 요셉까지는 어머니 리브가의 고향 하란(밧단아람)에서 출생, 성장(야곱이 그곳에서 20년)<br>– 장남 므낫세의 아들 마길의 장남 길르앗(증손자) 등을 생존 시 슬하에서 양육함<br>– BC 1805 요셉(100세) 사망. 애굽 고센(Goshen) 땅 숙곳(Succoth)에 장사. BC 1446 출애굽 시 모세가 요셉의 유해를 가나안 땅 세겜(요셉 자손의 기업)에 이장<br>* 온(On, Heliopolis 태양의 도시)<br>– 애굽의 카이로 동남쪽 15㎞ 지점에 위치한 도시 |

| 2 | 3 | 4 |
|---|---|---|
| 임나<br>이스와<br>이스위 | | |
| 브리아 | 헤벨 | 야브렛 |
| | | 소멜 |
| | | 호담 |
| | 여선지자 드보라 사사 통치 시 이스라엘을 20년간 점령하고 있던 가나안 왕 야빈을 살해함 | |
| | | (딸) 수아 |
| | 말기엘 | 비르사잇 |
| (딸) 세라 | | |
| **므낫세**(야곱의 양자): '잊어버림'이라는 뜻(첩: 아람 여인)<br>동쪽 갈릴리 호수 동쪽 바산 지역(아스다롯, 라못)<br>요단 강 서쪽(세겜, 므깃도) | 아스리엘(야일) : ↑ | 세겜 |
| | 마길(용사였음) | 길르앗 |
| | | 베레스 |
| | | 세레스 |
| | | (딸) 함몰레겟 |
| **에브라임**(야곱의 양자) : '창성함'의 뜻<br>여호수아, 사무엘이 에브라임 지파<br>실로, 벧엘, 길갈 등 성읍 | | 수델라 |
| | | 브리아 |

| 5 | 6 | 7 |
|---|---|---|
| | | |
| 바삭<br>힘산<br>아스왓 | | |
| 아히<br>로가<br>호바<br>아람 | | |
| 소바 | 수아<br>하르네벨<br>수알<br>베리<br>이므라 | |
| 임나<br>셀레스<br>아말 | | |
| | | |
| | | |
| | | |
| | | |
| 이에셀 | | |
| 헤벨 | 슬로브핫 딸 5명(말라, 밀가, 노아, 호글라, 디르사) | |
| 스미다 | | |
| | | |
| | | |
| 울람 | 브단 | |
| 라겜 아들 3명(이스훗, 아비에셀, 말라) | | |
| ⇓ | | |
| 베렛 | 다핫 | 엘르아다 |
| 레바 | 숲 | 도후(아) |

| 8 | 9 | 10 | | 11 |
|---|---|---|---|---|
| | | | | |
| | | | | |
| | | | | |
| | | | | |
| | | –하나님께서 '한나의 기도'에 응답, 임신케 하심(BC 1070, 에브라임 산지, 라마)<br>–한나의 기도(구약의 찬가) 찬양과 감사의 노래<br>–마리아의 찬가(신약)<br>(또다른 아내: 브닌나)–아들 있었음 | | –모친이 '나실인'으로 성장케 함. 어릴 때(유아–소년) 제사장 엘리 앞에서 여호와를 섬김<br>–BC 1050 15대 사사(12세), '미스바' 이스라엘 자손 회의 소집 통치(10년간)<br>–매년 벧엘, 길갈, 미스바로 순회 통치<br>–마지막에 고향 라마에서 통치 |
| 다핫 | 사밧 | 에셀 | ※ 가드 원주민에게 피살됨 | |
| 엘리후(엘) | 여로함 | 엘르앗 | | |
| | | 엘가나(아내: 한나는 아들 없었음) | | 사무엘 |

| 후손/아내 | 1 | 2 |
|---|---|---|
| **(라헬)** | (요셉) | (에브라임) |
| – 야곱의 온가족이 함께 20년간 거주하던 외삼촌 라반의 고향 하란(밧담아람)에서 이삭과 리브가가 살고 있는 고향 헤브론(기랏아르바)으로 가던 도중, 벧엘과 에브랏(베들레헴) 노상에서 야곱의 막내아들 베냐민 출산 중, 어머니 라헬이 사망<br>–베들레헴에 장사 | ⑫ **베냐민**(Benjamin)<br>'오른손의 아들'<br><br>모든 지파 중 가장 작은 지파<br><br>예루살렘, 기브아, 여리고 등 14개 성읍<br>– 여부스 족은 유다 자손이 쫓아내지 못하여 오늘날까지 예루살렘에서 함께 거주하고 있음<br>– 여리고 성<br>요단 골짜기 남단에 있던 큰 도시. 출애굽 시 이스라엘 자손이 요단 강을 건넌 후 첫 번째로 함락시킨 비옥한 도시 | 벨라<br><br>(9명) |
| | | 베겔<br>(아스벨)<br><br>(9명) |
| | | 여디아엘<br>(아하라) |
| | | 노아 |
| | | 라바 |

| 3 | 4 | 5 |
| --- | --- | --- |
| (딸) 세에라 | 레셉<br>성 벧호론과 우센세아라 건설 | 델라 |
| 에스론(잇달)<br>우시(게라)<br>웃시엘(아비훗)<br>여리못(아비수아)<br>이리(나아만)<br>아호와<br>게라<br>스무반<br>후람 | 여이엘 | 아비아 |
| 스미라<br>요아스<br>엘리에셀<br>엘료예내<br>우므리<br>예레못<br>아비야<br>아나돗<br>알라멧 | | |
| 빌한 | 여우스<br>벤냐민 | |
| | 에훗<br>2대 사사<br>80년간(모압 왕 18년 통치 벗어남) | 나아만<br>아히야<br>게라 |
| | 그나아나<br>세단<br>다시스<br>아히사할 | |
| | | |

| 6 | 7 | 8 | 9 |
|---|---|---|---|
| 다한 | 라단 | 암미훗 | 알리사마<br>BC 1445, 1차 인구조사 |
| 베고랏 | 스롤 | 아비엘 | 기스(구사야) |
| | | | |
| | | | |
| | | | 넬(사울의 군사령관) |
| 웃사<br>아이훗 | | | |
| | | | |

| 10 | 11 | 12 |
|---|---|---|
| 눈 | 여호수아(호세아) | – 모세의 후계자(BC 1405 가나안 여리고 성 입성) 110세 사망 |
| | BC 1445 | – 대제사장: 에브라임 산지의 각 지파가 받은 산에 매장됨 |
| 사울(이스라엘 초대 왕)<br>BC 1042<br>사무엘이 길갈에서 왕으로 세움(40세)<br>– 블레셋 전투에서 패배, 자살(31년간 재임)<br>아내: 아히노암(아히마하스의 딸) | 요나단 | 므비보셋(므립바알)<br>– 요나단이 죽을 때 5살(다리 절음)<br>– (하인: 시바)<br>– 다윗이 사울의 전 재산을 돌려줌(다윗 궁에서 왕자처럼 대우받으며 평생 살았음)<br>– (사유: 아버지 요나단이 다윗을 친동생같이 아끼고 목숨이 위태할 때마다 다윗을 여러 번 도망치게 하여 위기를 모면하게 하였음)<br>가나안 정탐꾼 |
| | 이스위(아비나답)<br>말기수(아) | 블레셋과의 전투에서 3명 모두 전사<br>(야베스 에셀 나무 아래 장사) |
| | 이스보셋 | * 사울 왕의 군사령관 아브넬이 마하나임에서 이스라엘 왕으로 추대: 40세, 2년 재위<br>– 관할 지역: 에브라임, 벤냐민, 길르앗, 아술, 이스르엘 지역 등<br>BC 1005 그의 군사령관 바아나, 레갑 형제가 이스보셋을 죽이고, 그의 머리를 다윗에게 전달, 다윗이 그들을 즉시 처단함. |
| | (큰딸) 메랍 | (므홀랏 사람, 아드리엘의 부인) |
| | (작은딸) 미갈 | 다윗 왕의 부인 |
| (첩: 리스바) | (딸) | 아브넬 군사령관과 통간함 |
| 아브넬<br>(사울의 군사령관) | 야아시엘 | * 기브온 못가에서 이스보셋의 아브넬과 다윗의 요압, 아비새, 아사헬(전사함) 3형제와 전투. 그 후 아브넬이 헤브론의 다윗에게 항복. 그러나 요압이 다윗 왕 모르게, 그를 죽여 동생의 죽음에 복수함. 다윗이 아브넬과 이스보셋의 머리를 헤브론에 성대하게 장사 지내 주었음. |

| 13 | 14 | 15 | 16 | 17 | 18 |
|---|---|---|---|---|---|
| | | | | | |
| 미갈 | 비돈<br>멜렉<br>다레아<br>아하스 | 여호앗다 | 알레멧<br>이스마엘<br>시므리 | 모사 | 비느아 |
| | | | | | |
| | | | | | |
| | | | | | |
| | | | | | |
| | | | | | |
| | | | | | |

14

# 사사 시대 및 인접 국가들의 통치 기간

(약 450년)

### 1) 사사 시대 사이클

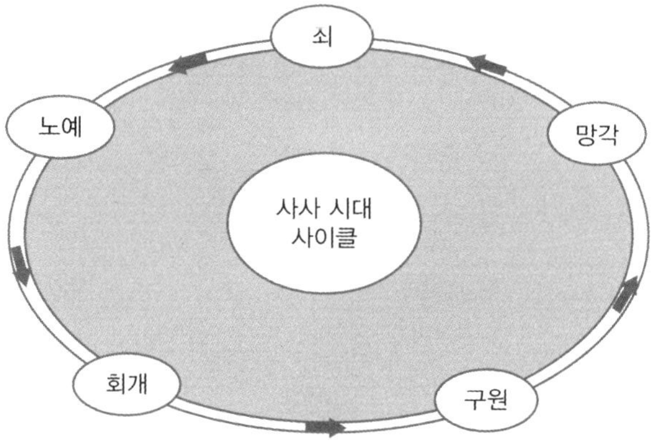


### 2) 사사기 핵심 성구

“그때에 이스라엘에 왕이 없으므로 사람이 각각 그 소견에 옳은 대로 행하였더라”(삿 21:25).

| | 사사 | 사사로 부름 받은 연도 | 이스라엘 지파 | 고향 | 사사의 아버지 | 통치 기간 | 당시 이스라엘 점령 국가 |
|---|---|---|---|---|---|---|---|
| 1대 | 옷니엘 | BC 1382년경 | 유다 | | 그나스 | 40년 | 메소보다미아 |
| 2대 | 에훗 | BC 1324 | 베냐민 | | 게라 | 80년 | 모압 |
| 3대 | 삼갈 | | | | 아낫 | | |
| 4대 | 드보라 | BC 1224 | 에브라임 | 라마와 벧엘 사이 | | 40년 | 가나안 |
| 5대 | 기드온 | BC 1177 | 므낫세 | 아비에셀 | 요아스 | 40년 | 미디안 |
| 6대 | 아비멜렉 | | 에브라임 | 세겜 | 여룹바알 | 3년 | |
| 7대 | 돌라 | | 잇사갈 | 사밀 | 부아 | 23년 | |
| 8대 | 야일 | | 유다 | 길르앗 | 스굽 | 22년 | |
| 9대 | 입다 | | 유다 | 길르앗 | 길르앗 | 6년 | 암몬 |
| 10대 | 입산 | | 스불론 | 베들레헴 | | 7년 | |
| 11대 | 엘론 | | 스불론 | 아얄론 | | 10년 | |
| 12대 | 압돈 | | 에브라임 | 비라돈 | 힐렐 | 8년 | |
| 13대 | 삼손 | | 단 | 소라 | 마노아 | 20년 | 블레셋 |
| 14대 | 엘리 | | 레위 | | | 40년 | |
| 15대 | 사무엘 | | 레위 | 라마다임 소빔 | 엘가나 | 10년 | |
| 16대 | 요엘 | | 레위 | | 사무엘 | | |
| 17대 | 아비야 | | 레위 | | 사무엘 | | |
| | | BC 1042 | | | | | |
| 합계 | 17명 | | | | | 340년 | 6개국 |

| 점령 국가 왕 | 이스라엘이 점령당한 연도 | 이스라엘 점령 기간 | 비고 |
|---|---|---|---|
| 구산리사다임 | BC 1390경 | 8년 | BC 1390 이스라엘 지도자 여호수아 사망(15년 통치)<br>메소보다미아 왕 구산리사다임을 격퇴 |
| 에글론 | BC 1342 | 18년 | 이스라엘 자손의 죄악, 하나님의 징벌을 받음<br>모압 왕 에글론을 죽임 |
| | | | 블레셋 침입을 격퇴(600명)(소 모는 막대기로) |
| 야빈 | BC 1244 | 20년 | 에훗이 죽은 후 이스라엘 자손의 악행으로 하나님의 징벌을 받음<br>여선지자, 랍비돗의 아내 가나안 왕 야빈 격퇴 |
| 세바 살문나 | BC 1184 | 7년 | 하나님의 징벌<br>300명의 용사들과 미디안 왕 세바와 살문나 격퇴 |
| | | | 자기 이복형제 70명 죽임, 어머니(첩)가 가나안 출신 |
| | | | |
| | | | |
| | | 18년 | 이스라엘 자손이 인접 국가들의 신들을 섬김으로 하나님의 징벌을 받음 기생의 아들. 큰 용사였음. 암몬 왕의 침입을 격퇴 |
| | | | |
| | | | |
| | | | |
| | | 40년 | 하나님의 징벌, 이스라엘 땅에서 블레셋을 쫓아내었음 |
| | | | 대제사장 |
| | | | 선지자, 대제사장, 매년 벧엘, 길갈, 미스바 순회 통치 '미스바 성회' 개최 |
| | | | 사울의 장남 |
| | | | 사울의 차남 |
| | | | *사울이 이스라엘의 초대 왕이 됨 |
| | | 111년 | 약 451년 |

2장

# 구약의 주제별 핵심 가이드

1. 이스라엘 민족의 명칭 변천
2. 성경에 기록된 삼위 하나님의 역사
3. 구약의 4대 언약
4. 구약의 핵심 내용
5. 시가서와 선지서 요약
6. 구약의 중요 용어
7. 구약의 중요 지명
8. 구약의 중요 성읍
9. 구약의 중요한 유적지

# 이스라엘 민족의 명칭 변천

| | 명칭 | 성경에 나타나 있는 기록 |
|---|---|---|
| 1 | 아브라함의 후손 | "내가 너로 큰 민족을 이루고"(창 12:2).<br>"여호와께서 아브람에게 나타나 이르시되 내가 이 땅을 네 자손에게 주리라 하신지라"(창 12:7).<br>"여호와께서 야곱에게 이르시되 네 조상의 땅 네 족속에게로 돌아가라 내가 너와 함께 있으리라 하신지라"(창 31:3). |
| 2 | 이스라엘 | - 하나님께서 야곱에게 새로 주신 이름<br>"그가 이르되 네 이름을 다시는 야곱이라 부를 것이 아니요 이스라엘이라 부를 것이니 이는 네가 하나님과 및 사람들과 겨루어 이겼음이니라"(창 32:28). |
| 3 | 히브리 민족 | - 애굽의 노예 생활 400년간 '히브리 민족'이라 불림<br>"이르되 너희는 히브리 여인을 위하여 해산을 도울 때에 그 자리를 살펴서 아들이거든 그를 죽이고 딸이거든 살려두라"(출 1:16).<br>"산파가 바로에게 대답하되 히브리 여인은 애굽 여인과 같지 아니하고 건장하여 산파가 그들에게 이르기 전에 해산하였더이다 하매"(출 1:19).<br>"(바로의 딸이) 열고 그 아기를 보니 아기가 우는지라 그가 그를 불쌍히 여겨 이르되 이는 히브리 사람의 아기로다"(출 2:6). |

| | 명칭 | 성경에 나타나 있는 기록 |
|---|---|---|
| | | "모세가 장성한 후에 한번은 자기 형제들에게 나가서 그들이 고되게 노동하는 것을 보더니 어떤 애굽 사람이 한 히브리 사람 곧 자기 형제를 치는 것을 본지라"(출 2:11).<br>"그들이 네 말을 들으리니 너는 그들의 장로들과 함께 애굽 왕에게 이르기를 히브리 사람의 하나님 여호와께서 우리에게 임하셨은즉 우리가 우리 하나님 여호와께 제사를 드리려 하오니 사흘길쯤 광야로 가도록 허락하소서 하라"(출 3:18). |
| 4 | 이스라엘 | - 이스라엘 자손, 이스라엘 사람들, 이스라엘 백성들로 표현<br>① 사사 시대<br>"이스라엘 자손이 여호와의 목전에 악을 행하여 바알들을 섬기며"(삿 2:11).<br>② 통일 이스라엘 왕국 시대<br>사울 왕, 다윗 왕, 솔로몬 왕<br>③ 분열왕국시대<br>이스라엘 왕국과 유다 왕국(북이스라엘과 남유다) |
| 5 | 유다인 | - 바벨론 포로 기간 70년<br>- 유다에서 온 사람을 '유다인'이라 불렀다.<br>"도성 수산에 한 유다인이 있으니 이름은 모르드개라 그는 베냐민 자손이니 기스의 증손이요 시므이의 손자요 야일의 아들이라"(에 2:5).<br>"모르드개가 자기가 당한 모든 일과 하만이 유다인을 멸하려고 왕의 금고에 바치기로 한 은의 정확한 액수를 하닥에게 말하고"(에 4:7).<br>"그날 아하수에로 왕이 유다인의 대적 하만의 집을 왕후 에스더에게 주니라 에스더가 모르드개는 자기에게 어떻게 관계됨을 왕께 아뢰었으므로 모르드개가 왕 앞에 나오니"(에 8:1).<br>"유다인 모르드개가 아하수에로 왕의 다음이 되고 유다인 중에 크게 존경받고 그의 허다한 형제에게 사랑을 받고 그의 백성의 이익을 도모하며 그의 모든 종족을 안위하였더라"(에 10:3). |

| | 명칭 | 성경에 나타나 있는 기록 |
|---|---|---|
| 6 | 유대인 | - 신약 시대 100년의 역사, 유대가 로마 제국의 속주(식민지)로 있으며 '유대인'으로 불림<br>"유대인의 왕으로 나신 이가 어디 계시냐 우리가 동방에서 그의 별을 보고 그에게 경배하러 왔노라 하니"(마 2:2).<br>"예수께서 총독 앞에 섰으매 총독이 물어 이르되 네가 유대인의 왕이냐 예수께서 대답하시되 네 말이 옳도다 하시고"(마 27:11).<br>"그 머리 위에 이는 유대인의 왕 예수라 쓴 죄패를 붙였더라"(마 27:37).<br>* 유대 민족(이스라엘)의 역사<br>이스라엘은 세상의 많은 나라 가운데 '제사장 나라의 사명'을 받았다.<br>다윗 시대에 제사장 나라의 사명을 다한 후 그들의 사명을 망각하므로, 하나님께서 이스라엘을 제사장 나라로 회복시키기 위해, 5대 제국(앗수르, 바벨론, 페르시아, 헬라, 로마)을 들어 몽둥이로 사용하셨다.<br>* 결언<br>그리스도를 통한 하나님의 선택은 유대인이 아니라 바로 그리스도인이다.<br>그리스도인은 하나님의 아들 예수 그리스도께서 '나를 위해 십자가에서 죽으시고, 부활하시고, 다시 오실 주님이심을 믿는 믿음의 사람들'이다. |

2

# 성경에 기록된 삼위 하나님의 역사

## – 성부, 성자, 성령 삼위일체 하나님

### 1) 성부 하나님(God the Father)

: 엘로힘(Elohim)으로서의 하나님

- 모든 것의 근원 되시며, 삼위일체 동시의 사역으로 천지를 창조하신 하나님
- 엘로힘은 복수명사이나 언제나 단수로 해석되고, '여호와'라는 이름(성호)과 연계되어 있음

#### (1) 창세기 1:1(천지 창조)

"태초에 하나님이 천지를 창조하시니라."

(In the beginning God created the heavens and the earth)

#### (2) 창세기 1:26(인간의 창조)

"하나님이 이르시되 우리의 형상을 따라 우리의 모양대로 우

리가 사람을 만들고.”

* 인간이 하나님의 형상을 따라 지음을 받았다는 말은, 인간의 외양을 자기의 형상대로 지으셨다는 뜻이라기보다는 인간의 속사람을 하나님의 인격과 성품으로 지으셨다는 의미로 봄

(3) **창세기 26:23-24(여호와께서 이삭에게 나타나심)**

“이삭이 거기서부터 브엘세바로 올라갔더니 그 밤에 여호와께서 그에게 나타나 이르시되 나는 네 아버지 아브라함의 하나님이니(하나님의 인격-person) 두려워하지 말라(하나님의 보호-protection) 내 종 아브라함을 위하여 내가 너와 함께 있어(하나님의 임재-presence) 네게 복을 주어 네 자손이 번성하게 하리라(하나님의 약속-promise) 하신지라.”

- 창세기 26:25(이에 대한 이삭의 반응)

“이삭이 그곳에 제단을 쌓고(마음에서 우러나오는 경배-worship), 여호와의 이름을 부르며(말-word) 거기 장막을 쳤더니 이삭의 종들이 거기서도 우물을 팠더라”(구체적인 일-specific work).

(4) **사도행전 4:24**

“그들이 듣고 한마음으로 하나님께 소리를 높여 이르되 대주재여 천지와 바다와 그 가운데 만물을 지은 이시요.”

### 2) 성자 하나님(God the Son)

: 여호와(Jehovah)로서의 하나님

- 여호와(Jehovah)로서 육신을 입으시기 전의 성자 하나님

**(1) 창세기 2:7**

"여호와 하나님이 땅의 흙으로 사람을 지으시고 생기를 그 코에 불어넣으시니 사람이 생령이 되니라."

**(2) 창세기 16:7–14**

- 이삭의 아내 사래의 종 하갈(Hagar)에게 찾아오심

"하갈이 사래 앞에서 도망하였더라 여호와의 사자가 광야의 샘물 곁 곧 술 길(the road to Shur) 샘 곁에서 그를 만나…내가 어떻게 여기서 나를 살피시는 하나님을 뵈었는고 함이라"(6-7, 13절).

이 만남은 하나님의 은혜가 계시된 것으로서 하나님께서 그녀가 돌아서서 생명으로 가는 곧고 좁은 길로 발걸음을 옮기도록 인도하신 것이다.

* 이 사건은 성경에서 '여호와의 천사'(the angel of the Lord)의 첫 등장으로, 육신을 입고 이 땅에 오시기 전에 천사의 모습을 취한 성자 하나님, 주 예수 그리스도 자신이셨다.

- 예수님께서 아브라함에게가 아니라 하갈에게, 모든 약속의 상속자에게가 아니라 한 애굽 여인에게, 남자에게가 아니라 여자에게, 성도에게가 아니라 죄인에게, 지위가 높은 자에게가 아니

라 노예에게, 하나님을 찾고 있는 자에게가 아니라 애굽으로 도망가는 자에게로 찾아오신 것이다.

(3) **창세기 18:1–15**

"여호와께서 마므레의 상수리나무들이 있는 곳에서 아브라함에게 나타나시니라 날이 뜨거울 때에 그가 장막 문에 앉아 있다가 눈을 들어 본즉 사람 셋이 맞은편에 서 있는지라 그가 그들을 보자 곧 장막 문에서 달려나가 영접하며 몸을 땅에 굽혀 이르되 내 주여 내가 주께 은혜를 입었사오면 원하건대 종을 떠나 지나가지 마시옵고"(1-3절).

* 세 사람 중 한 분은 육신을 입으시기 이전에 두 천사와 함께 나타나신 성자 하나님이시다.

"그가 이르시되 내년 이맘때 내가 반드시 네게로 돌아오리니 네 아내 사라에게 아들이 있으리라 하시니"(10절).

(4) **창세기 28:10–19**

"야곱이 브엘세바에서 떠나 하란으로 향하여 가더니 한 곳에 이르러는 해가 진지라 거기서 유숙하려고 그곳의 한 돌을 가져다가 베개로 삼고 거기 누워 자더니 꿈에 본즉 사닥다리가 땅 위에 서 있는데 그 꼭대기가 하늘에 닿았고 또 본즉 하나님의 사자들이 그 위에서 오르락내리락 하고 또 본즉 여호와께서 그 위에 서서 이르시되 나는 여호와니 너의 조부 아브라함의 하나님이요 이삭의 하나님이라 네가 누워 있는 땅을 내가 너와 네 자손에게 주리니 네 자손이 땅의 티끌같이 되어 네가 서쪽과 동쪽과 북쪽과 남쪽으로 퍼져 나갈지며 땅의 모든 족속이 너와 네 자손으로 말미암아 복을 받으리라 내가 너와 함께 있어 네가 어디로 가든지 너를 지키며 너를 이끌어 이 땅으로 돌아오게 할지라 내가 네게 허락한 것을 다 이루기까지 너를 떠나지 아니하리라 하신지라"(10-15절).

"야곱이 아침에 일찍이 일어나 베개로 삼았던 돌을 가져다가 기둥으로 세우고 그 위에 기름을 붓고 그곳 이름을 벧엘(하나님의 집의 뜻)이라 하였더라"(18-19절).

⑸ **창세기 32:22-28**

"야곱은 홀로 남았더니 어떤 사람이 날이 새도록 야곱과 씨름하다가 자기가 야곱을 이기지 못함을 보고 그가 야곱의 허벅지 관절을 치매 야곱의 허벅지 관절이 그 사람과 씨름할 때에 어긋났더라"(24-25절).

"그가 이르되 네 이름을 다시는 야곱이라 부를 것이 아니요 이스라엘이라 부를 것이니 이는 네가 하나님과 및 사람들과 겨루어 이겼음이니라"(28절).

⑹ **다니엘 3:25**

"왕(바벨론의 느부갓네살)이 또 말하여 이르되 내가 보니 결박되지 아니한 네 사람이 불 가운데로 다니는데 상하지도 아니하였고 그 넷째의 모양은 신들의 아들(A son of the God)과 같도다 하고."

(7) **요한복음 1:1-4(예수 그리스도-성자 하나님)**

"태초에 말씀이 계시니라 이 말씀이 하나님과 함께 계셨으니 이 말씀은 곧 하나님이시니라 그가 태초에 하나님과 함께 계셨고 만물이 그로 말미암아 지은 바 되었으니 지은 것이 하나도 그가 없이는 된 것이 없느니라 그 안에 생명이 있었으니 이 생명은 사람들의 빛이라."

(8) **요한복음 4:5-29**

예수께서 사마리아에 있는 수가(Sychar) 성에 이르시어 야곱의 우물(Jacob's well) 곁에 앉아 계실 때, 물을 길러 온 사마리아 여자(Samaritan woman) 한 사람을 만나 "물을 좀 달라" 하시며 "내가 주는 물을 마시는 자는 영원히 목마르지 아니하리니 내가 주는 물은 그 속에서 영생하도록 솟아나는 샘물이 되리라"(14절) 말씀하셨다.

* 이 만남은 하나님의 은혜가 계시된 것으로서, 그녀도 예수께로부터 "내가 메시아 곧 그리스도다"라는 말씀을 듣고 변화되었다(26절).

(9) **골로새서 1:16**

"만물이 그에게서 창조되되 하늘과 땅에서 보이는 것들과 보이지 않는 것들과 혹은 왕권들이나 주권들이나 통치자들이나 권세들이나 만물이 다 그로 말미암고 그를 위하여 창조되었고."

(10) **히브리서 1:2**

"이 모든 날 마지막에는 아들을 통하여 우리에게 말씀하셨으니 이 아들을 만유의 상속자로 세우시고 또 그로 말미암아 모든 세계를 지으셨느니라."

### 3) 삼위의 하나님 등장(창 17:1-5)

(1) **성자 하나님**(Jehovah)

* 구약의 여호와는 신약의 예수 그리스도(God the Son)

"아브람이 구십구 세 때에 여호와께서 아브람에게 나타나서 그에게 이르시되 나는 전능한 하나님(God Almighty)이라 너는 내 앞에서 행하여 완전하라"(1절).

"셋도 아들을 낳고 그의 이름을 에노스라 하였으며 그때에 사람들이 비로소 여호와의 이름(the name of the Lord)을 불렀더라"(창 4:26).

(2) **성령 하나님**(El Shaddai, God the Holy Spirit)

"내가 내 언약을 나와 너 사이에 두어 너를 크게 번성하게 하리라 하시니"(2절).

*성령의 역사는 사람의 마음을 감동시켜 죄를 깨닫고 회개하게 하시며, 믿는 자의 삶에 성령을 부어 주셔서 열매 맺도록 하신다.

(3) **성부 하나님**(Elohim)

* 궁극적이고 절대적인 의미에서의 하나님(God the Father)

"보라 내 언약이 너와 함께 있으니 너는 여러 민족의 아버지가 될지라"(4절).

3

# 구약의 4대 언약

## 1) 하나님과 노아의 언약

- 언약의 표징: 무지개

"내가 너희와 언약을 세우리니 다시는 모든 생물을 홍수로 멸하지 아니할 것이라 땅을 멸할 홍수가 다시 있지 아니하리라"(창 9:11).

"내가 내 무지개를 구름 속에 두었나니 이것이 나와 세상 사이의 언약의 증거니라"(창 9:13).

## 2) 하나님과 아브라함의 언약

- 언약의 표징: 할례

"내가 내 언약을 나와 너 사이에 두어 너를 크게 번성하게 하리라 하시니"(창 17:2).

"너희는 포피를 베어라 이것이 나와 너희 사이의 언약의 표징이니라 너희의 대대로 모든 남자는 집에서 난 자나 또는 너희 자손이 아니라 이방 사람에게서 돈으로 산 자를 막론하고 난 지 팔 일 만에 할례를 받을 것이라"(창 17:11–12).

### 3) 하나님과 모세의 언약

- 시내 산 언약의 표징: 십계명(신 5:1-21)

* 십계명은 하나님과 이스라엘이 맺은 언약의 기초이다.

### 4) 하나님과 다윗의 언약

* 선지자 나단을 통하여 다윗에게 세 가지 언약을 약속하시다

① 항상 다윗과 함께 하사 그를 위대하게 하시리라는 언약(삼하 7:9)

② 다윗의 아들로 하여금 성전을 건축하게 하실 것이라는 약속(삼하 7:13)

③ 다윗 가와 그 나라가 영원히 견고하리라는 약속(삼하 7:16)

# 4

# 구약의 핵심 내용

### 1) 구약의 역사

① 인간의 범죄와 하나님의 징계

② 인간의 회개와 하나님의 구원 사이클

즉, 인간들이 계속 반복해서 범죄함에도 불구하고, 계속 반복해서 용서하시는 하나님을 찬양하며 감사드리는 이야기

### 2) 천사(Angel)의 역할: 하나님의 전달자, 사자

① 하나님의 명령을 전하는 일

② 특별한 일을 예고하는 일

③ 의로운 자를 보호하고, 그의 대적에게 벌을 내리는 일

④ 죄인에게 하나님의 진노를 실행하는 일

### 3) 구약성경의 두 가지 대표성

"베드로가 예수께 고하되 랍비여 우리가 여기 있는 것이 좋사오니 우리가 초막 셋을 짓되 하나는 주를 위하여, 하나는 모세를 위하여, 하나는 엘리야를 위하여 하사이다 하니"(막 9:5).

① 모세: 그는 장차 오실 그리스도를 예언

"네 하나님 여호와께서 너희 가운데 네 형제 중에서 너를 위하여 나와 같은 선지자 하나를 일으키시리니 너희는 그의 말을 들을지니라"(신 18:15).

* 모세는 율법(laws)의 대표

모세는 모세 오경(창세기, 출애굽기, 레위기, 민수기, 신명기)을 써서, 사람들로 하여금 구원의 필요성을 깨닫게 하였다.

② 엘리야: 그리스도의 선구자로 예언

"보라 여호와의 크고 두려운 날이 이르기 전에 내가 선지자 엘리야를 너희에게 보내리니 그가 아버지의 마음을 자녀에게로 돌이키게 하고 자녀들의 마음을 그들의 아버지에게로 돌이키게 하리라 돌이키지 아니하면 두렵건대 내가 와서 저주로 그 땅을 칠까 하노라 하시니라"(말 4:5-6).

* 엘리야는 선지자(prophets)의 대표

"이르시되 내 말을 들으라 너희 중에 선지자가 있으면 나 여호와가 환상으로 나를 그에게 알리기도 하고 꿈으로 그와 말하기도 하거니와"(민 12:6).

- 선지자는 하나님의 사람, 하나님의 대표자로서, 그 구원의 말씀을 꿈이나 환상으로 장래에 충족될 것임을 가르쳐 주는 백성들의 영적 파수꾼이다.

* 예수님께서 이 땅에 오셔서 율법과 선지자들의 요구와 예언이 모두 성취되었다.

"내가 율법이나 선지자를 폐하러 온 줄로 생각하지 말라 폐하러 온 것이 아니요 완전하게 하려 함이라"(마 5:17).

- 구약의 교회는 성전이고, 신약의 교회는 예수님 자신이다.

그러므로 구약 시대는 양이나 염소 등 가축의 피를 흘려 제사로 드리고, 신약 시대는 예수님의 구속의 십자가 보혈의 믿음을 영적 예배로 드린다.

### 4) 여호와의 기름 부음을 받은 자(the Lord's anointed, 삼상 24:10)

| | 직분 | 영문 | 첫 번째 사람 | 비고 |
|---|---|---|---|---|
| ① | 제사장 | priests | 아론(Aaron) | 레위 지파(레 8:12) |
| ② | 왕 | kings | 사울(Saul) | 베냐민 지파(삼상 10:1) |
| ③ | 선지자 | prophets | 사무엘(Samuel) | 에브라임 지파(삼상 3:20) |

* 그리스도의 뜻은 '기름 부음을 받은 자'로서, 예수 그리스도는 이 세 가지 직분을 모두 가진 분이시다.

### 5) 하나님께 드리는 헌금

| 구분 | 비율 | 내용 |
|---|---|---|
| 야곱 | 10%(십일조) | "내가 기둥으로 세운 이 돌이 하나님의 집이 될 것이요 하나님께서 내게 주신 모든 것에서 십분의 일을 내가 반드시 하나님께 드리겠나이다 하였더라"(창 28:22). |
| 이스라엘 규례 | 10%(십일조) | "너는 마땅히 매년 토지 소산의 십일조를 드릴 것이며"(신 14:22). |
| 애굽 사람들 | 20%(오분의 일) | "추수의 오분의 일을 바로에게 상납하고"(창 47:24). |
| 하나님의 규례 | 10%(십일조) | "너희의 온전한 십일조를 창고에 들여 나의 집에 양식이 있게 하고"(말 3:10). |
| 세리 삭개오 | 50%(소유의 절반) | "내 소유의 절반을 가난한 자들에게 주겠사오며"(눅 19:8). |
| 가난한 과부 | 두 렙돈(모든 소유, 생활비 전체) | "한 가난한 과부는 와서 두 렙돈 곧 한 고드란트를 넣는지라…모든 소유 곧 생활비 전부를 넣었느니라"(막 12:42,44). |

### 6) 하나님께서 심판하신 이방 국가(10개국)

| | 국가명 | 성경 | 심판 연도 | 심판한 국가 (하나님의 도구) |
|---|---|---|---|---|
| ① | 미디안(Midian) | 사사기 6장 | BC 1150 | 이스라엘 |
| ② | 다메섹 (Damascus) | 예레미야 49장 | BC 605 | 바벨론 |
| ③ | 아람(Aram) | 이사야 17장 | BC 730 | 앗수르 |
| ④ | 암몬(Ammon) | 에스겔 25장 | BC 582 | 바벨론 |
| ⑤ | 모압(Moab) | 에스겔 25장 | BC 582 | 바벨론 |
| ⑥ | 에돔(Edom) | 에스겔 25장 | BC 582 | 바벨론 |
| ⑦ | 블레셋(Philistine) | 에스겔 25장 | BC 582 | 바벨론 |
| ⑧ | 두로(Tyre) | 에스겔 28장 | BC 572 | 바벨론 |
| ⑨ | 시돈(Sidon) | 에스겔 28장 | BC 572 | 바벨론 |
| ⑩ | 애굽(Egypt) | 에스겔 32장 | BC 567 | 바벨론 |
| * | 구스(Gush) | 이사야 18장 | BC 570 | |

### 7) 그룹(The Cherubim)

- 그룹들은 하나님의 시종이며 아름다운 천사들로 하나님의 보좌를 떠받들고 있다.

① 에덴동산을 수호하는 천사

"이같이 하나님이 그 사람을 쫓아내시고 에덴동산 동쪽에 그룹들과 두루 도는 불칼을 두어 생명 나무의 길을 지키게 하시니라"(창 3:24).

② 하나님 현현 때 등장하는 살아 있는 수레

"그룹을 타고 다니심이여 바람 날개를 타고 높이 솟아오르셨도다"(시 18:10).

③ 만군의 여호와께서 좌정하시는 보좌

"이에 백성이 실로에 사람을 보내어 그룹 사이에 계신 만군의 여호와의 언약궤를 거기서 가져왔고 엘리의 두 아들 홉니와 비느하스는 하나님의 언약궤와 함께 거기에 있었더라"(삼상 4:4).

"요셉을 양 떼같이 인도하시는 이스라엘의 목자여 귀를 기울이소서 그룹 사이에 좌정하신 이여 빛을 비추소서"(시 80:1).

"여호와께서 다스리시니 만민이 떨 것이요 여호와께서 그룹 사이에 좌정하시니 땅이 흔들릴 것이로다"(시 99:1).

"다윗이 일어나 자기와 함께 있는 모든 사람과 더불어 바알레유다로 가서 거기서 하나님의 궤를 메어 오려 하니 그 궤는 그룹들 사이에 좌정하신 만군의 여호와의 이름으로 불리는 것이라"(삼하 6:2).

④ 속죄소가 하나님의 시은좌임을 알리는 성물

"너는 성막을 만들되 가늘게 꼰 베 실과 청색 자색 홍색 실로 그룹을 정교하게 수놓은 열 폭의 휘장을 만들지니"(출 26:1).

"내 외소 사방 벽에는 모두 그룹들과 종려와 핀 꽃 형상을 아로새겼고"(왕상 6:29).

"감람나무로 만든 그 두 문짝에 그룹과 종려와 핀 꽃을 아로새기고 금으로 입히되 곧 그룹들과 종려에 금으로 입혔더라"(왕상 6:32).

"그 문짝에 그룹들과 종려와 핀 꽃을 아로새기고 금으로 입히되 그 새긴 데에 맞게 하였고"(왕상 6:35).

⑤ 반은 사람 반은 사자 모양인데, 날개가 달린 모습

"하나는 사람의 얼굴이라 이쪽 종려나무를 향하였고 하나는 어린 사자의 얼굴이라 저쪽 종려나무를 향하였으며 온 성전 사방이 다 그러하여"(겔 41:19).

⑥ 늘 하나님의 임재와 관련되어 나타남

"제사장들이 여호와의 언약궤를 자기의 처소로 메어 들였으니 곧 성전의 내소인 지성소 그룹들의 날개 아래라 그룹들이 그 궤 처소 위에서 날개를 펴서 궤와 그 채를 덮었는데"(왕상 8:6-7).

⑦

"그 생물의 머리 위에는 수정 같은 궁창의 형상이 있어 보기에 두려운데 그들의 머리 위에 펼쳐져 있고"(겔 1:22).

"보좌 앞에 수정과 같은 유리 바다가 있고 보좌 가운데와 보좌 주위에 네 생물이 있는데 앞뒤에 눈들이 가득하더라"(계 4:6).

⑧ 역대기 기자는 그룹들을 여호와의 '타시는 처소'라고 하였다.

"그룹을 타고 다니심이며 바람 날개를 타고 높이 솟아오르셨도다"(시 18:10).

### 8) 이방 국가들이 섬기는 신(god)

| 신의 이름 | 국가 | 내용 |
|---|---|---|
| 바알<br>(Baal) | 가나안 베니게<br>(시돈-두로) | 비와 우레의 신<br>- 바알들(복수형): 각 지방마다 그 지방에 바알이 있었음 |
| 아스다롯<br>(Astaroth) | 가나안 베니게<br>(시돈-두로) | 바알 신의 아내, 전쟁의 여신<br>(the goddess) |
| 아세라 목상<br>(Asherah poles) | 가나안 베니게<br>(시돈-두로) | 가나안과 베니게의 우상(Scared Stones)<br>- 유다의 왕들이 예루살렘 성전 안에 이 목상을 세우고 숭배 |
| 몰렉<br>(Molech) | 암몬 | 밀곰이라고도 하는 수호신으로, 아이들을 불 가운데 지나가게 하여 제물로 바쳤음 |
| 그모스<br>(Chemosh) | 모압 | 아이들을 번제로 제사를 드렸음 |
| 바알세불<br>(Beelzebul) | 블레셋 | 토착신, 귀신의 왕인 사탄을 가리킴 |
| 다곤(Dagon) | 블레셋 | 곡물신 |
| 드라빔<br>(the household gods) | 하란 지역 | 가정 수호신으로서 야곱의 처 라헬이 하란에서 훔쳐 가나안으로 가져오기도 했음 |
| 벨(Bel) | 바벨론 | 수호신(최고신), 물과 폭풍우의 신 |
| 느보(Nevo) | 바벨론 | 수호신, 벨의 아들로서 학문과 저술의 신 |
| 레판의 별<br>(the star of god Rephan) | 바벨론 | 토성신 |
| 하늘의 뭇별<br>(the starry host) | | 뭇별에게 경배 |

* 산당(the high place)

가나안 우상 종교의 일반적 예배 장소로서 대개 산꼭대기에 있었다.

## 9) 성경에 나타난 이스라엘의 화폐

| 화폐 단위 | 내용 |
|---|---|
| 다릭(daric) | 구약성경에 기록된 최초의 화폐 |
| 렙돈(copper, coin) | 이스라엘에서 가장 작은 단위의 동전 |
| 은 30세겔(the thirty shekels of silver) | 고대 이스라엘 사회에서 종이 죽음을 당할 때 보상해 주는 값(출 21:32) |
| 데나리온(denarius) | 은으로 만든 로마의 동전(무게 3.8g).<br>1데나리온은 인부가 하루 일한 노임 정도의 금액(하루 품삯) |
| 므나(minas) | 한 므나는 백 데나리온 |
| 달란트(talent) | 1달란트는 대략 6,000데나리온 |
| 고드란트(kodrantes, penny) | 2렙돈이 1고드란트, 로마의 화폐 단위.<br>한 가난한 과부가 한 고드란트 즉 자기의 생활비 전부를 연보하였다(막 12:42) |

## 10) 사울 왕의 추격으로 인한 다윗의 도피 생활 행적

① 기브아(베냐민 산지) - 사울의 집(사울, 아들 요나단, 다윗, 군사령관 아브넬), 사울이 다윗을 죽이려 하다 →

② 라마(에브라임 산지) - 사무엘의 집 →

③ 라마 나욧 - 사울과 함께 →

④ 광야(들) →

⑤ 놉(예루살렘 북동쪽, 베냐민 산지 성읍) - 제사장 아히멜렉의 집 →

⑥ 가드(블레셋 왕 아기스) - 블레셋 땅 남서쪽 50km →

⑦ 아둘람 굴 - 다윗의 형제와 아버지 온 집과 그의 400명의 무리 →

⑧ 미스베 요새 - 모압 땅의 모압 왕 →

⑨ 유다 땅 헤렛 수풀 - 선지자 갓의 조언 →

⑩ 그일라 성읍(유다 산지) - 다윗과 그의 600명 - 하나님의 명령으로 그일라를 침입한 블레셋을 격퇴시키다 →

⑪ 광야의 요새 - 유다 산지 →

⑫ 십 광야 수풀 - 유다 산지 → (내려가다)

⑬ 광야 남쪽 마온 광야 아라바(여시몬) → (올라가다)

⑭ 엔게디 요새(유다 산지) - 용변차 들어온 사울을 살려 주다(1차) = 동굴 사건 → (내려가다)

⑮ 바란 광야 - 다윗이 사무엘이 죽으매, 라마 그의 집에서 장사한 후, 일어나 바란 광야로 내려가다 →

⑯ 십 광야 앞 하길라 산 - 다윗이 아비새를 시켜 밤중에 사울 진영에 들어가 사울의 머리 곁에 있는 창과 물병을 가지고 나오다 - 다윗이 사울을 살려 주다(2차)

⑰ 가드(블레셋 왕 아기스) - 다윗과 그의 600명 - 가드는 블레셋의 왕도(수도)

⑱ 블레셋 땅 시글락 - 다윗이 아기스 왕에게 자기의 무리가 많으므로 지방 성읍 중 한 곳을 달라고 하며 받은 땅 - 다윗이 블레셋 땅에 1년 6개월 동안 거류함

### 11) 구약의 찬양대

① 다윗 왕에 의해 임명, 조직

"다윗이 레위 사람의 어른들에게 명령하여 그의 형제들을 노래하는 자들로 세우고 비파와 수금과 제금 등의 악기를 울려서 즐거운 소리를 크게 내라 하매"(대상 15:16).

② 레위의 세 지파가 담당

- 게르손 자손 아삽(Asap): 찬양대 지휘자, 놋 제금의 연주자, 왕의 선견자, 시편(50, 73-83편) 저자

"아삽 아들들(4명: 삭굴, 요셉, 느다냐. 아사렐라)이 아삽의 지휘 아래 왕의 명령을 따라 신령한 노래를 하며"(대상 25:2).

- 그핫 자손 헤만(Heman): 찬양대 악장, 놋제금의 연구자, 왕의 선견자, 시편(88편) 저자

"헤만의 아들들(14명: 북기야, 맛다냐, 웃시엘, 스브엘, 여리못, 하나냐, 하나니, 엘리아다, 깃달디, 로암디에셀, 요스브가사, 말로디, 호딜, 마하시옷)이니 나팔을 부는 자들이며 헤만의 지휘 아래 제금과 비파와 수금을 잡아 여호와의 전에서 노래하여 하나님의 전을 섬겼으며"(대상 25:5-6).

- 므라리 자손 여두둔(Jeduthun): 찬양대원, 예언자, 왕의 선견자

"여두둔의 아들들(6명: 그달리야, 스리, 여사야, 시므이, 하사뱌, 맛디디야)이 여두둔의 지휘 아래 수금을 잡아 신령한 노래를 하며 여호와께 감사하며 찬양하며"(대상 25:3).

* 아삽, 헤만, 여두둔: 다윗 시대의 세 악사(대상 25:1)
- 므라리 자손 에단(Ethan): 찬양대원, 놋 제금의 연주자, 시편(89편) 저자
* 아삽, 헤만, 에단: 솔로몬 시대의 세 악사(대상 6:39, 44)
- 당시 여호와 찬송하기를 배워 익숙한 자: 288명(대상 25:7)

## 12) 여호와의 언약궤(The Ark of The Lord's Covenant) 보관 성읍 및 이동 경로

①
"여호와께서 시내 산(일명: 호렙 산) 위에서 모세에게 이르시기를 마치신 때에 증거판 둘을 모세에게 주시니 이는 돌판이요 하나님이 친히 쓰신 것이더라"(출 31:18).

②
"우리 하나님 여호와께서 호렙 산에서 우리와 언약을 세우셨나니"(신 5:2).

③

“이스라엘아 오늘 내가 너희의 귀에 말하는 규례와 법도를 듣고 그것을 배우며 지켜 행하라”(신 5:1).

④

“그들에게 이르기를 요단 물이 여호와의 언약궤 앞에서 끊어졌나니 곧 언약궤가 요단을 건널 때에 요단 물이 끊어졌으므로”(수 4:7).

⑤

“여호와의 언약궤를 멘 제사장들이 요단 가운데에서 나오며 그 발바닥으로 육지를 밟는 동시에 요단 물이 본 곳으로 도로 흘러서 전과 같이 언덕에 넘쳤더라”(수 4:18).

⑥ 여호와의 언약궤 동의어

- 여호와의 궤(The Ark of the Lord)
- 하나님의 궤(The Ark of God)
- 증거궤(The Ark of the Testimony)
- 법궤(The Ark of the Laws)

## *보관 성읍 및 이동 경로

| | 성읍 | 내용 |
|---|---|---|
| ① | 실로<br>(Shiloh) | 예루살렘 북쪽 30km 지점 에브라임 지파 산지에 위치(이스라엘 백성이 가나안 땅에서 마지막으로 진을 친 곳)<br>- 이스라엘 백성들이 여호수아의 인도로 가나안 땅을 정복한 후 실로에 하나님의 성막을 지어 여호와의 언약궤를 보관하였다(수 18:9).<br>* 그 이후 사사 시대까지 약 350년간(BC 1405-1050) 실로에 보관되었다. |
| ② | 아벡<br>(Aphek) | "백성이 진영으로 돌아오매 이스라엘 장로들이 이르되 여호와께서 어찌하여 우리에게 오늘 블레셋 사람들 앞에 패하게 하셨는고 여호와의 언약궤를 실로에서 우리에게로 가져다가 우리 중에 있게 하여 그것으로 우리를 우리 원수들의 손에서 구원하게 하자 하니"(삼상 4:3).<br>- 하나님의 언약궤를 실로에서 이스라엘 진영으로 가져온 후 블레셋과 전투를 하였으나, 패하여 하나님의 궤를 블레셋에 빼앗겼다(삼상 4:10-11). BC 1050년경 |
| ③ | 아스돗<br>(Ashdod) | "블레셋 사람들이 하나님의 궤를 빼앗아 가지고 에벤에셀에서부터 아스돗에 이르니라 블레셋 사람들이 하나님의 궤를 가지고 다곤의 신전에 들어가서 다곤 곁에 두었더니"(삼상 5:1-2).<br>"그 이튿날 아침에 그들이 일찍이 일어나 본즉 다곤이 여호와의 궤 앞에서 또다시 엎드러져 얼굴이 땅에 닿았고 그 머리와 두 손목은 끊어져 문지방에 있고 다곤의 몸뚱이만 남았더라"(삼상 5:4).<br>"여호와의 손이 아스돗 사람에게 엄중히 더하사 독한 종기의 재앙으로 아스돗과 그 지역을 쳐서 망하게 하니"(삼상 5:6). |
| ④ | 가드<br>(Gath) | "아스돗 사람들이 이를 보고 이르되 이스라엘 신의 궤를 우리와 함께 있지 못하게 할지라 그의 손이 우리와 우리 신 다곤을 친다 하고…이스라엘 신의 궤를 가드로 옮겨 가라 하므로 이스라엘 신의 궤를 옮겨 갔더니"(삼상 5:7-8). |

| | 성읍 | 내용 |
|---|---|---|
| | | "그것을 옮겨 간 후에 여호와의 손이 심히 큰 환난을 그 성읍에 더하사 성읍 사람들의 작은 자와 큰 자를 다 쳐서 독한 종기가 나게 하신지라"(삼상 5:9). |
| ⑤ | 에그론<br>(Ekron) | "이에 그들이 하나님의 궤를 에그론으로 보내니라 하나님의 궤가 에그론에 이른즉 에그론 사람이 부르짖어 이르되 그들이 이스라엘 신의 궤를 우리에게로 가져다가 우리와 우리 백성을 죽이려 한다 하고"(삼상 5:10).<br>"죽지 아니한 사람들은 독한 종기로 치심을 당해 성읍의 부르짖음이 하늘에 사무쳤더라"(삼상 5:12).<br>"여호와의 궤가 블레셋 사람들의 지방에 있은 지 일곱 달이라"(삼상 6:1). |
| ⑥ | 벧세메스<br>(Bethshemesh) | 블레셋 방백들(the rulers)이 "여호와의 궤를 가져다가 수레에 싣고 속건제로 드릴 금으로 만든 물건들은 상자에 담아 궤 곁에 두고 그것을 보내어 가게 하고"(삼상 6:8).<br>"수레가 벧세메스 사람 여호수아의 밭 큰 돌 있는 곳에 이르러 선지라 무리가 수레의 나무를 패고 그 암소들을 번제물로 여호와께 드리고"(삼상 6:14).<br>"블레셋 다섯 방백이 이것을 보고 그날에 에그론으로 돌아갔더라"(삼상 6:16). |
| ⑦ | 기럇여아림<br>(Kiriath Jearim)<br>유다 땅 | "기럇여아림 사람들이 와서 여호와의 궤를 옮겨 산에 사는 아비나답의 집에 들여놓고 그의 아들 엘리아살을 거룩하게 구별하여 여호와의 궤를 지키게 하였더니 궤가 기럇여아림에 들어간 날부터 이십 년 동안 오래 있은지라 이스라엘 온 족속이 여호와를 사모하니라"(삼상 7:1-2). |
| ⑧ | 가드<br>(Gath) | "다윗이 여호와의 궤를 옮겨 다윗 성 자기에게로 메어 가기를 즐겨하지 아니하고 가드 사람 오벧에돔의 집으로 메어 간지라 여호와의 궤가 가드 사람 오벧에돔의 집에 석 달을 있었는데 여호와께서 오벧에돔과 그의 온 집에 복을 주시니라"(삼하 6:10-11). |

| | 성읍 | 내용 |
|---|---|---|
| ⑨ | 예루살렘 (Jerusalem) | "어떤 사람이 다윗 왕에게 아뢰어 이르되 여호와께서 하나님의 궤로 말미암아 오벧에돔의 집과 그의 모든 소유에 복을 주셨다 한지라 다윗이 가서 하나님의 궤를 기쁨으로 메고 오벧에돔의 집에서 다윗 성으로 올라갈새"(삼하 6:12). |
| ⑩ | 예루살렘 (Jerusalem) | - 솔로몬이 솔로몬 성전을 완성하고 그곳으로 옮기다.<br>"이에 솔로몬이 여호와의 언약궤를 다윗 성 곧 시온에서 메어 올리고자 하여 이스라엘 장로와 모든 지파의 우두머리 곧 이스라엘 자손의 족장들을 예루살렘에 있는 자기에게로 소집하니"(왕상 8:1).<br>"제사장들이 여호와의 언약궤를 자기의 처소(솔로몬 성전)로 메어 들였으니 곧 성전의 내소인 지성소 그룹들의 날개 아래라"(왕상 8:6). |

### 13) 하나님의 말씀(뜻)을 거역한 대표적인 죄와 사건들

① 아담과 하와가 불순종한 죄

"선악을 알게 하는 나무의 열매는 먹지 말라 네가 먹는 날에는 반드시 죽으리라 하시니라"(창 2:17).

"여자가 그 나무를 본즉 먹음직도 하고 보암직도 하고 지혜롭게 할 만큼 탐스럽기도 한 나무인지라 여자가 그 열매를 따먹고 자기와 함께 있는 남편에게도 주매 그도 먹은지라"(창 3:6).

② 롯이 소돔을 선택한 것

"이에 롯이 눈을 들어 요단 지역을 바라본즉 소알까지 온 땅에 물이 넉넉하니 여호와께서 소돔과 고모라를 멸하시기

전이었으므로 여호와의 동산 같고 애굽 땅과 같았더라"(창 13:10).

③ 아브라함이 애굽 여인 하갈과 혼인한 것

"사래가 아브람에게 이르되 여호와께서 내 출산을 허락하지 아니하셨으니 원하건대 내 여종에게 들어가라 내가 혹 그로 말미암아 자녀를 얻을까 하노라 하매 아브람이 사래의 말을 들으니라"(창 16:2).

④ 모세가 유대인 형제들을 도와주려고 애굽인을 죽인 것

"모세가 장성한 후에 한번은 자기 형제들에게 나가서 그들이 고되게 노동하는 것을 보더니 어떤 애굽 사람이 한 히브리 사람 곧 자기 형제를 치는 것을 본지라 좌우를 살펴 사람이 없음을 보고 그 애굽 사람을 쳐죽여 모래 속에 감추니라"(출 2:11-12).

⑤ 여호수아가 기브온 주민과 서약한 것

- 하나님은 가나안 사람들이나 그 신들과 조약을 맺지 말라고 명령하셨다(모세의 율법).

"여호수아가 곧 그들과 화친하여 그들을 살리리라는 조약을 맺고 회중 족장들이 그들에게 맹세하였더라"(수 9:15).

⑥ 사울이 아각과 그의 가축들을 살려 둔 것

"사울과 백성이 아각과 그의 양과 소의 가장 좋은 것 또는 기름진 것과 어린 양과 모든 좋은 것을 남기고 진멸하기를 즐겨 아니하고 가치 없고 하찮은 것은 진멸하니라"(삼상 15:9).

⑦ 사울이 신접한 여인을 의지한 것

"사울이 다른 옷을 입어 변장하고 두 사람과 함께 갈새 그들이 밤에 그 여인에게 이르러서는 사울이 이르되 청하노니 나를 위하여 신접한 술법으로 내가 네게 말하는 사람을 불러 올리라 하니"(삼상 28:8).

⑧ 다윗이 거룩한 언약궤를 수레에 싣고 이동시키려 한 것

"그들이 나곤의 타작 마당에 이르러서는 소들이 뛰므로 웃사가 손을 들어 하나님의 궤를 붙들었더니 여호와 하나님이 웃사가 잘못함으로 말미암아 진노하사 그를 그곳에서 치시니 그가 거기 하나님의 궤 곁에서 죽으니라"(삼하 6:6-7),

⑨ 솔로몬이 이방 여인들과 정략 결혼한 일

"솔로몬 왕이 바로의 딸 외에 이방의 많은 여인을 사랑하였으니 곧 모압과 암몬과 에돔과 시돈과 헷 여인이라"(왕상 11:1).

⑩ 요나가 하나님 앞에서 다시스로 도망간 것

"그러나 요나가 여호와의 얼굴을 피하려고 일어나 다시스로

도망하려 하여 욥바로 내려갔더니 마침 다시스로 가는 배를 만난지라 여호와의 얼굴을 피하여 그들과 함께 다시스로 가려고 배삯을 주고 배에 올랐더라"(욘 1:3).

**⑪ 베드로가 갈보리로 가시려는(고난과 죽음의 길) 예수님의 결정에 반대한 것**

"베드로가 예수를 붙들고 항변하여 이르되 주여 그리 마옵소서 이 일이 결코 주께 미치지 아니하리이다 예수께서 돌이키시며 베드로에게 이르시되 사탄아 내 뒤로 물러 가라 너는 나를 넘어지게 하는 자로다 네가 하나님의 일을 생각하지 아니하고 도리어 사람의 일을 생각하는도다 하시고"(마 16:22-23).

**⑫ 아나니아와 삽비라가 돈의 일부를 감춘 일**

"아나니아라 하는 사람이 그의 아내 삽비라와 더불어 소유를 팔아 그 값에서 얼마를 감추매 그 아내도 알더라 얼마만 가져다가 사도들의 발 앞에 두니"(행 5:1-2).

**⑬ 유대인들이 예수님을 정죄하여 십자가에 달려 돌아가시게 한 일**

"너희 생각은 어떠하냐 대답하여 이르되 그는 사형에 해당하니라 하고"(마 26:66).

"그들이 예수를 십자가에 못 박은 후에 그 옷을 제비 뽑아 나누고"(마 27:35).

# 5

# 시가서와 선지서 요약

## 1) 욥기 핵심 성구

“주신 이도 여호와시요 거두신 이도 여호와시오니 여호와의 이름이 찬송을 받으실지니이다”(욥 1:21).

“하나님은 아프게 하시다가 싸매시며 상하게 하시다가 그의 손으로 고치시나니”(욥 5:18).

“그가 내 앞으로 지나시나 내가 보지 못하며 그가 내 앞에서 움직이시나 내가 깨닫지 못하느니라”(욥 9:11).

“너는 하나님과 화목하고 평안하라 그리하면 복이 네게 임하리라”(욥 22:21).

“내가 가는 길을 그가 아시나니 그가 나를 단련하신 후에는 내가 순금같이 되어 나오리라"(욥 23:10).

"보라 주를 경외함이 지혜요 악을 떠남이 명철이니라"(욥 28:28).

**(1) 저자**

욥을 지켜본 목격자

**(2) 저작 연대**

아브라함 때부터(사망: BC 1991) 노예생활(애굽 430년간)에서 유다인들이 가나안(파레스타인)으로 돌아온 때(BC 405) 중 어느 한 시기

**(3) 기록 장소**

팔레스타인 지역으로 추정

**(4) 욥의 거주**

애굽을 떠나 우스(Uz)에 거주(욥 1:1)

**(5) 욥의 친구들(욥 42:9)**

① 데만 사람 엘리바스(Eliphaz the Temanite)

- 본고장: 에돔(Edom), 야곱의 형 에서(Esau)의 자손

② 수아 사람 빌닷(Bildad)

③ 나아만 사람 소발(Zophar)

* 부스 사람 엘리후(Elihu): 욥이나 그의 세 친구들보다 연소한 사람 등장(욥 32:6)

- 그는 아브라함의 조카 부스(동생 나홀의 맏아들)의 후예인 듯하다(창 22:20-21).

**(4) 욥의 생존 기간**

210년간

- 고난 받을 때 나이 70세
- 고난을 겪은 후 하나님의 은총으로 140년간 생명 연장(욥 42:16).

* 여러가지 상황으로 모세가 욥을 잘 알고 있었으므로, 욥기의 저자가 모세로 추측되기도 한다.

### 2) 시편 핵심 성구

"복 있는 사람은 악인들의 꾀를 따르지 아니하며 죄인들의 길에 서지 아니하며 오만한 자들의 자리에 앉지 아니하고" (시 1:1).

"오직 여호와의 율법을 즐거워하여 그의 율법을 주야로 묵상하는도다"(시 1:2).

"그는 시냇가에 심은 나무가 철을 따라 열매를 맺으며 그 잎

사귀가 마르지 아니함 같으니 그가 하는 모든 일이 다 형통하리로다"(시 1:3).

"무릇 의인들의 길은 여호와께서 인정하시나 악인들의 길은 망하리로다"(시 1:6).

"여호와여 주의 이름을 아는 자는 주를 의지하오리니 이는 주를 찾는 자들을 버리지 아니하심이니이다"(시 9:10).

"여호와는 의로우사 의로운 일을 좋아하시나니 정직한 자는 그의 얼굴을 뵈오리로다"(시 11:7).

"어리석은 자는 그의 마음에 이르기를 하나님이 없다 하는도다 그들은 부패하고 그 행실이 가증하니 선을 행하는 자가 없도다"(시 14:1).

"여호와는 나의 반석이시요 나의 요새시요 나를 건지시는 이시요 나의 하나님이시요 내가 그 안에 피할 나의 바위시요 나의 방패시요 나의 구원의 뿔이시요 나의 산성이시로다"(시 18:2).

"여호와는 나의 목자시니 내게 부족함이 없으리로다"(시 23:1).

“그가 나를 푸른 풀밭에 누이시며 쉴 만한 물가로 인도하시는도다”(시 23:2).

“내 영혼을 소생시키시고 자기 이름을 위하여 의의 길로 인도하시는도다(시 23:3).

“내가 사망의 음침한 골짜기로 다닐지라도 해를 두려워하지 않을 것은 주께서 나와 함께 하심이라 주의 지팡이와 막대기가 나를 안위하시나이다”(시 23:4).

“내 평생에 선하심과 인자하심이 반드시 나를 따르리니 내가 여호와의 집에 영원히 살리로다”(시 23:6).

“여호와여 내 젊은 시절의 죄와 허물을 기억하지 마시고 주의 인자하심을 따라 주께서 나를 기억하시되 주의 선하심으로 하옵소서”(시 25:7).

“내가 여호와께 바라는 한 가지 일 그것을 구하리니 곧 내가 내 평생에 여호와의 집에 살면서 여호와의 아름다움을 바라보며 그의 성전에서 사모하는 그것이라”(시 27:4).

“주의 얼굴을 내게서 숨기지 마시고 주의 종을 노하여 버리지 마소서 주는 나의 도움이 되셨나이다 나의 구원의 하나님이시여 나를 버리지 마시고 떠나지 마소서"(시 27:9).

"그의 노염은 잠깐이요 그의 은총은 평생이로다 저녁에는 울음이 깃들일지라도 아침에는 기쁨이 오리로다"(시 30:5).

"악을 행하는 자들 때문에 불평하지 말며 불의를 행하는 자들을 시기하지 말지어다"(시 37:1).

"또 여호와를 기뻐하라 그가 네 마음의 소원을 네게 이루어 주시리로다"(시 37:4).

"네 길을 여호와께 맡기라 그를 의지하면 그가 이루시고"(시 37:5).

"의인들의 구원은 여호와로부터 오나니 그는 환난 때에 그들의 요새이시로다"(시 37:39).

"진실로 각 사람은 그림자같이 다니고 헛된 일로 소란하며 재물을 쌓으나 누가 거둘는지 알지 못하나이다"(시 39:6).

"하나님이여 사슴이 시냇물을 찾기에 갈급함같이 내 영혼이 주를 찾기에 갈급하니이다"(시 42:1).

"내 영혼아 네가 어찌하여 낙심하며 어찌하여 내 속에서 불안해 하는가 너는 하나님께 소망을 두라 그가 나타나 도우심으로 말미암아 내가 여전히 찬송하리로다"(시 42:5).

"주의 궁정에서의 한 날이 다른 곳에서의 천 날보다 나은즉 악인의 장막에 사는 것보다 내 하나님의 성전 문지기로 있는 것이 좋사오니"(시 84:10).

"그러나 주여 주는 긍휼히 여기시며 은혜를 베푸시며 노하기를 더디하시며 인자와 진실이 풍성하신 하나님이시오니"(시 86:15).

"우리의 연수가 칠십이요 강건하면 팔십이라도 그 연수의 자랑은 수고와 슬픔뿐이요 신속히 가니 우리가 날아가나이다"(시 90:10).

"우리에게 우리 날 계수함을 가르치사 지혜로운 마음을 얻게 하소서"(시 90:12).

"여호와가 우리 하나님이신 줄 너희는 알지어다 그는 우리를 지으신 이요 우리는 그의 것이니 그의 백성이요 그의 기르시는 양이로다"(시 100:3).

“감사함으로 그의 문에 들어가며 찬송함으로 그의 궁정에 들어가서 그에게 감사하며 그의 이름을 송축할지어다”(시 100:4).

“여호와는 선하시니 그의 인자하심이 영원하고 그의 성실하심이 대대에 이르리로다”(시 100:5).

“내 영혼아 여호와를 송축하라 내 속에 있는 것들아 다 그의 거룩한 이름을 송축하라”(시 103:1).

“그가 네 모든 죄악을 사하시며 네 모든 병을 고치시며”(시 103:3).

“네 생명을 파멸에서 속량하시고 인자와 긍휼로 관을 씌우시며”(시 103:4).

“좋은 것으로 네 소원을 만족하게 하사 네 청춘을 독수리같이 새롭게 하시는도다”(시 103:5).

“자주 경책하지 아니하시며 노를 영원히 품지 아니하시리로다”(시 103:9).

“우리의 죄를 따라 우리를 처벌하지는 아니하시며 우리

의 죄악을 따라 우리에게 그대로 갚지는 아니하셨으니"(시 103:10).

"이는 하늘이 땅에서 높음같이 그를 경외하는 자에게 그의 인자하심이 크심이로다"(시 103:11).

"동이 서에서 먼 것같이 우리의 죄과를 우리에게서 멀리 옮기셨으며"(시 103:12).

"아버지가 자식을 긍휼히 여김같이 여호와께서는 자기를 경외하는 자를 긍휼히 여기시나니"(시 103:13).

"인생은 그날이 풀과 같으며 그 영화가 들의 꽃과 같도다"(시 103:15).

"그것은 바람이 지나가면 없어지나니 그 있던 자리도 다시 알지 못하거니와"(시 103:16).

"여호와의 인자하심은 자기를 경외하는 자에게 영원부터 영원까지 이르며 그의 의는 자손의 자손에게 이르리니"(시 103:17).

"곧 그의 언약을 지키고 그의 법도를 기억하여 행하는 자에게로다"(시 103:18).

"주의 말씀은 내 발에 등이요 내 길에 빛이니이다"(시 119:105).

"여호와께서 너를 지켜 모든 환난을 면하게 하시며 또 네 영혼을 지키시리로다"(시 121:7).

"여호와께서 너의 출입을 지금부터 영원까지 지키시리로다"(시 121:8).

"눈물을 흘리며 씨를 뿌리는 자는 기쁨으로 거두리로다"(시 126:5).

"여호와를 경외하며 그의 길을 걷는 자마다 복이 있도다"(시 128:1).

"네가 네 손이 수고한 대로 먹을 것이라 네가 복되고 형통하리로다"(시 128:2).

"주께서 내가 앉고 일어섬을 아시고 멀리서도 나의 생각을 밝히 아시오며"(시 139:2).

"나의 모든 길과 내가 눕는 것을 살펴보셨으므로 나의 모든 행위를 익히 아시오니"(시 139:3).

"내가 주의 영을 떠나 어디로 가며 주의 앞에서 어디로 피하리이까"(시 139:7).

"내가 하늘에 올라갈지라도 거기 계시며 스올에 내 자리를 펼지라도 거기 계시니이다"(시 139:8).

"내가 새벽 날개를 치며 바다 끝에 가서 거주할지라도"(시 139:9).

"거기서도 주의 손이 나를 인도하시며 주의 오른손이 나를 붙드시리이다"(시 139:10).

"내가 주께 감사하옴은 나를 지으심이 심히 기묘하심이라 주께서 하시는 일이 기이함을 내 영혼이 잘 아나이다"(시 139:14).

"여호와여 내 기도를 들으시며 내 간구에 귀를 기울이시고 주의 진실과 의로 내게 응답하소서"(시 143:1).

"주의 종에게 심판을 행하지 마소서 주의 눈 앞에는 의로운 인생이 하나도 없나이다"(시 143:2).

"여호와는 은혜로우시며 긍휼이 많으시며 노하기를 더디하시며 인자하심이 크시도다"(시 145:8).

"그는 자기를 경외하는 자들의 소원을 이루시며 또 그들의 부르짖음을 들으사 구원하시리로다"(시 145:19).

"나의 생전에 여호와를 찬양하며 나의 평생에 내 하나님을 찬송하리로다"(시 146:2).

"호흡이 있는 자마다 여호와를 찬양할지어다 할렐루야"(시 150:6).

### 3) 잠언 핵심 성구

"여호와를 경외하는 것이 지식의 근본이거늘 미련한 자는 지혜와 훈계를 멸시하느니라"(잠 1:7).

* 잠언의 주제: 여호와를 경외하라
- 하나님을 사랑하면서도 두려워하는 마음으로 하나님의 주권과 말씀의 명령에 복종하며 하나님을 섬기는 것

"지혜가 너를 선한 자의 길로 행하게 하며 또 의인의 길을 지키게 하리니"(잠 2:20).

"너는 범사에 그를 인정하라 그리하면 네 길을 지도하시리라"(잠 3:6).

"대저 여호와께서 그 사랑하시는 자를 징계하시기를 마치 아비가 그 기뻐하는 아들을 징계함같이 하시느니라"(잠 3:12).

"지혜는 그 얻은 자에게 생명 나무라 지혜를 가진 자는 복되도다"(잠 3:18).

"지혜를 버리지 말라 그가 너를 보호하리라 그를 사랑하라 그가 너를 지키리라"(잠 4:6).

"대저 사람의 길은 여호와의 눈앞에 있나니 그가 그 사람의 모든 길을 평탄하게 하시느니라"(잠 5:21).

"게으른 자여 개미에게 가서 그가 하는 것을 보고 지혜를 얻으라"(잠 6:6).

"여호와를 경외하는 것이 지혜의 근본이요 거룩하신 자를 아는 것이 명철이니라"(잠 9:10).

"나 지혜로 말미암아 네 날이 많아질 것이요 네 생명의 해가 네게 더하리라"(잠 9:11).

"공의로운 길에 생명이 있나니 그 길에는 사망이 없느니라"(잠 12:28).

"말씀을 멸시하는 자는 자기에게 패망을 이루고 계명을 두려워하는 자는 상을 받느니라"(잠 13:13).

"지혜 있는 자의 교훈은 생명의 샘이니 사망의 그물에서 벗어나게 하느니라"(잠 13:14).

"지혜로운 자와 동행하면 지혜를 얻고 미련한 자와 사귀면 해를 받느니라"(잠 13:20).

"가난한 사람을 학대하는 자는 그를 지으신 이를 멸시하는 자요 궁핍한 사람을 불쌍히 여기는 자는 주를 공경하는 자니라"(잠 14:31).

"너의 행사를 여호와께 맡기라 그리하면 네가 경영하는 것이 이루어지리라"(잠 16:3).

"사람이 마음으로 자기의 길을 계획할지라도 그의 걸음을 인도하시는 이는 여호와시니라"(잠 16:9).

"누구든지 악으로 선을 갚으면 악이 그 집을 떠나지 아니하리라"(잠 17:13).

"사람의 마음의 교만은 멸망의 선봉이요 겸손은 존귀의 길잡이니라"(잠 18:12).

"노하기를 더디하는 것이 사람의 슬기요 허물을 용서하는 것이 자기의 영광이니라"(잠 19:11).

"가난한 자를 불쌍히 여기는 것은 여호와께 꾸어 드리는 것이니 그의 선행을 그에게 갚아 주시리라"(잠 19:17).

"자기의 아비나 어미를 저주하는 자는 그의 등불이 흑암 중에 꺼짐을 당하리라"(잠 20:20).

"사람의 영혼은 여호와의 등불이라 사람의 깊은 속을 살피느니라"(잠 20:27).

"입과 혀를 지키는 자는 자기의 영혼을 환난에서 보전하느니라"(잠 21:23).

"겸손과 여호와를 경외함의 보상은 재물과 영광과 생명이니라"(잠 22:4).

"아이를 훈계하지 아니하려고 하지 말라 채찍으로 그를 때릴지라도 그가 죽지 아니하리라"(잠 23:13).

"네가 그를 채찍으로 때리면 그의 영혼을 스올에서 구원하리라"(잠 23:14).

"네 마음으로 죄인의 형통을 부러워하지 말고 항상 여호와를 경외하라"(잠 23:17).

"너는 내일 일을 자랑하지 말라 하루 동안에 무슨 일이 일어날는지 네가 알 수 없음이니라"(잠 27:1).

"무화과나무를 지키는 자는 그 과실을 먹고 자기 주인에게 시중드는 자는 영화를 얻느니라"(잠 27:18).

"네 자식을 징계하라 그리하면 그가 너를 평안하게 하겠고 또 네 마음에 기쁨을 주리라"(잠 29:17).

### 4) 전도서 핵심 성구

"전도자가 이르되 헛되고 헛되며 헛되고 헛되니 모든 것이 헛되도다"(전 1:2).

"해 아래에서 수고하는 모든 수고가 사람에게 무엇이 유익한가"(전 1:3).

"한 세대는 가고 한 세대는 오되 땅은 영원히 있도다"(전 1:4).

"해는 뜨고 해는 지되 그 떴던 곳으로 빨리 돌아가고"(전 1:5).

"이전 세대들이 기억됨이 없으니 장래 세대도 그 후 세대들과 함께 기억됨이 없으리라"(전 1:11).

"내가 해 아래에서 행하는 모든 일을 보았노라 보라 모두 다 헛되어 바람을 잡으려는 것이로다"(전 1:14).

"일평생에 근심하며 수고하는 것이 슬픔뿐이라 그의 마음이 밤에도 쉬지 못하나니 이것도 헛되도다"(전 2:23).

"하나님이 모든 것을 지으시되 때를 따라 아름답게 하셨고 또 사람들에게는 영원을 사모하는 마음을 주셨느니라 그러나 하나님이 하시는 일의 시종을 사람으로 측량할 수 없게 하셨도다"(전 3:11).

"그가 모태에서 벌거벗고 나왔은즉 그가 나온 대로 돌아가고 수고하여 얻은 것을 아무것도 자기 손에 가지고 가지 못하리니"(전 5:15).

"사람의 수고는 다 자기의 입을 위함이나 그 식욕은 채울 수 없느니라"(전 6:7).

"헛된 생명의 모든 날을 그림자같이 보내는 일평생에 사람에게 무엇이 낙인지를 누가 알며 그 후에 해 아래에서 무슨 일이 있을 것을 누가 능히 그에게 고하리요"(전 6:12).

"초상집에 가는 것이 잔칫집에 가는 것보다 나으니 모든 사람의 끝이 이와 같이 됨이라 산 자는 이것을 그의 마음에 둘지어다"(전 7:2).

"지혜자의 마음은 초상집에 있으되 우매한 자의 마음은 혼인집에 있느니라(전 7:4).

"형통한 날에는 기뻐하고 곤고한 날에는 되돌아 보아라 이 두 가지를 하나님이 병행하게 하사 사람이 그의 장래 일을 능히 헤아려 알지 못하게 하셨느니라"(전 7:14).

"선을 행하고 전혀 죄를 범하지 아니하는 의인은 세상에 없기 때문이로다"(전 7:20).

"악인은 잘 되지 못하며 장수하지 못하고 그날이 그림자와 같으리니 이는 하나님을 경외하지 아니함이니라"(전 8:13).

"일의 결국을 다 들었으니 하나님을 경외하고 그의 명령들을 지킬지어다 이것이 모든 사람의 본분이니라"(전 12:13).

"하나님은 모든 행위와 모든 은밀한 일을 선악 간에 심판하시리라"(전 12:14).

### 5) 선지자(Priest)와 선지서

| 선지자 | 연대 | 활동 시대 | 활동 상황 |
|---|---|---|---|
| 오바댜<br>(Obadiah) | BC<br>848-841년경 | | 에돔은 유다(형제)에 대하여 포학하고, 형제의 멸망을 기뻐하고, 그들에게 악행을 저질러, 하나님의 공의와 심판이 에돔(에서의 자손)에 임할 것을 예언 |
| 요엘<br>(Joel) | BC 830년경 | 유다 왕 요아스 | 타락한 유다에 메뚜기 떼의 재앙과 가뭄을 통하여 여호와의 날에 임할 여호와의 재앙이 어떠한 것인지를 경고 |
| 호세아<br>(Hosea) | BC<br>790-710년경 | 북이스라엘 왕<br>여로보암 2세 | 음란하게 우상을 섬기는 북이스라엘 지도자와 백성의 죄악을 책망하였음 |
| 요나<br>(Jonah) | BC 760년경 | 북이스라엘 왕<br>여로보암 2세 | 요나가 앗수르의 수도 니느웨로 가라는 하나님의 명령을 어기고 도망가던 중 풍랑을 만나 배가 뒤집혔다. 요나는 큰 물고기의 뱃속에 들어가 밤낮 3일을 그 속에서 기도하고 회개하매 토해져서 니느웨로 갔다. 그의 선교로 니느웨가 하나님의 심판에서 멸망을 면하였다. |
| 아모스<br>(Amos) | BC<br>760-753년경 | 북이스라엘 왕<br>여로보암 2세 | 예배의 중심지가 유다의 예루살렘임을 밝히며, 북이스라엘의 죄에 대한 심판을 예고<br>- 제1환상: 메뚜기 재앙<br>- 제2환상: 불로 징벌<br>- 제3환상: 다림줄의 징벌<br>- 제4환상: 여름 과일 한 광주리<br>- 제5환상: 깜부기 재앙<br>- 제6환상: 성전 문지방 붕괴<br>- 제7환상: 이스라엘 멸망 |

| 선지자 | 연대 | 활동 시대 | 활동 상황 |
|---|---|---|---|
| 이사야 (Isaiah) | BC 745-680년경 | 유다 왕 웃시야, 요담, 아하스, 히스기야(4대) | 우상 숭배, 사회불의, 하나님께 불순종 등에 대한 하나님의 심판과 구원의 메시지로 훗날 유다가 바벨론에 의해 멸망당할 것을 예언한 4대 선지자 중의 하나. 히스기야 왕의 생명을 15년간 연장된다는 약속을 전해 줌 |
| 미가 (Micah) | BC 740-687년경 | 유다 왕 요담, 아하스, 히스기야, 북이스라엘 므나헴, 베가, 호세아(마지막 왕) | 유다와 북이스라엘 백성에게 모든 삶 속에서 정의를 드러내고, 자비를 베풀고, 하나님 앞에서 겸손하라고 경고함 |
| 나훔 (Nahum) | BC 663-612년경 | 유다 왕 므낫세, 요시야 | 요나보다 약 150년 후에 활동한 선지자로서 앗수르 민족과 니느웨 성(수도) 백성들에게 그들의 압제, 잔인함, 우상 숭배, 악행으로 인한 여호와의 심판을 경고(앗수르 멸망의 참상을 구체적으로 묘사하였음) |
| 스바냐 (Zephaniah) | BC 640~630년경 | 유다 왕 요시야 | 하나님의 우주적 심판과 유다의 심판, 즉 여호와의 날을 선포. 이 예언은 유다가 바벨론에 의해 멸망되므로 성취되었음 |
| 예레미야 (Jeremiah) | BC 627-580년경 | 유다 왕 요시야 13년-여호야김 4년(605년)까지 23년간 | 경건한 왕 요시야가 므깃도 전투에서 애굽 왕 느고에 의해 살해됨. 예레미야는 모든 이방국가 백성들을 향하여 하나님의 말씀을 대언하도록 부르심을 받은 4대 선지자 중의 하나 |
| 다니엘 (Daniel) | BC 605-530년경 | 바벨론 느부갓네살 왕, 벨사살 왕, 바사 다리오 왕, 고레스 왕 | - 다니엘이 느부갓네살 왕에 의하여 바벨론 왕궁에 포로로 잡혀 갔음. BC 605년 바벨론이 유다 왕 여호야김 때 유다 1차 침입<br>- 갈그미스 전투에서 애굽이 바벨론에 패배하여 포로 생활을 하는 유다인에게, 다니엘은 하나님을 온전히 의지하는 자를 어떤 역경 속에서도 보호하신다고 선포함 |

| 선지자 | 연대 | 활동 시대 | 활동 상황 |
| --- | --- | --- | --- |
| | | | - 다니엘에게 모든 환상과 꿈을 깨닫는 지혜를 허락하시고, 사자 굴 속에 던져진 다니엘과 그의 세 친구를 온전히 구원하심<br>- BC 536년 힛데겔 강(티그리스 강)가에서 하나님(성육신하기 전 그리스도)의 환상을 본 4대 선지자 중의 하나 |
| 하박국<br>(Habakkuk) | BC<br>600-589년경 | 유다 왕 요시야 말기 및<br>여호야김 초기 | 역사의 종말에 강림하실 메시아를 대망하며 하나님 찬양<br>"비록 무화과나무가 무성하지 못하며 포도나무에 열매가 없으며 감람나무에 소출이 없으며 밭에 먹을 것이 없으며 우리에 양이 없으며 외양간에 소가 없을지라도 나는 여호와로 말미암아 즐거워하며 나의 구원의 하나님으로 말미암아 기뻐하리로다"(합 3:17-18).<br>"자기 소유 아닌 것을 모으는 자여 언제까지 이르겠느냐 볼모 잡은 것으로 무겁게 짐진 자여"(합 2:6).<br>"의인은 그의 믿음으로 말미암아 살리라"(합 2:4). |
| 에스겔<br>(Ezekiel) | BC<br>593-571년경 | 유다 왕<br>여호야김,<br>여호야긴,<br>에스겔이<br>바벨론 포로<br>된 지 5년차<br>(BC 593년) | BC 597년 바벨론 느부갓네살 왕이 유다 2차 침입(유다 왕 여호야긴). 그발 강(유프라데스 강)가에서 제사장 겸 선지자인 에스겔에게 임한 하나님의 난해한 환상 - 바벨론에 포로 된 이스라엘 백성들에 대한 하나님의 계획<br>- 이방 나라 7개국(암몬, 모압, 에돔, 블레셋, 두로, 시돈, 애굽)의 심판<br>- 포로 된 이스라엘 백성들에 대한 위로와 회복 예언<br>- 바벨론에서만 사역한 4대 선지자 중 하나 |

| 선지자 | 연대 | 활동 시대 | 활동 상황 |
|---|---|---|---|
| 스가랴<br>(Zechariah) | BC<br>520-518년경<br>BC<br>480~470년경 | 바사 왕<br>다리오 1세,<br>아하수에로<br>(크세르크세스) | 귀환한 이스라엘 백성들에게 선포<br>- 복을 누리려면 하나님과 말씀에 순종하라<br>- 다가올 메시아는 공평과 의의 왕이신 그리스도의 강림이라 |
| 학개<br>(Haggai) | BC 520년경 | 바사 왕<br>다리오 1세 | 귀환한 이스라엘 백성에게 성전 건축을 독려한 선지자<br>"여호와의 말씀이 선지자 학개로 말미암아 스알디엘의 아들 유다 총독 스룹바벨과 여호사닥의 아들 대제사장 여호수아에게 임하니라"(학 1:1). |
| 에스더<br>(Esther) | BC<br>485-435년경 | 바사 왕<br>아하수에로<br>(크세르크세스)<br>(BC 486-465) | BC 480-470 사이에 그리스 2번 침략 실패함<br>바벨론에 포로 된 유대인의 딸로서 왕후가 되어 바벨론에 남아 있는 유대인들을 헌신적으로 돌보아 줌 |
| 에스라<br>(Ezra) | BC<br>458-444년경 | 바사 왕<br>아닥사스다 1세<br>(BC 465-424) | 에스라는 아론의 27대손으로 바사에서 귀환한 이스라엘 백성들의 신앙 회복과 재헌신을 촉구함 |
| 느헤미야<br>(Nehemiah) | BC 443년경 | 바사 왕<br>아닥사스다 1세 | - 느헤미야가 바사 왕 아닥사스다 1세로부터 유다 총독으로 임명 받아 총독의 녹을 받지 않은 채 12년간 총독 직을 수행. 성벽 재건을 방해하는 적대 세력을 방어하며 예루살렘 성벽을 재건하는 일에 심혈을 기울임<br>- 그는 바사에 충성되고 유능한 관리인 동시에 이스라엘 백성에게 훌륭한 신앙의 지도자였음 |
| 말라기<br>(Malachi) | BC 430년경 | 바사 왕<br>아닥사스다 1세 | 하나님께서 바벨론 포로에서 귀환한 남은 자들에게 순결한 예배를 요구하시므로 올바른 십일조와 온전한 제물을 드릴 것을 촉구한 선지자로서, 구약 전체의 결론(말 4:4-6)과 새로운 시대(신약)의 종말에 오실 그리스도를 맞이할 준비를 하도록 함 |

### 6) 엘리야, 엘리사 선지자

| 선지자 | 연대 | 활동 시대 | 활동 상황 |
|---|---|---|---|
| 엘리야<br>(Elijah) | BC 870년경 | 북이스라엘<br>아합(Ahab) 왕 | - 수도 사마리아에서 22년 통치<br>-왕비: 이세벨(Jezebel), 시돈 왕의 딸, 바알 숭배자<br>- 아합 왕 시대는 하나님의 왕국과 사탄의 왕국이 전투를 벌인 영적 암흑기<br>- 하나님의 군병은 선지자 엘리야와 엘리사였다.<br>선지자를 통하여 하나님의 임재하심의 표적이 일어났다.<br>① 엘리야의 기도로 수년 동안(3년 6개월) 땅에 비가 내리지 않았다(약 5:17).<br>② 시돈에 속한 사르밧(Zarephath)에 사는 과부의 죽은 아들을 살렸다(왕상 17:22).<br>* 성경에서 죽은 자가 살아난 첫 번째 기록<br>이 사건으로 엘리야는 최초로 이방에 복음을 전파한 선교사가 됨(눅 4:26).<br>③ 엘리야의 기도로 갈멜 산(Mount Carmel)에서 여호와의 능력을 보였다.<br>* 하늘에서 불이 내려와 바알(Baal)의 선지자 450명과 아세라(Asherah)의 선지자 400명과 대결, 그들을 죽였다(왕상 18:19).<br>④ 갈멜 산 꼭대기에서 가뭄 해갈 "다시 기도하니 하늘이 비를 주고 땅이 열매를 맺었느니라"(약 5:18). |
| | BC 860년경 | | ⑤ 왕비 이세벨의 살해 위협으로 엘리야가 피신하여 유다 남쪽 브엘세바(Beersheba)에 이르러 광야로 들어감 |

| 선지자 | 연대 | 활동 시대 | 활동 상황 |
|---|---|---|---|
| | | | "로뎀 나무 아래에 누워 자더니 천사가 그를 어루만지며 그에게 이르되 일어나서 먹으라 하는지라 본즉 머리맡에 숯불에 구운 떡과 한 병 물이 있더라 이에 먹고 마시고 다시 누웠더니"(왕상 19:5-6).<br>⑥ 40일 주야를 가서 하나님의 산 호렙(Horeb, the Mount of God)에 도착, 그곳 굴속에 머물더니 여호와의 미세한 소리(a gentle whisper)를 들었다(왕상 19:12).<br>⑦ "여호와께서 그에게 이르시되 너는 네 길을 돌이켜 광야를 통하여 다메섹에 가서 이르거든 하사엘에게 기름을 부어 아람의 왕이 되게 하고"(왕상 19:15).<br>⑧ "너는 또 님시의 아들 예후에게 기름을 부어 이스라엘의 왕이 되게 하고 또 아벨므홀라 사밧의 아들 엘리사에게 기름을 부어 너를 대신하여 선지자가 되게 하라"(왕상 19:16).<br>⑨ 엘리야가 엘리사를 부름(왕상 19:19-21)<br>"엘리야가 거기서 떠나 사밧의 아들 엘리사를 만나니 그가 열두 겨릿소를 앞세우고 밭을 가는데 자기는 열두째 겨릿소와 함께 있더라 엘리야가 그리로 건너가서 겉옷을 그의 위에 던졌더니 그가 소를 버리고 엘리야에게로 달려가서 이르되 청하건대 나를 내 부모와 입맞추게 하소서 그리한 후에 내가 당신을 따르리이다 엘리야가 그에게 이르되 돌아가라 내가 네게 어떻게 행하였느냐 하니라"(왕상 19:19-20). |

| 선지자 | 연대 | 활동 시대 | 활동 상황 |
|---|---|---|---|
| | BC 850년경 | 북이스라엘<br>여호람(Joram) 왕 | ⑩ 엘리야가 하늘로 올라감<br>엘리야가 엘리사와 더불어 길갈(선지학교), 벧엘, 여리고, 요단 강으로 여행하다(왕하 2:1-6).<br>"엘리야가 겉옷을 가지고 말아 물을 치매 물이 이리 저리 갈라지고 두 사람이 마른 땅 위로 건너더라"(왕하 2:8).<br>"두 사람이 길을 가며 말하더니 불수레와 불말들이 두 사람을 갈라놓고 엘리야가 회오리 바람으로 하늘로 올라가더라"(왕하 2:11).<br>- 이를 엘리사와 선지자의 제자 50명이 목격하였다.<br>- 엘리야의 승천은 장차 그리스도의 재림 시 성도들이 휴거할 것을 예시한 것이다. |
| 엘리사<br>(Elisha) | BC 850년경 | 북이스라엘<br>여호람 왕 | 아합의 둘째 아들<br>엘리사의 행적: 주로 갈멜 산과 사마리아 성읍<br>- 요단에서 여리고(Jericho)로 돌아감<br>① 여리고 성의 나쁜 물을 소금으로 깨끗하게 하다(왕하 2:21).<br>② 엘리사의 제자 아내, 과부의 기름 그릇 사건<br>- 기름 한 그릇으로 많은 그릇을 가득 채워, 그 기름을 팔아 빚을 갚고, 두 아들과 행복한 삶을 영위하게 하였다.<br>③ 수넴(Shunem) 여인의 잉태 예언 및 그 아들이 출생 후 죽게 되자 여호와께 기도로 그 아들을 소생시켰다(왕하 4:34). |

| 선지자 | 연대 | 활동 시대 | 활동 상황 |
|---|---|---|---|
| | BC 845년경 | 북이스라엘<br>예후(Jehu) 왕 | ④ 길갈(Gilgal) 흉년 시, 들호박으로 끓인 국에 독이 있어 못 먹게 되자 가루를 국에 넣어 먹을 수 있는 음식으로, 제자들에게 먹게 하였다(왕하 4:39-41).<br>⑤ 기근이 한창이던 때, 보리떡 20개와 채소 한 자루로 100명을 먹인 이적을 행하였다(왕하 4:43).<br>- 여호람(요람)에게 반란을 일으켜 왕이 됨<br>⑥ 아람 왕의 군대 장관 나아만(Naaman)의 문둥병 치유<br>- 요단 강물에 그의 몸을 씻도록 하여 낫게 하였다(왕하 5:14)<br>⑦ 엘리사의 사환 게하시(Gehazi)가 나아만으로부터 몰래 은 한 달란트와 옷 두 벌을 요구하여 받사, 그를 싱계하여 나병 환자가 되게 하다(왕하 5:27).<br>⑧ 제자들이 거주할 처소를 세우기 위하여 무리가 요단 강에 이르러 나무를 베다가 한 사람이 빌려온 쇠도끼가 물에 떨어지매 엘리사가 나뭇가지를 베어 물에 던져 쇠도끼를 떠오르게 하였다(왕하 6:6).<br>⑨ 도단(Dothan) 성에 거주하는 엘리사를 잡기 위해 아람 왕 벤하닷(BenHadad)이 성읍을 포위하자, 엘리사가 그 군대의 눈을 어둡게 하고, 모두 포로로 잡았다가 놓아주었다(왕하 6:20). |

| 선지자 | 연대 | 활동 시대 | 활동 상황 |
|---|---|---|---|
| 엘리사 (Elisha) | BC 820년경 | 북이스라엘 여호아하스 (Jeoahaz) 왕 | - 예후의 아들<br>- 이스라엘이 범죄에서 떠나지 아니하고, 사마리아의 아세라 목상(the Asherah Pole)을 섬기므로 여호와께서 아람 왕 하사엘(Hazael)에게 이스라엘을 넘겨 학대 받게 하였다(왕하 13:3). |
| | BC 800년경 | 북이스라엘 요아스 (Jehoash) 왕 | - 여호아하스의 아들<br>① 요아스 왕이 선지자 엘리사를 극진히 대접해 그가 이스라엘의 참된 보호자임을 고백하였다.<br>② 엘리사가 죽을병이 들매 자기에게 온 요아스 왕에게 상징적인 행동을 표시하였다(왕하 13:15).<br>③ 구원의 활과 화살을 통하여 아람에게 부분적 승리를 얻을 것을 예언하였다(왕하 13:17). |

## 7) 여선지자

|  | 성명 | 활약 연대 | 내용 |
|---|---|---|---|
| (1) | 미리암 (Miriam) | BC 1450년경 | ① "아론의 누이 선지자 미리암이 손에 소고를 잡으매 모든 여인도 그를 따라 나오며 소고를 잡고 춤추니 미리암이 그들에게 화답하여 이르되 너희는 여호와를 찬송하라 그는 높고 영화로우심이요 말과 그 탄 자를 바다에 던지셨음이로다 하였더라"(출 15:20-21).<br>* 이는 이스라엘 백성이 안전하게 홍해를 건넌 후 여호와를 찬송한 '미리암 노래'이다.<br>② 모세가 구스 여자를 취하자 미리암과 아론이 모세를 비방하다(민 12:1). |
|  |  |  | "여호와께서 그들을 향하여 진노하시고 떠나시매 구름이 장막 위에서 떠나갔고 미리암은 나병에 걸려 눈과 같더라"(민 12:9-10).<br>* "첫째 달에 이스라엘 자손 곧 온 회중이 신 광야에 이르러 백성이 가데스에 이르더니 미리암이 거기서 죽으매 거기에 장사되니라"(민 20:1). |
| (2) | 드보라 (Deborah) | BC 1225년경 | ① 제4대 사사. 유일한 여사사<br>"그때에 랍비돗의 아내 여선지자 드보라가 이스라엘의 사사가 되었는데 그는 에브라임 산지 라마와 벧엘 사이 드보라의 종려나무 아래에 거주하였고 이스라엘 자손은 그에게 나아가 재판을 받더라"(삿 4:4-5).<br>② 이스라엘을 침략한 가나안 왕 야빈을 격퇴하고 그 땅이 40년 동안 평온하였다(삿 4:24, 5:31).<br>- 전쟁에서 승리한 후 드보라와 바락(이스라엘 장군)이 여호와께 찬송을 드림(삿 5:2-5) |
| (3) | 훌다 (Huldah) | BC 610년경 | ① 유다 왕 요시야는 경건하고 신실한 왕으로, 재위 열여덟째 해에 여호와의 성전을 수리하다가 율법책을 발견(왕하 22:8).<br>- 왕이 나와 백성과 온 유다를 위하여 이 발견한 책의 말씀에 대하여 여호와께 물으라고 명령하였다(왕하 22:13). |

|  | 성명 | 활약 연대 | 내용 |
|---|---|---|---|
|  |  |  | "이에 제사장 힐기야와 또 아히감과 악볼과 사반과 아사야가 여선지자 훌다에게로 나아가니 그는 할하스의 손자 디과의 아들로서 예복을 주관하는 살룸의 아내라 예루살렘 둘째 구역에 거주하였더라"(왕하 22:14).<br>* 이때 예레미야는 선지자로서 소명은 받았지만 아직 연소하여 제사장 일행은 여선지자 훌다에게 갔던 것 같다.<br>② 훌다 여선지자는 먼저 우상 숭배하는 자들에게 내릴 재앙을 선포하였다.<br>"이는 이 백성이 나를 버리고 다른 신에게 분향하며 그들의 손의 모든 행위로 나를 격노하게 하였음이라 그러므로 내가 이곳을 향하여 내린 진노가 꺼지지 아니하리라 하라 하셨느니라"(왕하 22:17).<br>그리고 하나님 앞으로 돌아온 요시야 왕은 이 재앙에서 제외될 것이라고 선포하였다(왕하 22:20).<br>"내가 이곳과 그 주민에게 대하여 빈 터가 되고 저주가 되리라 한 말을 네가 듣고 마음이 부드러워져서 여호와 앞 곧 내 앞에서 겸비하여 옷을 찢고 통곡하였으므로 나도 네 말을 들었노라 여호와가 말하였느니라"(왕하 22:19). |
| (4) | 안나<br>(Anna) | BC 100년경 | "또 아셀 지파 바누엘의 딸 안나라 하는 선지자가 있어 나이가 매우 많았더라…과부가 되고 팔십사 세가 되었더라 이 사람이 성전을 떠나지 아니하고 주야로 금식하며 기도함으로 섬기더니"(눅 2:36-37).<br>"주의 율법을 따라 모든 일을 마치고 갈릴리로 돌아가 본 동네 나사렛에 이르니라 아기가 자라며 강하여지고 지혜가 충만하며 하나님의 은혜가 그의 위에 있더라"(눅 2:39-40). |

### 8) 이사야서 핵심 성구

“너희는 인생을 의지하지 말라 그의 호흡은 코에 있나니 셈할 가치가 어디 있느냐”(사 2:22).

“너희는 의인에게 복이 있으리라 말하라 그들은 그들의 행위의 열매를 먹을 것임이요”(사 3:10).

“이는 한 아기가 우리에게 났고 한 아들을 우리에게 주신 바 되었는데 그의 어깨에는 정사를 메었고 그의 이름은 기묘자라, 모사라, 전능하신 하나님이라, 영존하시는 아버지라, 평강의 왕이라 할 것임이라”(사 9:6).

* 마태는 예수님의 탄생과 사역으로 이 예언이 성취되었다고 기록한다(마 4:4-16).

“보라 하나님은 나의 구원이시라 내가 신뢰하고 두려움이 없으리니 주 여호와는 나의 힘이시며 나의 노래시며 나의 구원이심이라”(사 12:2).

“여호와여 주는 나의 하나님이시라 내가 주를 높이고 주의 이름을 찬송하오리니 주는 기사를 옛적에 정하신 뜻대로 성실함과 진실함으로 행하셨음이라”(사 25:1).

"그날에 말하기를 이는 우리의 하나님이시라 우리가 그를 기다렸으니 그가 우리를 구원하시리로다 이는 여호와시라 우리가 그를 기다렸으니 우리는 그의 구원을 기뻐하며 즐거워하리라 할 것이며"(사 25:9).

"대저 여호와는 우리 재판장이시요 여호와는 우리에게 율법을 세우신 이요 여호와는 우리의 왕이시니 그가 우리를 구원하실 것임이라"(사 33:22).

"히스기야가 얼굴을 벽으로 향하고 여호와께 기도하여 이르되 여호와여 구하오니 내가 주 앞에서 진실과 전심으로 행하며 주의 목전에서 선하게 행한 것을 기억하옵소서 하고 히스기야가 심히 통곡하니"(사 38:2-3).

"너는 가서 히스기야에게 이르기를 네 조상 다윗의 하나님 여호와께서 이같이 말씀하시기를 내가 네 기도를 들었고 네 눈물을 보았노라 내가 네 수한에 십오 년을 더하고"(사 38:5).

"오직 여호와를 앙망하는 자는 새 힘을 얻으리니 독수리가 날개치며 올라감 같을 것이요 달음박질하여도 곤비하지 아니하겠고 걸어가도 피곤하지 아니하리로다"(사 40:31).

"두려워하지 말라 내가 너와 함께 함이라 놀라지 말라 나는 네 하나님이 됨이라 내가 너를 굳세게 하리라 참으로 너를 도와 주리라 참으로 나의 의로운 오른손으로 너를 붙들리라"(사 41:10).

"하늘을 창조하여 펴시고 땅과 그 소산을 내시며 땅 위의 백성에게 호흡을 주시며 땅에 행하는 자에게 영을 주시는 하나님 여호와께서 이같이 말씀하시되"(사 42:5).

"나 여호와가 말하노라 너희는 나의 증인, 나의 종으로 택함을 입었나니 이는 너희가 나를 알고 믿으며 내가 그인 줄 깨닫게 하려 함이라 나의 전에 지음을 받은 신이 없었느니라 나의 후에도 없으리라"(사 43:10).

"나 곧 나는 여호와라 나 외에 구원자가 없느니라"(사 43:11).

"너희는 이전 일을 기억하지 말며 옛날 일을 생각하지 말라 보라 내가 새 일을 행하리니 이제 나타낼 것이라 너희가 그것을 알지 못하겠느냐 반드시 내가 광야에 길을 사막에 강을 내리니 장차 들짐승 곧 승냥이와 타조도 나를 존경할 것은 내가 광야에 물을, 사막에 강들을 내어 내 백성, 내가 택한 자에게 마시게 할 것임이라 이 백성은 내가 나를 위하여 지었나니 나를 찬송하게 하려 함이니라"(사 43:18-21).

"그는 실로 우리의 질고를 지고 우리의 슬픔을 당하였거늘 우리는 생각하기를 그는 징벌을 받아 하나님께 맞으며 고난을 당한다 하였노라 그가 찔림은 우리의 허물 때문이요 그가 상함은 우리의 죄악 때문이라 그가 징계를 받으므로 우리는 평화를 누리고 그가 채찍에 맞으므로 우리는 나음을 받았도다 우리는 다 양 같아서 그릇 행하여 각기 제 길로 갔거늘 여호와께서는 우리 모두의 죄악을 그에게 담당시키셨도다"(사 53:4-6).

"여호와께서 그에게 상함을 받게 하시기를 원하사 질고를 당하게 하셨은즉 그의 영혼을 속건제물로 드리기에 이르면 그가 씨를 보게 되며 그의 날은 길 것이요 또 그의 손으로 여호와께서 기뻐하시는 뜻을 성취하리로다"(사 53:10).

"너희는 여호와를 만날 만한 때에 찾으라 가까이 계실 때에 그를 부르라 악인은 그의 길을, 불의한 자는 그의 생각을 버리고 여호와께로 돌아오라 그리하면 그가 긍휼히 여기시리라 우리 하나님께로 돌아오라 그가 너그럽게 용서하시리라"(사 55:6-7).

"여호와께서 이와 같이 말씀하시기를 너희는 정의를 지키며 의를 행하라 이는 나의 구원이 가까이 왔고 나의 공의가 나타날 것임이라 하셨도다"(사 56:1).

“오직 너희 죄악이 너희와 너희 하나님 사이를 갈라 놓았고 너희 죄가 그의 얼굴을 가리어서 너희에게서 듣지 않으시게 함이니라”(사 59:2).

“그러나 여호와여, 이제 주는 우리 아버지시니이다 우리는 진흙이요 주는 토기장이시니 우리는 다 주의 손으로 지으신 것이니이다 여호와여, 너무 분노하지 마시오며 죄악을 영원히 기억하지 마시옵소서 구하오니 보시옵소서 보시옵소서 우리는 다 주의 백성이니이다”(사 64:8-9).

“보라 내가 새 하늘과 새 땅을 창조하나니 이전 것은 기억되거나 마음에 생각나지 아니할 것이라”(사 65:17).

“나 여호와가 말하노라 내 손이 이 모든 것을 지었으므로 그들이 생겼느니라 무릇 마음이 가난하고 심령에 통회하며 내 말을 듣고 떠는 자 그 사람은 내가 돌보려니와”(사 66:2).

“보라 여호와께서 불에 둘러싸여 강림하시리니 그의 수레들은 회오리바람 같으리로다 그가 혁혁한 위세로 노여움을 나타내시며 맹렬한 화염으로 책망하실 것이라”(사 66:15).

### 9) 말라기서 핵심 성구

“여호와께서 말라기를 통하여 이스라엘에게 말씀하신 경고라 여호와께서 이르시되 내가 너희를 사랑하였노라 하나 너희는 이르기를 주께서 어떻게 우리를 사랑하셨나이까 하는도다”(말 1:1-2).

“내 이름을 멸시하는 제사장들아 나 만군의 여호와가 너희에게 이르기를 아들은 그 아버지를, 종은 그 주인을 공경하나니 내가 아버지일진대 나를 공경함이 어디 있느냐 내가 주인일진대 나를 두려워함이 어디 있느냐 하나 너희는 이르기를 우리가 어떻게 주의 이름을 멸시하였나이까 하는도다”(말 1:6).

“만군의 여호와가 이르노라 너희가 눈 먼 희생제물을 바치는 것이 어찌 악하지 아니하며 저는 것 병든 것을 드리는 것이 어찌 악하지 아니하냐 이제 그것을 너희 총독에게 드려 보라 그가 너를 기뻐하겠으며 너를 받아 주겠느냐 만군의 여호와가 이르노라 너희는 나 하나님께 은혜를 구하면서 우리를 불쌍히 여기소서 하여 보라 너희가 이같이 행하였으니 내가 너희 중 하나인들 받겠느냐”(말 1:8-9).

“너희는 옳은 길에서 떠나 많은 사람을 율법에 거스르게 하는도다 나 만군의 여호와가 이르노니 너희가 레위의 언약을 깨뜨렸느니라 너희가 내 길을 지키지 아니하고 율법을 행할 때에 사람에게 치우치게 하였으므로 나도 너희로 하여금 모든 백성 앞에서 멸시와 천대를 당하게 하였느니라 하시니라" (말 2:8-9).

"사람이 어찌 하나님의 것을 도둑질하겠느냐 그러나 너희는 나의 것을 도둑질하고도 말하기를 우리가 어떻게 주의 것을 도둑질하였나이까 하는도다 이는 곧 십일조와 봉헌물이라" (말 3:8).

"만군의 여호와가 이르노라 너희의 온전한 십일조를 창고에 들여 나의 집에 양식이 있게 하고 그것으로 나를 시험하여 내가 하늘 문을 열고 너희에게 복을 쌓을 곳이 없도록 붓지 아니하나 보라"(말 3:10).

"여호와가 이르노라 너희가 완악한 말로 나를 대적하고도 이르기를 우리가 무슨 말로 주를 대적하였나이까 하는도다 이는 너희가 말하기를 하나님을 섬기는 것이 헛되니 만군의 여호와 앞에서 그 명령을 지키며 슬프게 행하는 것이 무엇이 유익하리요"(말 3:13-14).

"그때에 여호와를 경외하는 자들이 피차에 말하매 여호와께서 그것을 분명히 들으시고 여호와를 경외하는 자와 그 이름을 존중히 여기는 자를 위하여 여호와 앞에 있는 기념책에 기록하셨느니라"(말 3:16).

*** 여호와께서 정하신 날**

"만군의 여호와가 이르노라 보라 용광로 불 같은 날이 이르리니 교만한 자와 악을 행하는 자는 다 지푸라기 같을 것이라 그 이르는 날에 그들을 살라 그 뿌리와 가지를 남기지 아니할 것이로되 내 이름을 경외하는 너희에게는 공의로운 해가 떠올라서 치료하는 광선을 비추리니 너희가 나가서 외양간에서 나온 송아지같이 뛰리라"(말 4:1-2).

6

# 구약의 중요 용어

| 용어 | 영어 | 의미 |
|---|---|---|
| 브니엘 | Peniel | 하나님의 얼굴 |
| 브엘 | Beer | 우물(민 21:16) |
| 브엘라해로이 | Beer Lahai Roi | 나를 살피시는 살아 계신 이의 얼굴 |
| 브엘세바 | Beersheba | 맹세의 우물 |
| 벧엘 | Bethel | 하나님의 집 |
| 엘리에셀 | Eliezer | 하나님의 도우심 |
| 에벤에셀 | Ebenezer | 도움의 돌 |
| 엘벧엘 | El Bethel | 벧엘의 하나님 |
| 엘 엘로헤 이스라엘 | El Elohe Isarael | 하나님은 이스라엘의 하나님이시다 |
| 여호와 닛시 | the Lord is my Banner | 여호와는 나의 깃발(하나님께서 싸우셨다) |
| 여호와 살롬 | the Lord is peace | 여호와는 평강이시다 |
| 여호와 이레 | the Lord will provide | 여호와께서 준비하시다(창 22:14) |
| 여호와 삼마 | the Lord is there | 여호와께서 거기 계시다(겔 48:35) |

| 용어 | 영어 | 의미 |
|---|---|---|
| 이스라엘 | Israel | 하나님과 겨루어 이기다(야곱에게 주신 이름) |
| 여호와 | the Lord | 존재하는 분, 스스로 있는 자(출 3:14)<br>과거에도 계셨고(Him Who was),<br>지금도 계시며(Who is),<br>미래에도 존재하실 분(Who is to be) |
| 여호와 하나님 | the Lord God | 이방인 신들과 구별되어 이스라엘 하나님에게만 사용되는 고유명사로서 '약속의 하나님'이심을 의미하는 말<br>"하나님이 모세에게 이르시되 나는 스스로 있는 자이니라 또 이르시되 너는 이스라엘 자손에게 이같이 이르기를 스스로 있는 자가 나를 너희에게 보내셨다 하라"(출 3:14). |
| 만군의 여호와 | the Lord Almighty | 천지를 주관하시며 승리를 주시는 전능하신 하나님을 뜻함<br>"엘리야가 이르되 내가 섬기는 만군의 여호와께서 살아 계심을 두고 맹세하노니"(왕상 18:15). |
| 선견자 | Seers | 하나님의 계시를 받아서 알리는 구약의 대제사장 직책 |
| 사사 | Judge | 이스라엘의 왕정 이전, 이스라엘 지파 연방체시대에 이스라엘을 구했던 영적 지도자들을 일컫는 말<br>* 주요 역할 ① 백성을 외국의 침략에서 구원 ② 백성들의 분쟁을 재판(사사 시대: 약 450년간 지속되었음) |
| 아비멜렉 | Abimelech | 특정한 개인을 가리키는 고유 명사가 아니라, 애굽의 왕을 바로(Paraoh)라고 부르는 것처럼 블레셋 왕을 지칭함 |
| 아말렉 | Amalek | 이스라엘과 전쟁한 첫 이방 국가로, 가나안 남부에 위치하였음. 사울이 여호와의 명령을 소홀히 생각하며 아말렉을 진멸시키지 않았다(삼상 15:9).<br>"그때에 아말렉이 와서 이스라엘과 르비딤에서 싸우니라"(출 17:8) . |

| 용어 | 영어 | 의미 |
|---|---|---|
| 에브라임 | Ephraim | 북이스라엘 10지파를 대표하는 지파로 북이스라엘의 별명(여호수아, 사무엘, 북이스라엘의 초대 왕 여보로암이 에브라임 지파 출신) |
| 에바 | Ephah | 곡식의 양을 재는 단위로 약 22리터이다. |
| 할례 | Circumcision | 생후 8일이 되면 남자아이의 생식기의 표피 일부를 자르는 종교적인 의식 |
| | | "너희 중 남자는 다 할례를 받으라 이것이 나와 너희와 너희 후손 사이에 지킬 내 언약이니라"(창 17:10). |
| 기업 무를 자 | the Kinsman-redeemers | 일반적으로 친척을 가리키는 말(룻 4:1). 당시 이스라엘 관습으로, 형제가 없을 때에 가까운 친척이 남편을 잃은 그 여자와 결혼하여 대(代)를 이어주는 제도. |
| 거류자 | stranger | 거주지는 있지만 토지는 소유하지 않은 사람 |
| 나그네 | aliens | 이방인이면서 이스라엘 띵에서 세듀하며 이스라엘이 섬기는 하나님을 믿고 살던 자들을 칭하며, 낯선 땅에서 부동산이나 고정된 거주지가 없이 지내는 사람 |
| 느디님 사람 | Nethinim temple servant | 성전에서 수종들도록 제사장과 레위인에게 준 노예 |
| 나실인 | The Nazirites | 일정 기간 동안 자기 자신을 성별하여 하나님께 서원한 대로 헌신하는 자로서 하나님의 특별한 섭리 가운데서 출생하고 날 때부터 복을 받으며 성장하는 성별된 사람<br>- 구약 시대: 삼손, 사무엘, 아모스 선지자<br>- 신약 시대: 세례 요한(마 3:3) |
| 기업 | inheritance | 하나님께서 이스라엘 백성에게 주신 가나안 땅과 성도가 상속받을 천국을 지칭함 |
| 깊음 | the surface of the deep | 천지 창조 시에 뒤덮고 있던 원시 대양, 물과 동의어(창 1:2) |
| 도피성 | city of refuge | 우발적으로 살인을 저지른 자들에게 피난처로 제공된 장소로서 여호와께서 지정하여 주신 가나안의 여섯 성읍(민 35:12-13) |

| 용어 | 영어 | 의미 |
|---|---|---|
| 만나 | the bread manna | 이스라엘 백성들이 광야 생활 40년 동안 먹었던, 하나님이 내려주신 양식<br>"이스라엘 족속이 그 이름을 만나라 하였으며 깟씨같이 희고 맛은 꿀 섞은 과자 같았더라"(출 16:31). |
| 방주 | the ark | 하나님의 지시로 대홍수를 대비하여 노아가 건조한 큰 배(길이 150m, 너비 25m, 높이 15m 정도)<br>"그날에 노아와 그의 아들 셈, 함, 야벳과 노아의 아내와 세 며느리가 다 방주로 들어갔고"(창 7:13). |
| 생기 | the breath of life | 하나님의 생명력(창 2:7) |
| 사마리아인 | Samaritan | 북이스라엘이 앗수르에 패망한 뒤 이스라엘인들이 이방인들과 결혼하여 생긴 혼혈족을 지칭하며, 하나님을 알지 못하는 '이방인'이라는 뜻으로도 사용됨.<br>* 그들이 여호와의 신앙을 변질시켜 섬겼기 때문에 유대인들과의 관계가 몹시 나빴음(요 4:9). |
| 얍복 나루 | the ford of the Jabbok | 씨름꾼이란 의미 |
| 무교병 | unleavened bread | 누룩을 넣지 않고 구운 빵으로 출애굽의 사건을 기념하는 절기인 유월절 기념일에 먹는 빵 |
| 유교병 | bread with yeast | 누룩을 넣어 만든 빵 |
| 아빕 월 | the month of Abib | 이스라엘 백성이 애굽에서 나온 달. 태양력으로 3-4월. 이 시기에 이레 동안 무교병을 먹는 무교절을 지킴 |
| 수전절 | the Feast of Dedication (요 10:22) | BC 164년 유다 마카비(Judas Maccabeus)가 예루살렘 성전을 청결하게 하고 다시 봉헌한 것을 기념하는 절기로, 12월 중순에 8일간 지킴 |

# 7

# 구약의 중요 지명

## 1) 산

| 지명 | | 내용 |
|---|---|---|
| 갈멜 산 | the Mount Carmel | 아셀 지파와 므낫세 시파의 경계를 이루고 있는 산. 선지자 엘리야(Elijah)가 이곳에서 바알과 아세라의 선지자 850명과 대결, 여호와만이 참 하나님이심을 증거하였다. |
| 길보아 산 | the Mount Gilboa | 이스라엘 골짜기에 있으며 해발 약 500m 높이의 산 |
| 아라랏 산 | the Mount of Ararat | 현재 터키 동쪽 변경에 위치. 성경에서는 하란 북쪽 노아의 홍수 때 방주가 일곱째 달에 아라랏 산에 머물렀다고 기록(창 8:4) |
| 아바림 산 | the Mountain in the Abarim | “너는 여리고 맞은편 모압 땅에 있는 아바림 산에 올라가 느보 산에 이르러 내가 이스라엘 자손에게 기업으로 주는 가나안 땅을 바라보라”(신 32:49)고 말씀하심. 모세가 눈을 들어 사방을 본 후, 하나님께서 ‘너는 그 땅으로 건너가지 못하리라’ 하시매, 이에 여호와의 종 모세가 여호와의 말씀대로 모압 땅에서 죽음(신 34:4-5) |
| 여아림 산 | the Mount Jearim | 유다의 북쪽 경계선에 있는 산 |
| 세일 산 | Mount Seir | 아라비아 동쪽에 있는 산맥의 이름. 에돔(Edom)을 지칭 |

## 2) 광야 및 골짜기

| 지명 | | 내용 |
|---|---|---|
| 바란 광야 | Desert of Paran | 시내 반도의 중앙부에 펼쳐져 있는 넓은 광야. 아브라함에게 쫓겨난 이스마엘이 살던 곳.<br>"그가 바란 광야에 거주할 때에 그의 어머니가 그를 위하여 애굽 땅에서 아내를 얻어 주었더라" (창 21:21). |
| 신 광야 | Desert of Sin | 이스라엘 민족이 출애굽하여 가나안 땅으로 들어올 때 통과했던 팔레스타인의 최남단 지역 |
| 르바임 골짜기 | the Valley of Rephaim | 예루살렘 서편의 비옥한 지역. 힌놈의 골짜기 근처. 블레셋이 다윗 왕 시대에 침략(대상 14:9) |
| 세렛 골짜기 | the Zered Valley | 모압과 암몬(아모리) 간의 경계선 |
| 사웨 골짜기 | the Valley of Shaveh | 예루살렘 근처. 왕의 골짜기(the king of Valley)라고도 한다. |
| 아골 골짜기 | the Valley of Achor | 여리고와 요단 강에서 12km, 사해로부터 7km 지점 |
| 아르논 골짜기 | the Arnon Gorge | 엔게디 맞은 편 사해의 동쪽 면으로 흘러들어가는 아르논 강의 계곡 |
| 아얄론 골짜기 | the Valley of Ajalon | 기브온 서쪽에 위치, 레위 지파의 분깃 |
| 힌놈의 골짜기 | the Valley of Ben Hinnom | 예루살렘 서쪽에서 남쪽으로 둘러 있는 넓고 깊은 골짜기 |

### 3) 요단 강(Jodan River)

① '아래로 흐르는', '빨리 흘러내리는', '단(Dan)에서 흐른다'는 뜻. 레바논 북쪽 헤르몬 산(해발 약 2,800m)에서 발원하는 세일과 단과 가이사랴 빌립보의 물줄기가 합쳐서 60km를 흘러 갈릴리 호수(바다)로 들어오고, 다시 갈릴리 호수 남서쪽으로 하류 요단 강이 흘러 최종 종착지인 사해로 들어간다. 요단 강은 작지만 이스라엘에서는 가장 큰 강이다. 강이 구불구불한 굴곡으로 되어 있어 거리는 약 320km가 넘는다.

② 갈릴리 호수(지중해 수면보다 약 210m 낮음)와 사해(해수면보다 약 400m 낮음) 사이의 낙폭이 약 190m나 되는 관계로 중간 중간에 27개의 크고 작은 폭포소가 형성되고, 급류와 소용돌이가 생겨난다.

더욱이 강폭이 좁고 강바닥이 얕으며 곳곳에 깊은 홈이 파져 있고, 우기에는 범람하지만 건기에는 수심이 100m도 채 되지 않는 곳이 많다.

③ 요단 강 동편의 도시: 길르앗 야베스, 사르단, 숙곳, 싯딤, 아담

요단 강 서편의 도시: 벳산, 여리고, 길갈(요단에서 10km)

요단 강 지류 강: 야르묵 강, 얍복 강

④ 요단 강은 성경의 중요한 사건들과 관련이 깊다.

가장 잘 알려진 사건은 강물이 불었을 때 이스라엘인들이 강

을 건넌 일이다. 여호수아 3장에 따르면 언약궤를 운반하는 대제사장들이 지나가자 상류 쪽의 물이 흐름을 멈추더니 강바닥에 길이 트였다고 한다.

* 요단 강과 관련된 중요한 사건들

| 성경 | 언급된 내용 |
|---|---|
| 창세기 13:10 | 아브라함과 조카 롯이 갈라설 때에 롯이 택한 곳을 '요단 들'이라 한 데서 요단 강이 처음 언급되었다. |
| 창세기 32:10 | 야곱이 20년간 외삼촌 라반의 집, 하란의 피난처에서 귀향할 때 요단을 건넜다. |
| 창세기 32:22 | 야곱이 요단 강의 지류, 얍복 강을 건널새, 하나님과의 씨름 후 그의 이름을 이스라엘이라 부르도록 하셨다. |
| 여호수아 1:2 | 출애굽한 이스라엘 백성이 여호수아의 인도로 요단 강을 건너 가나안으로 진격하였다. |
| 여호수아 3:17 | 여호와의 언약궤를 멘 제사장들이 요단 강을 건널 때 아담이라는 성읍에서 흐르던 물이 끊어지매(멈추매) 모든 이스라엘이 강바닥(마른 땅)으로 건너갔다. |
| 사사기 3:28 | 사사 에훗이 모압 족속을 모압 맞은편 요단 강 나루에서 물리쳤다. |
| 사사기 7:24-25 | 기드온과 그의 병사들이 요단 강 나루에서 잠복하여 미디안 군대를 격파하였다. |
| 사무엘상 31:7 | 사울 왕이 블레셋과 요단에서 전투를 벌였다. |
| 사무엘상 31:11-13 | 사울의 시신은 요단 강 건너 길르앗 야베스에 안치되었다. |
| 사무엘하 17:22 | 다윗이 압살롬의 난을 피해 모든 백성과 함께 요단을 건넜다. |
| 열왕기하 2:8 | 엘리야가 겉옷을 가지고 말아 요단 강물을 치매 물이 이리저리 갈라지고 엘리야와 엘리사가 마른 땅 위로 함께 건너갔다. |

| 성경 | 언급된 내용 |
|---|---|
| 열왕기하 2:14 | 엘리야가 요단 물을 치매 물이 이리저리 갈라지고 그가 건너갔다. |
| 열왕기하 5:1-14 | 엘리야의 지시로 아람 장군 나아만이 요단 강물에 일곱 번 목욕하여 나병이 깨끗하게 회복되었다. |
| 열왕기하 6:1-7 | 엘리사가 요단 강에 빠진 쇠도끼를 떠오르게 하였다. |
| 마태복음 3:6<br>마가복음 1:5<br>요한복음 1:28, 3:26, 10:40 | 세례 요한은 요단 강을 중심으로 사역하며 물 세례를 베풀었다. |
| 마태복음 3:13<br>마가복음 1:5<br>누가복음 4:1 | 예수께서도 요단 강에서 세례 요한에게 세례를 받으셨다. |

#### 4) 골란 고원(해발 800-1,000m)

골란 고원의 위치는 북쪽 시리아 국경 지대(1967년 6일 전쟁 이전에는 시리아 땅)이며, 이스라엘에서 소비되는 사과 생산지이다. 해저 200m인 갈릴리 호수에서 해발 800m로 올라오면 건기인 여름에도 시원하며, 우기인 겨울에는 눈이 쌓여 있을 때가 많은 곳이다.

| 성경 | 언급된 내용 |
|---|---|
| 시편 22:12 | "많은 황소가 나를 에워싸며 바산의 힘센 소들이 나를 둘러 쌌으며." |
| 아모스 4:1 | "사마리아의 산에 있는 바산의 암소들아 이 말을 들으라 너희는 힘 없는 자를 학대하며 가난한 자를 압제하며 가장에게 이르기를 술을 가져다가 우리로 마시게 하라 하는도다." |
| 신명기 32:14 | "소의 엉긴 젖과 양의 젖과 어린 양의 기름과 바산에서 난 숫양과 염소와 지극히 아름다운 밀을 먹이시며 또 포도즙의 붉은 술을 마시게 하셨도다." |
| 이사야 2:13 | "또 레바논의 높고 높은 모든 백향목과 바산의 모든 상수리나무와." |
| 에스겔 27:6 | "바산의 상수리나무로 네 노를 만들었음이여 깃딤 섬 황양목에 상아로 꾸며 갑판을 만들었도다." |
| 민수기 21:32-35 | 바산 왕 옥이 그의 백성을 다 거느리고 와서 싸우려 하였다. 여호와께서 모세에게 '그를 두려워하지 말라 내가 그의 백성과 그의 땅을 네 손에 넘겼으니…'라고 하시어, 그들을 전멸하였다. |
| 신명기 3:1-7 | 바산 왕 옥이 모세의 백성과의 싸움에서 대패하였다. |
| 사도행전 9:3-4 | "사울이 길을 가다가 다메섹에 가까이 이르더니 홀연히 하늘로부터 빛이 그를 둘러 비추는지라 땅에 엎드러져 들으매 소리가 있어 이르시되 사울아 사울아 네가 어찌하여 나를 박해하느냐 하시거늘." |

8

# 구약의 중요 성읍

## 1) 통일 이스라엘 왕국

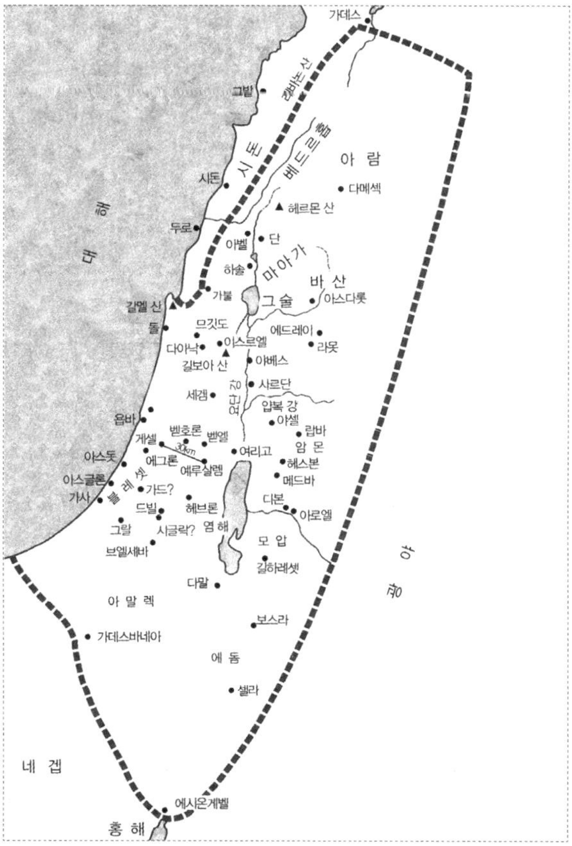

### 2) 벧엘(Bethel)

- 벧엘은 성경에 예루살렘 다음으로 가장 많이 언급되는 곳이다. 이 지역은 1967년 이전에는 요르단의 땅이었고, 6일 전쟁 이후 이스라엘이 점령하였다. 팔레스타인 자치 정부의 통치를 받는 지역으로 미스바, 실로, 세겜 등이 인근에 위치하고 있다.

① 아브라함의 첫 발자취가 있었던 곳이고, 벧엘과 아이 사이에서 아브라함이 조카 롯과 땅을 나누는 장면도 생각해 볼 수 있다.

② 무엇보다 벧엘은 야곱의 꿈과 사닥다리가 생각나는 곳으로, 야곱이 쫓기던 중에 하나님의 사자와 만나는 이 장면은 참으로 우리에게 용기와 꿈을 준다.

③ 이후 북이스라엘의 여로보암 왕이 나라를 창건하면서 남유다의 예루살렘 성전을 대체하기 위하여 금송아지 제단을 만들었던 곳이기도 하다.

④ 선지자 학교가 있었고, 이스라엘의 중요한 예배 중심지였다.

* 벧엘과 관련된 사건들

| 성경 | 언급된 내용 |
| --- | --- |
| 창세기 12:8 | 아브라함이 여기에 천막을 치고, 가나안 땅의 첫 제단을 쌓고, 여호와의 이름을 불렀다. |
| 창세기 28:12 | 야곱이 에서를 피하여 하란으로 가는 길에 하나님의 역사가 있었다. 즉 야곱이 꿈에 보니 사닥다리가 땅 위에 서 있는데 그 꼭대기가 하늘에 닿았고, 하나님의 사자들이 그 위에서 오르락내리락하였다. |
| 창세기 28:18-19 | 야곱이 아침에 일찍 일어나 베개로 삼았던 돌을 가져다가 기둥을 세우고 그 위에 기름을 붓고 '하나님의 집' 벧엘이라 하였다. |
| 창세기 35:7 | 야곱이 하란을 떠나 벧엘에 와서 제단을 쌓고, 그곳을 엘벧엘(벧엘의 하나님)이라 불렀다. |
| 사사기 4:5 | 여사사 드보라가 벧엘에 거주하며 이스라엘 자손을 재판했다. |
| 사사기 20:18 | "이스라엘 자손이 일어나 벧엘에 올라가서 하나님께 여쭈어 이르되 우리 중에 누가 먼저 올라가서 베냐민 자손과 싸우리이까 하니." |
| 사무엘상 7:16 | 늙은 선지자 사무엘이 해마다 벧엘과 길갈과 미스바를 순회하여 그 모든 곳에서 이스라엘을 다스렸다. |
| 사무엘상 10:3 | 사무엘이 벧엘을 성소로 삼았다. |
| 사무엘상 13:2 | 사울 왕이 벧엘(이스라엘) 사람 3천 명으로 군대를 뽑았다. |
| 사무엘상 30:27 | 다윗 왕이 전리품의 한 부분을 벧엘 등에 보냈다. |
| 열왕기상 12:29 | 북이스라엘의 여로보암 왕이 예루살렘에 대항하여 성소를 짓고 금송아지를 만들어, 하나는 벧엘에 두고 하나는 단에 두었다. |
| 열왕기상 12:32 | 유다의 절기와 비슷하게 정한 절기에 벧엘에서 송아지에게 제사를 드리고 산당의 제사장을 세웠다. |
| 열왕기하 2:23 | 엘리야가 죽은 후, 엘리사가 벧엘로 올라갈 때에 작은 아이들이 나와 그를 조롱하였다. |
| 열왕기하 23:15 | 유다의 요시야 왕이 북이스라엘 여로보암이 벧엘에 세운 제단과 산당을 헐고, 불사르고, 또 아세라 목상을 불살랐다. |
| 역대하 13:19 | 유다 왕 아비야가 벧엘을 빼앗고, 여로보암의 우상 숭배를 끝냈다. |
| 에스라 2:28 | 바벨론에 사로잡혀 갔던 벧엘 성읍 사람이 돌아왔다. |
| 느헤미야 7:32 | 바벨론에 사로잡혀 갔던 벧엘 성읍 사람이 돌아왔다. |

### 3) 브엘세바(Beersheba)

① 위치와 당시 아브라함 상황

- 이스라엘 땅의 2/3를 차지하고 있는, 팔레스타인 최남단 네게브 광야에 위치한 '네게브의 주도'로 불리는 도시로서 준 사막 지역이다. 1년 강우량이 200mm 이하인 지역으로 사람이 주거하기에 어려우며 브엘세바는 '맹세의 우물', '7개의 우물'이라는 뜻이다.

- 동쪽으로는 아라바 계곡과 접하고, 남쪽으로는 이집트와 국경을 이루고, 서쪽으로는 지중해가 있는 블레셋 평야를 만나고, 북쪽으로는 유대 산악으로 경계를 이룬다.

- 75세의 아브라함이 하란을 떠나 하나님의 인도하심으로 가나안 땅에 당도하였고, 세겜과 벧엘을 거쳐 이 척박한 땅, 브엘세바에 거처를 정하였다.

- 본래 물이 풍부한 지역에서 농업을 주업으로 하던 지역에서 살던 아브라함이 물을 찾아다니는 목축업으로 직업을 전환하였던 것은, 장차 이스라엘이 정처없이 떠도는 것을 예시한다고 볼 수 있다.

- 최초의 원시 선교사라고 부르는 아브라함은 광야에서 시작하여 100년간 광야에 거주하면서 하나님의 백성들을 양육하였다.

- 그가 평생에 한 일 중 위대한 한 가지는 광야에서 우물을 파면서 지낸 것이다. 물이 많은 지역은 이미 바알 신을 비롯한 지역 신들을 섬기는 가나안 7족속과 산지 족속들의 땅이었기 때문에, 온전히 하나님을 섬기기 위한 훈련은 광야가 적합하였던 것이다.

② 성경에 기록된 브엘세바

- 브엘세바는 아브라함과 이삭, 야곱 이스라엘 3대 족장이 살았던 곳으로, 이삭과 야곱과 에서의 고향이다. 아브람의 이름을 여호와께서 아브라함이라(창 17:5), 아내 사래의 이름을 사라라(창 17:15) 하신 곳도 이곳이다.

> "하갈이 아브람의 아들을 낳으매 아브람이 하갈이 낳은 그 아들을 이름하여 이스마엘이라 하였더라"(창 16:15).

> "아브라함이 그에게 태어난 아들 곧 사라가 자기에게 낳은 아들을 이름하여 이삭이라 하였고"(창 21:3).

하갈과 이스마엘이 아브라함에게 쫓겨나 들판에 나가서 소리내어 울 때 하나님을 만난 곳도 브엘세바 광야이다(창 21:14).

- 또한 아브라함이 독자 이삭을 데리고 사흘 길을 걸어 모리아 땅(예루살렘)으로 올라간 곳도 이곳이다(창 22:2).

* 브엘세바에서 예루살렘은 북쪽으로 80km 떨어진 곳

- 아브라함(창 21:30)과 이삭(창 26:32)이 이곳에서 우물을 팠으며, 야곱은 말년에 자식들을 이끌고 브엘세바에서 희생제사를 드리고 요셉을 향하여 애굽으로 출발하였다.

- 선지자 엘리야는 북이스라엘 왕후 이세벨을 피하여 도망친 브엘세바 광야에서 하나님의 은혜를 체험하였다(왕상 19:4-8).

③ 아브라함의 삶

- 가나안 땅 가운데서도 좋은 지역에 속하는 지중해 해변 평야 지대나 갈릴리 지역에 거주하지 않고 유대 산악 지역과 네게브 광야 지대까지 내려와 평생 우물을 파다 간 인생이었다. 그러나 광야에서의 삶은 그의 믿음을 견고히 다지고, 약속의 자손들을 가나안 족속의 우상 숭배에 물들지 않게 하기 위한 조치였다.

- 광야에서 아브라함은 하나님을 만났고, 그의 믿음을 유지하면서 약속의 자손들을 만들었다. 그리하여 아브라함은 조용히 하나님의 때를 바라보면서 생명을 파는 우물 파기만 하였던 것이다.

브엘세바 고대 유적지 입구

입구에 있는 돌로 만든 번제단

하늘에서 바라본 브엘세바

① 아브라함의 우물 입구 ② 이삭 우물 ③ 아브라함 우물

4) 세겜(Shechem)

- 예루살렘 북쪽으로 약 49km 지점에, 그리심 산과 에발 산 사이에 있다. 세겜은 아브라함이 가나안 땅에 들어와 처음 머무른 곳이요, 에브라임 산지에 위치하고 이스라엘의 모든 지파가 언약 의식을 행한 곳이다.

| 성경 | 언급된 내용 |
|---|---|
| 창세기 12:6 | 아브라함이 고향 하란을 떠나 가나안 땅에 이르러 처음으로 멈춘 곳 |
| 창세기 12:7 | 아브라함이 이곳에서 하나님으로부터 젖과 꿀이 흐르는 가나안 땅을 그의 자손에게 주신다는 약속을 받았다. |
| 창세기 33:18 | 야곱이 밧단아람(하란)에서 귀환하던 중 가나안 땅 세겜 성읍에 이르러 장막을 쳤다. |
| 창세기 34:2 | 히위 족속 중 하몰의 아들, 그 땅의 추장 세겜이 야곱의 아내 레아가 낳은 딸 디나를 보고 끌어들여 강간하며 욕되게 하였다. |
| 여호수아 17:7 | 세겜은 도피성 중에 하나였다. |
| 열왕기상 12:1-19 | 이스라엘의 북쪽 지파들이 여로보암을 그들의 왕으로 추대하여 분열 왕조, 북이스라엘을 만들고, 이곳을 수도로 정하였다. |

### 5) 도단(Dothan)

| 성경 | 언급된 내용 |
|---|---|
| 창세기 37:17-36 | 요셉이 형들에 의해 애굽에 노예로 팔려간 곳 |
| 열왕기하 6:13-19 | 선지자 엘리사의 거주지 |

### 6) 기타 성읍

| 길갈(Gilgal) | 여리고 동편 약 3km, 벧엘 북쪽 11km 지점. 사무엘이 순회하며 이스라엘을 다스리던 곳이며, 사울 왕의 왕권이 공식적으로 국민들에게 인정받은 곳이며, 북이스라엘의 우상 숭배의 중심지였다. |
|---|---|

| | |
|---|---|
| 가데스 바네아 (Kadesh Barnea) | 팔레스타인 남부 변두리에 위치한 성읍이며 사막의 오아시스이다. BC 1445년, 이스라엘 민족 대이동 시, 이곳에서 모세가 가나안 땅에 정탐꾼 12명(각 지파에서 1명씩)을 파견하였다.<br>*BC 1408년(광야 생활 38년째) 므리바 물 사건이 발생하였다. 이스라엘 백성이 하나님께 불순종하므로, 이 성읍을 중심으로 40년간을 방황하다. |
| 기럇 여아림 (Kiriath Jearim) | 블레셋의 다곤 신전에 7개월 동안 보관되었던 이스라엘의 법궤(언약궤)가 블레셋에 의해 되돌려받아, 실로(Shilo)에서 인접한 유다 땅 기럇 여아림에서 20년간(BC 1050-1030) 머물렀다가 후에 다윗 왕이 예루살렘의 다윗 성으로 옮겼다. |
| 라마(Ramah) | 예루살렘 북쪽 8km 지점. 에브라임 지파의 땅으로 사사 사무엘의 자택이 있던 곳(고향)이요, 그가 노후에 이스라엘을 마지막으로 다스렸던 성읍이다(삼상 7:17). |
| 라맛 미스베 (Ramath-mizpeh) | 길르앗 라못이라고도 하며, 이스라엘과 아람 사이의 경계로서 유다 왕 여호사밧 이래 10년 이상 북이스라엘 왕 아합과 전쟁한 곳이다(이곳에서 아합 전사). |
| 므깃도 (Megiddo) | 전략상 중요한 위치. 처음엔 가나안인의 땅이었으나 후에는 이스라엘 성읍으로, 유다 왕 요시야가 이곳에서 앗수르를 도우려는 애굽 왕 느고와 전투하던 중에 전사한 곳이다. |
| 미스바 (Mizpah) | 예루살렘 북쪽 11km 지점에 위치한 군사 전략상의 요충지로서, 사무엘 당시의 정치, 종교, 군사의 중심지(삼상 7:5)였다. 사사 사무엘이 미스바 성회를 개최하였고, 이스라엘이 블레셋의 종속국으로서의 계약을 파기한 기도와 경배의 장소이다. 베냐민 지파의 성읍으로 사울 왕의 즉위식이 거행된 곳이다. |
| 모압 평지 (the Plains of Moab) | 사해(Dead sea) 북쪽 끝, 요단 강 동편의 비옥한 지대이다. 이스라엘 백성이 40년간 광야 생활을 마치고, 젖과 꿀이 흐르는 가나안 땅을 공략하기 위하여 인도자 여호수아가 이 평지에서 전열을 정비하고 요단 강 서편에 위치한 가나안 땅의 첫 관문인 여리고 성읍을 정복했다. |
| 데가볼리 (Decapolis) | 요단 강 주변의 10개 도시를 일컫는 총칭으로, 모두 갈릴리 바다와 요단 강 동편에 위치한다. |
| 밧단 아람 (Paddan Aram) | 유프라테스 강 상류, 메소포타미아 북부 도시. 일명 '하란'이다. 이스라엘 브엘세바에서 북동쪽에서 800km 지점으로, 야곱이 형 에서를 피해 외삼촌 라반의 집으로 도망가서 20년간 살았던 곳이다. 야곱은 그곳에서 외삼촌의 딸, 레아와 라헬을 아내로 맞이하였다. |

| | |
|---|---|
| 아이 (Ai) | 길갈에서 벧엘로 이르는 주요 도로를 한눈에 내려다볼 수 있는 전략적 요충지(가나안의 요새)로서, 벧엘에서 동남쪽 3km, 여리고에서 서쪽 16km 지점에 있다. |
| 엔게디 요새 (the strongholds of En Gedi) | 유다 광야 동쪽 끝 지점. 석회석 동굴이 많아 피신에 유리한 곳으로 다윗이 사울 왕의 추격으로 피신한 곳이기도 하다. |
| 에브랏 (Ephrath) | 베들레헴(Bethlehem)이라고도 한다. 야곱의 아내 라헬이 두 번째 아들이자 야곱의 열두 아들 중 막내인 베냐민을 출산하다 죽으므로 에브랏으로 가는 길 가나안 땅에 장사 지냈다. |
| 아람(Aram) | 요단 강 동북쪽 지역으로 현재의 시리아를 말한다. |
| 사마리아 (Samaria) | 예루살렘 북쪽 약 67km 지점에 있는 팔레스타인의 중앙지대로, 북이스라엘의 오므리 왕이 건설하였고 그의 아들 아합 왕부터 북이스라엘이 멸망할 때까지 수도였다. |
| 샤론(Sharon) | 항구도시 욥바에서 가이사랴에 걸쳐 펼쳐진 지중해 연안의 평야 지대 |
| 스바(Sheba) | 남아라비아에 위치하고 오늘날의 예멘을 칭한다. |
| 숙곳(Succoth) | 모세의 인도로 이스라엘 백성이 출애굽 후, 처음으로 진을 친 곳인데, 현재 수에즈 운하 근처에 위치한다. |
| 길르앗(Gilead) | 요단 강의 동쪽 지역 |
| 게델(Geder) | 팔레스타인 동부 사막에 위치하고, 사사 드보라와 바락에 의해 멸망하였다. |
| 게데스 (Kedesh) | 북부 갈릴리 구릉에 있던 성읍으로, 납달리 지파에 속한 도피성이다. |
| 기랴다임 (Kiriathaim) | 요단 동편에 위치한 모압의 옛 성읍으로, 남북도로를 지키는 요새들 중의 하나이다. |
| 길르앗 라못 (Ramoth Gilead) | 길르앗 지방의 한 성읍으로 여섯 도피성 중의 하나이며, 군사상, 상업상 중요한 요단 동편의 성읍이다. |
| 갈멜(Carmel) | 사울이 즉위하고 사무엘로부터 왕의 책임에 대해 교훈을 받았던 곳으로, 갈멜에서 길갈까지 직선거리 약 56km이며 마온과 십 황무지 중간에 위치한 성읍이다. |
| 게바(Geba) | 예루살렘에서 약 11km 지점으로 기브아 근처에 위치한다. |

| | |
|---|---|
| 깁브돈(Gibbethon) | 단 지파에 속한 도피성으로 후에, 블레셋에 빼앗겨 북이스라엘 왕들이 전쟁을 일으킨 곳이다. |
| 기브아(Gibeah) | 예루살렘 북서쪽 6.4km 지점에 있으며, 사울 왕의 고향이자 이스라엘 왕정이 시작한 최초의 수도이다. |
| 게셀(Gezer) | 예루살렘 서쪽 약 30km 지점에 있는 팔레스타인 성읍 |
| 니느웨(Nineveh) | 앗수르의 수도로 선지자 나훔과 요나의 묵시 글의 대상인 성읍<br>"너는 일어나 저 큰 성읍 니느웨로 가서 그것을 향하여 외치라 그 악독이 내 앞에 상달되었음이니라 하시니라"(욘 1:2). |
| 놉(Nob) | 예루살렘 북동쪽에 위치한 베냐민 지파의 성읍 |
| 드고아(Tekoa) | 베들레헴 남쪽 10km 지점에 있는 선지자 아모스의 고향 |
| 드단(Dedan) | 에돔 남동편에 있는, 오아시스를 낀 성읍 |
| 디르사(Tirzah) | 세겜에서 동북쪽 약 11km 지점의 성읍으로, 여로보암 왕(북이스라엘 초대 왕)에서 오므리 왕까지의 수도였다. |
| 두로(Tyre) | 오늘날 레바논의 지중해 연안도시 |
| 드빌(Debir) | 헤브론 남서쪽 8km 지점으로 전략 요충지 |
| 데베스(Thebez) | 세겜에서 북동쪽으로 15km 지점에 위치한 곳 |
| 다시스(Tarshish) | 스페인 남단의 지브롤터 해협에 위치한 성읍. "요나가 여호와의 얼굴을 피하여 그들과 함께 다시스로 가려고 배삯을 주고 배에 올랐더라"(욘 1:3). |
| 다윗 성(the City of David) | 다윗이 여부스 족의 성읍인 시온 산성을 점령하고 붙인 이름 |
| 랍바(Rabbah) | 암몬의 수도로 오늘날 요르단의 수도인 암만 |
| 라기스(Lachish) | 예루살렘 남서쪽 45km 지점으로 유다의 요새화된 성읍 |
| 모압 알(Ar in Moab) | 모압의 수도로 아르논(Arnon) 강의 남쪽에 위치 |
| 믹마스(Michmas) | 예루살렘 북동쪽 11km 지점에 있는 군사 전략상 요충지이며, 베냐민 지파의 성읍이다. |
| 벧산(Beth Shan) | 이스르엘 계곡과 요단 계곡이 교차하는 지점의 중요한 성읍으로, 블레셋이 사울 왕으로부터 빼앗은 곳이다. |

| | |
|---|---|
| 보스라 (Bozrah) | 에돔의 중요한 성읍으로 사해 남쪽 40km 지점에 위치 |
| 브에롯 (Beeroth) | 가나안 땅 기브온 족속의 4대 성읍 중 하나로, 후에는 베냐민 지파의 소유지이다. |
| 바알 브올 (Baal of Peor) | 모압의 도시로 싯딤에서 동남쪽 4km 지점에 있으며, 이스라엘 백성들은 이곳에서 우상을 숭배하였다. |
| 벧아웬 (Beth Aven) | 북이스라엘의 우상 숭배의 중심지 |
| 브엘엘림 (Beer Elim) | 모압의 남방 변경에 위치함 |
| 브니엘(Puniel) | '하나님의 얼굴'이라는 뜻을 가진 팔레스타인 동쪽의 성읍으로 얍복 강 상류에 있으며, 야곱이 이곳에서 하나님과 겨루어 이긴 후, 이스라엘이라는 축복의 이름을 받았다. |
| 시돈(Sidon) | 호리 족속(Horites)의 성읍으로 오늘날 레바논의 해안도시이며, 고대 페니키아 사람들의 도시국가로 두로에서 북쪽으로 약 36km 지점에 위치하고 있다. |
| 시온(Zion) | 예루살렘 남동쪽 언덕에 있는 다윗 성을 말하며 넓게는 예루살렘 전체를 뜻한다. 후대에는 이스라엘 전체를 의미하기도 한다. |
| 욥바(Joppa) | 예루살렘에서 약 60km 떨어진 항구도시 |
| 에글라임 (Eglaim) | 모압의 북방 변경에 위치함 |
| 아나돗 (Anathopth) | 예루살렘 북동쪽 45km 지점에 있으며, 선지자 예레미야의 고향이요, 베냐민 지파의 영토에 속한 레위인의 성읍이다. |
| 엘람(Elam) | 바벨론 동쪽 페르시아 만 북쪽 평지에 위치 |
| 야르뭇 (Jarmuth) | 가나안 평지의 성읍 |
| 아세가 (Azekah) | 아얄론 골짜기 남쪽과 소고 맞은편 견고한 성읍 |
| 에시온 게벨 (Ezion Geber) | 아카바 만의 최북단에 위치한 성읍 |
| 온(On) | 카이로 동남쪽 15km 지점에 위치함 |

| | |
|---|---|
| 하맛(Hamath) | 시리아로 가는 중요한 성읍(소아시아로 가는 길목)으로 이스라엘의 북방 경계선이며, 시돈, 다메섹과 같은 위도에 있다. |
| 하솔(Hazor) | 가나안 북부의 성읍으로 갈릴리 성읍 중에서 세력이 가장 컸으나, 여호수아에 의하여 불타 버렸다. |
| 헤스본(Heshbon) | 아모리 왕 시혼의 도성으로 요단 강 동쪽 32km 지점에 있다. |
| 호르마(Hormah) | 하나님의 도우심으로 이스라엘을 침략한 가나안 족속인 네겝 거주 아랏 왕을 전멸시킨 곳이다.<br>이 기록이 이스라엘이 가나안을 처음 이긴 사건이다(민 21:3). |
| 단(Dan) | 이스라엘의 북쪽 성읍이며, 요단 강 수원지가 있는 곳으로, '단에서부터 브엘세바까지'는 이스라엘의 전 지역을 가리키는 말이다(삿 20:1). |
| 립나(Libnah) | 가나안 족속의 성읍으로 블레셋과의 국경지대이며 라기스와 막게다 사이에 있고, 바벨론의 느부갓네살 왕이 유대를 정복하고 이곳에 바벨론 사령부를 두었다. |
| 마므레(Mamre) | 상수리나무로 유명한 헤브론 근처의 지명 |
| 버가모(Pergamum) | 당시 소아시아 지역에서 우상 숭배가 가장 성행했던 곳 |
| 바산(Bashan) | 길르앗 북쪽에 위치한 비옥한 땅이며 초장으로 유명한 곳 |
| 여리고(Jericho) | - 요단 골짜기 남단에 있던 큰 성읍으로 팔레스타인에서 가장 비옥한 땅<br>- 이스라엘 백성이 출애굽 후 40년 광야 생활을 마치고 요단 강을 건넌 후 첫 번째로 함락시킨 가나안의 첫 성읍으로, 후에 베냐민 지파의 소유지가 되었다.<br>- 교역을 담당하는 세관이 있어, 삭개오가 이 세관의 세관장이었다. |
| 헤브론(Hebron) | - 산악지대에 위치한 가나안 족속의 왕도. 예루살렘 남서쪽 27km 지점에 있고, 갈렙이 기업으로 받은 성읍이요 다윗 왕이 즉위 7년간 통치한 유다의 수도이다.<br>- 아브라함, 사라, 이삭, 야곱 등 족장들의 매장지인 막벨라 밭 굴이 있는 곳으로 옛 이름은 기럇 아르바(Kiriath Arba)이다. 일명 마므레(Mamre)라고 하는 아브라함의 제2의 고향 |

### 7) 블레셋(Philistine) 5대 도시(삼상 6:17)

| | |
|---|---|
| 가드(Gath) | 블레셋 5대 도시 중에서 가장 큰 도성으로, 소년 다윗과 싸운 골리앗의 고향이며, 다윗이 사울 왕의 추격으로 망명한 곳 |
| 가사(Gaza) | 애굽에서 소아시아로 가는 무역의 요충지 |
| 에글론(Eglon) | 블레셋 평원과 유대 산악지대 사이에 있는 성읍 |
| 아스돗(Ashdod) | 아낙 사람의 성읍(수 11:22) |
| 아스글론(Ashkelon) | 아스돗과 가사의 중간 지점에 있는 지중해 연안에 위치한 성읍<br>"여호와의 영이 삼손에게 갑자기 임하시매 삼손이 아스글론에 내려가서 그곳 사람 삼십 명을 쳐죽이고"(삿 14:19). |

8) 사마리아

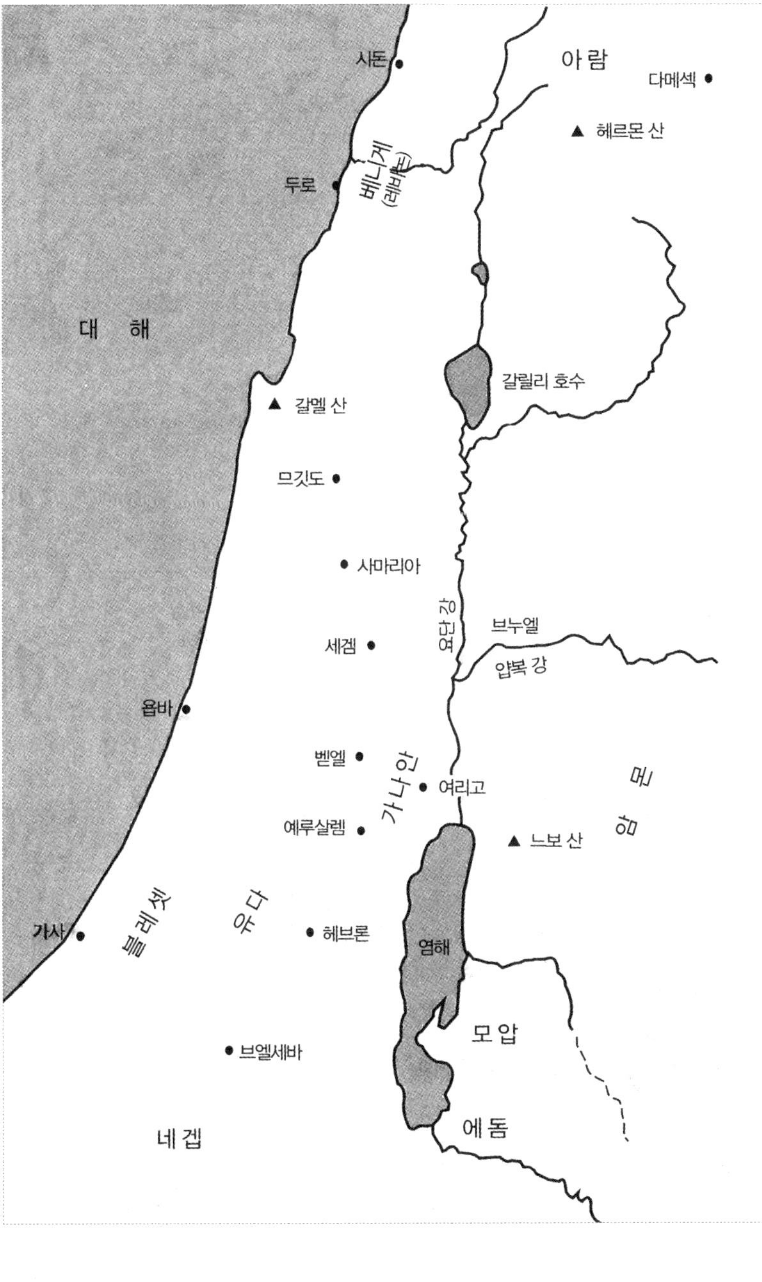

시돈
아람
다메섹
헤르몬 산
두로
베니게
(레바논)
대 해
갈릴리 호수
갈멜 산
므깃도
사마리아
요단 강
브누엘
세겜
얍복 강
욥바
벧엘
가나안
여리고
암몬
예루살렘
느보 산
블레셋
유다
가사
헤브론
염해
모압
브엘세바
에돔
네겝

9

# 구약의 중요한 유적지

| 명칭 | 소재지 | 내용 |
|---|---|---|
| 시내 산<br>(Mt. Sinai) | 이집트 | 시내 산은 성경에서 호렙 산, 하나님의 산 등으로 불리는데 그 위치에 대해 여전히 논쟁이 계속되고 있다.<br>성경에서 유일하게 위치를 언급하는 구절인 "호렙 산에서 세일 산을 지나 가데스 바네아까지 열 하룻길이었더라"(신 1:2)를 근거하여 시내 반도 중앙에 있는 해발 2,285m의 산을 시내 산이라고 인정하는 것이 현재까지의 정설이다.<br>모세는 이 산에서 40일을 금식하며 보낸 후 십계명을 받았고 (출 20장), 그때 이스라엘 백성들은 아론과 함께 이 산 밑에서 금송아지 형상을 만들어 놓고 경배하였다(출 32:1-10). |
| 엘리야 기념 교회<br>(Church of St. Elijah) | 이스라엘 | 엘리야가 바알의 선지자 450명과 아세라 선지자 400명을 모두 죽인 후(왕상 18:19-40) 아합 왕과 왕비 이세벨이 엘리야의 목숨을 위협하자 엘리야는 그들의 추적을 피해 브엘세바로 도망친다(왕상 19:2-4). 도중에 예루살렘에서 베들레헴으로 가는 길 중간 지점인 이곳에서 쉬어 갔다고 하여 엘리야 기념교회를 세웠다. 기원후 6세기에 최초의 교회가 세워졌으나 파괴되고, 현재의 교회는 1160년에 재건되어 그리스도 정교회에서 관리하고 있다. |
| 게셀의 표지석<br>(Landmark of Gezer) | 이스라엘 | 게셀은 예루살렘에서 욥바로 통하는 길에 있는 군사 요지이다. BC 2500년경부터 있던 성읍으로 주위에 1,370m의 성곽이 있었다. 에브라임 남쪽에 위치한 성읍 중 하나가 되었으나 레위 사람 그핫 자손에게 이 성읍을 주었다. |

| 명칭 | 소재지 | 내용 |
|---|---|---|
| | | 다윗은 게바에서 게셀까지 블레셋 군대를 추격하여 르바임 골짜기에서 그들을 물리쳤다(삼하 5:25). 세워진 표지석은 국가(지파, 개인) 간의 경계를 표시하며, 하나님께서 주신 땅(기업)을 소중히 지킨다는 의미를 담고 있다. |
| 느보 산<br>(Mt. Nebo) | 요르단 | 여리고 맞은 편(신 34:1)에 있으며 비스가 산기슭이라는 기록처럼 사해 동쪽 경사지에 있다(신 3:17; 수 12:3).<br>해발 817m의 느보 산은 출애굽 여정의 마지막 기착지이다. 40년 광야 생활을 마치고 하나님께서 약속하신 가나안으로 들어가기 직전 모세는 "산꼭대기에 올라가서 눈을 들어 동서남북을 바라고 네 눈으로 그 땅을 바라보라 너는 이 요단을 건너지 못할 것임이니라"(신 3:27)는 하나님의 음성을 듣게 된다.<br>결국 모세는 가나안에 들어가지 못하고 이곳에서 장사되었지만 오늘까지 그가 묻힌 곳을 아는 자가 없다(신 34:6).<br>산 정상에는 모세 기념교회가 건축되어 사해를 내려다보고 있다. |
| 노아의 방주터<br>(Noah's Ark) | 터키 | 인간은 그들의 죄악 때문에 대홍수의 심판을 당하여 땅 위의 모든 생물이 다 죽고, 방주에 들어가 살아남은 노아의 가족과 생물들이 역사를 이어간다.<br>터키 아라랏 산 동남쪽 심판의 산과 영웅들의 침대로 불리는 구름에 길게 누운 배 모양의 흙더미가 방주가 안착한 곳이라고 전해진다. 아라랏 산에서 20km 떨어진 해발 2,000m의 계곡에 위치한 방주터는 수차례의 지진과 화산 폭발, 수천 년의 풍화작용을 겪는 동안 그 본래의 모습을 잃어버린 채 형체만 드러내고 있다. |
| 네게브<br>(Negev) | 이스라엘 | 이스라엘 남단의 사막지대로서, 출애굽 이후 유대인들이 약속의 땅에 들어가기 전 이곳에 정탐꾼을 파견했으며, 여호수아는 원주민을 진멸하고 이 지역을 차지했다(수 10:40, 11:16).<br>이 사막에서 세례 요한은 '광야의 외치는 자의 소리'(막 1:3)였고, 예수께서는 '성령에게 이끌리어 마귀에게 시험을 받으러'(마 4:1) 광야로 들어가셨다. 이곳에는 구약 시대와 로마 비잔틴 시대의 유적이 많다. |
| 아브라함 대사원<br>(Sanctuary of Abraham) | 이스라엘 | BC 1720년 이전 세워진 헤브론은 예루살렘 남서 30km 지점의 해발 927m인 높은 산악지대로, 팔레스타인 자치기구 중 큰 도시이다.<br>아브라함은 갈대아 우르를 떠나 가나안에 도착하여 헤브론을 중심으로 살았다. 이곳에서 막벨라 굴을 구입한 아브라함은 아내 사라를 그 굴에 안치해 가족 매장지로 삼았고 아브라함, 아들 이삭, 며느리 리브가 등이 매장되었다.<br>현재는 막벨라 굴 위에 아브라함 대사원이 서 있다. |

| 명칭 | 소재지 | 내용 |
|---|---|---|
| 솔로몬의 성문 (Solomon's Gate) | 이스라엘 | 예루살렘에서 지중해 방향으로 약 30km 떨어져 있는 도시 게셀은 시리아에서 이집트로 이어지는 해안도로와 아얄론 골짜기를 거쳐 예루살렘에 이르는 동서도로와 연결되는 전략적 요충지이다. 애굽 왕 바로가 게셀을 불태워 정복하고 나서 자기 딸을 솔로몬과 정략 결혼시키면서 선물로 솔로몬에게 주었다. 그러자 솔로몬은 게셀을 요새화했다(왕상 9:15-17). 게셀은 1902-1909년, 1964-1973년에 각각 발굴되었는데, 그때 거둔 성과 중의 하나가 '솔로몬의 성문'의 발굴이다. 이곳은 3중문으로 이뤄져 있으며 입구 통로 바닥에는 빗물이 흘러 빠지는 수로가 나 있는데, 양쪽으로 각각 3개의 방이 있다. |
| 느부갓네살 왕궁 (Nebuchadnezzar's Palace) | 이라크 | BC 605-562년에 신바벨론 제국을 통치했던 느부갓네살 왕은 이스라엘의 여호야김 왕 3년에 다니엘을 비롯하여 이스라엘의 왕과 귀족들을 포로로 잡고 보물을 빼앗아 바벨론으로 가져왔다(왕하 25장). 그리고 자신의 꿈을 해석해 준 다니엘을 총리로 세웠다(단 6장).<br>평지에 건설된 바벨론은 요새화된 2중 성벽으로 둘러싸여 있고, 외벽과 내벽은 3.7~6.5m 두께의 진흙 벽돌로 건설되어 전차가 다닐 정도로 폭이 넓었다. |
| 하란 성채 (Haran) | 터키 | 하란은 동지중해와 메소포타미아 지역을 잇는 교통의 요지였던 곳으로, 아브라함 시대에도 중요한 상업 중심지였다. '밧단 아람'이라고도 불리는 하란은 아브라함과 그 자손들에게 정신적인 고향이다. 아브라함의 아버지 데라가 205세를 일기로 하란에서 생을 마감했으며(창 11장), 아브라함이 종을 보내어 아들 이삭의 신붓감 리브가를 데려온 곳이 하란이고(창 24장), 이삭도 아들 야곱에게 하란으로 가서 아내를 취하도록 하였다(창 28장). |
| 라헬의 무덤 (Rachel's Tomb) | 이스라엘 | 예루살렘에서 베들레헴으로 가는 '족장의 길' 가에 있었으나 지금은 장벽 설치로 길이 달라졌다. 기독교, 유대교 및 이슬람교 모두 성지로 여기는 이 무덤은 여인들이 아기를 순산하고자 와서 기도를 드리는 곳이다.<br>야곱의 가족들이 하란에서 가나안으로 내려오는 도중 라헬이 둘째 아들 베냐민을 낳다가 죽어 에브랏 곧 베들레헴 길에 장사되었고 묘비를 세웠다(창 35장). 라헬은 에브라다 즉 장차 유다 민족의 기원이 되는 베들레헴에 묻히게 된 것이다. |
| 에스더의 무덤 (Esther's Tomb) | 이란 | 성경에서는 악메다로 불린 오늘날의 이란 하메단은 메대의 수도로서 이란에서 가장 오래된 도시답게 3,000년의 역사를 자랑한다. |

| 명칭 | 소재지 | 내용 |
|---|---|---|
| | | 느부갓네살 왕의 포로들을 해방시켜 준 고레스 왕을 따라 이곳으로 와 정착한 유대인들이 상당수였다. 유대인으로서 왕비가 된 에스더와 그녀의 사촌오빠 모르드개는 모든 유대인들을 죽이려는 하만의 음모를 목숨을 걸고 저지시켰다.<br>그 두 사람의 무덤을 한곳에 두었는데, 묘실 안에는 히브리어로 많은 글들이 기록되어 있다. |

1. 시내 산(Mt. Sinai, 이집트)
시내 산은 성경에서 '호렙 산', '하나님의 산', '하나님의 산 호렙' 등으로 불리는데 그 위치에 대해서는 논쟁이 계속되고 있다. 이집트 시나이 반도에 있느냐, 아니면 사우디아라비아에 있느냐로 의견이 나뉜다. 하지만 성경에서 유일하게 시내 산의 위치를 언급하는 구절에서 "호렙 산에서 세일 산을 지나 가데스 바네아까지 열 하룻길이었더라"(신 1:2)고 한 데 근거하여 시나이 반도 중앙에 있는 해발 2,285m의 제벨 무사(Jebel Musa, 모세의 산)가 시내 산이라고 인정하는 것이 현재까지의 정설이다. 모세는 이 산에서 40일을 금식하며 보낸 후 십계명을 받았고(출 20장), 그때 이스라엘 백성들은 아론과 함께 이 산 밑에서 금송아지 형상을 만들어 놓고 경배하였다(출 32:1–10).

2. 엘리야 기념교회(Church of St. Elijah, 이스라엘)
엘리야가 바알의 선지자 450명과 아세라의 선지자 400명을 모두 죽인 후(왕상 18:19–40) 아합 왕과 왕비 이세벨이 엘리야의 목숨을 위협하자, 엘리야는 그들의 추적을 피해 브엘세바로 도망한다(왕상 19:2–4). 도중에 예루살렘에서 베들레헴으로 가는 길 중간 지점인 이곳에서 쉬어갔다고 하여 엘리야 기념교회를 세웠다. AD 6세기에 최초의 교회가 세워졌으나 파괴되고, 현재의 교회는 1160년에 재건되어 그리스정교회에서 관리하고 있다.

3. 게셀의 표지석(Landmark of Gezer, 이스라엘)
게셀은 예루살렘에서 욥바로 통하는 길에 있는 군사 요지이다. BC 2500년경부터 있던 성읍으로 주위에 1,370m의 성곽이 있었다. 에브라임 남쪽에 위치한 성읍 중 하나가 되었으나 레위 사람 그핫 자손에게 이 성읍을 주었다. 다윗은 게바에서 게셀까지 블레셋 군대를 추격하여 르바임 골짜기에서 그들을 물리쳤다(삼하 5:25). 세워진 지계석은 국가(지파, 개인) 간의 경계를 표시하며, 하나님께서 주신 땅(기업)을 소중히 지킨다는 의미를 담고 있다.

4. 느보 산(Mt. Nebo, 요르단)
여리고 맞은편(신 34:1)에 있으며 비스가 산기슭이라는 기록처럼 사해 동쪽 경사지에 있다(신 3:17; 수 12:3). 해발 817m의 느보 산은 출애굽 여정의 마지막 기착지이다. 40년 광야 생활을 마치고 하나님께서 약속하신 가나안으로 들어가기 직전 모세는 "비스가 산꼭대기에 올라가서 눈을 들어 동서남북을 바라고 네 눈으로 그 땅을 바라보라 너는 이 요단을 건너지 못할 것인이니라"(신 3:27)는 하나님의 음성을 듣게 된다. 결국 모세는 가나안에 들어가지 못하고 이곳에서 장사되었지만 오늘까지 그가 묻힌 곳을 아는 사가 없다(신 34:6). 산 정상에는 모세기념교회가 건축되어 사해를 내려다보고 있다.

5. 노아의 방주 터(Noah's Ark, 터키)
인간은 그들의 죄악 때문에 대홍수의 심판을 당하여, 땅 위의 모든 생물이 다 죽고 방주에 들어가 살아남은 노아의 가족과 생물들이 역사를 이어간다. 터키 아라랏 산 동남쪽 심판의 산과 영웅들의 침대로 불리는 구릉에 길게 누운 배 모양의 흙더미가 방주가 안착한 곳이라고 전해진다. 아라랏 산에서 20km 떨어진 해발 2,000m의 계곡에 위치한 방주 터는 수차례의 지진과 화산 폭발, 수천 년의 풍화작용을 겪는 동안 그 본래의 모습을 잃어버린 채 형체만 드러내고 있다.

6. 네게브(Negev, 이스라엘)
이스라엘 남단의 사막지대로, 출애굽 이후 유대인들이 약속의 땅에 들어가기 전 이곳에 정탐꾼을 파견했으며 여호수아는 원주민을 진멸하고 이 지역을 차지했다(수 10:40, 11:16). 이 사막에서 세례 요한은 '광야에 외치는 자의 소리'(막 1:3)였고, 예수께서는 '성령에게 이끌리어 마귀에게 시험을 받으러'(마 4:1) 광야로 들어가셨다. 사진은 유네스코 세계유산이자 이스라엘국립공원인 쉬브타의 교회이다. 이곳에는 구약성서 시대와 로마 비잔틴 시대의 유적이 많다.

7. 아브라함 대사원(Sanctuary of Abraham, 이스라엘)
BC 1720년 이전에 세워진 헤브론은 예루살렘 남서 30km 지점의 해발 927m인 높은 산악지대로 팔레스타인 자치기구 중 큰 도시이다. 아브라함은 갈대아 우르를 떠나 가나안에 도착하여 헤브론을 중심으로 살았다. 헤브론에서 막벨라 굴을 구입한 아브라함은 아내 사라를 그 굴에 안치해 가족 매장지로 삼았다. 막벨라 굴 위에 아브라함 대사원을 건설했으며, 아브라함과 사라의 기념비는 은으로 된 문이 있는 방에 보존되어 있다.

8. 솔로몬의 성문(Solomon's Gate, 이스라엘)

예루살렘에서 지중해 방향으로 약 30km 떨어져 있는 도시 게셀은, 시리아에서 이집트로 이어지는 해안도로와 아얄론 골짜기를 거쳐 예루살렘에 이르는 동서 도로와 연결되는 전략적 요충지이다. 애굽 왕 바로가 게셀을 불태워 정복하고 나서 자기 딸을 솔로몬과 정략 결혼시키면서 솔로몬에게 게셀을 선물로 주었다. 그러자 솔로몬은 게셀을 요새화했다(왕상 9:15-17). 게셀은 1902-1909년, 1964-1973년에 각각 발굴되었는데, 그때 거둔 성과 중의 하나가 '솔로몬의 성문'의 발굴이다. 이곳은 3중 문으로 되어 있으며 입구 통로 바닥에는 빗물이 흘러 빠지는 수로가 나 있는데, 양쪽으로 각각 3개의 방이 갖추어져 있다.

9. 느부갓네살 왕궁의 성벽(Nebuchadnezzar's palace, 이라크)

BC 605-562년에 신 바벨론 제국을 통치했던 느부갓네살 왕은 이스라엘의 여호야김 왕 3년에 다니엘을 비롯하여 이스라엘의 왕과 귀족들을 포로로 잡고 보물을 빼앗아 이곳으로 가져왔다(왕하 25장). 그리고 자신의 꿈을 해석해 준 다니엘을 총리로 세웠다(단 6장). 평지에 건설된 바벨론은 요새화된 2중 성벽으로 둘러싸여 있다. 외벽과 내벽은 대략 3.7-6.5m 두께의 진흙 벽돌로 건설되어 전차가 다닐 정도로 폭이 넓었다.

3장

# 연대표로 본 이스라엘 민족의 역사

## – 약 1100년(BC 970~AD 100)

이스라엘 민족의 역사 개요

이스라엘 민족의 역사 연대표

# 이스라엘 민족의 역사 개요

## A. 통일왕국 시대: 영토나 국력의 전성기

| | |
|---|---|
| 초대 사울 왕 | BC 1042-1011(31년) |
| 2대 다윗 왕 | BC 1011~971(40년) |
| 3대 솔로몬 왕 | BC 971~931(40년) |

## B. 분열왕국 시대

### 1) 이스라엘(북왕국)

① 백성: 이스라엘 10대 지파

② 성읍: 디르사(48년), 사마리아(161년)

③ 존속기간: BC 931~722(209년)

④ 왕조: 9왕조(19명의 왕)

- 여보로암~호세아(왕조가 바뀔 때마다 쿠데타)

⑤ 침략국: 앗수르 제국(살만에셀 4세)

⑥ 멸망 원인:

- 우상숭배: 금송아지 우상, 이방 나라의 신
- 불순종: 하나님의 계명, 법도, 율례를 지키지 않음

### 2) 유다(남왕국)

① 백성: 이스라엘 1지파(유다)

② 성읍: 예루살렘

③ 존속기간: BC 931~586(345년)

④ 왕조: 1왕조(다윗) (20명의 왕: 르호보암~시드기야)

⑤ 침략국: 바벨론 제국(느부갓네살 2세)

⑥ 멸망 원인:

- 우상숭배: 여호와 하나님을 유일신으로 섬기지 않음
- 하나님에 대한 불순종: 하나님을 버린 일

⑦ 바벨론의 포로(통치) 기간

- 1차 포로~ 바벨론 멸망(66년)
- 유다 멸망~ 1차 포로귀환(50년)
- 유다 멸망~ 3차 포로귀환(141년)

## C. 이스라엘의 대적(對敵): 5대 제국

### 1) 앗수르 제국

① 존속 기간: BC 1019-625(394년)
② 수도: 니느웨
③ 통치 지역: 메소포타미아, 바벨론, 애굽, 북이스라엘(사마리아)
④ BC 722: 살만에셀 4세에 의해 이스라엘 멸망

### 2) 바벨론 제국

① 존속 기간: BC 625~539(86년)
② 수도: 바벨론
③ BC 539: 페르시아 제국 고레스 2세에 의해 멸망

### 3) 페르시아 제국

① 존속 기간: BC 539~330(209년)
② 수도: 수사, 바벨론
③ BC 330: 헬라 제국(마케도니아 제국) 알렉산더 대왕에 의해 멸망

### 4) 헬라 제국(마케도니아 제국)

- BC 323년, 알렉산더 대왕의 사후, 그의 3명의 후계자에 의해 3개 왕국으로 분리 독립

① 프톨레마이오스 왕조(BC 323-30, 293년)

- 설립자: 애굽 총독 프톨레마이오스
- 수도: 애굽, 알렉산드리아
- BC 30: 로마 장군 옥타비아누스에 의해 멸망

② 셀레우코스 왕조(BC 321-63, 258년)

- 설립자: 바벨론 총독 셀레우코스
- 수도: 시리아, 안티오키아(안디옥)
- BC 63, 로마 장군 폼페이우스에 의해 멸망

③ 안티고노스 왕조(마케도니아 왕조) (BC498-148: 350년)

- 수도: 마케도니아, 펠라
- BC 148: 로마에 의해 멸망

### 5) 로마 제국

① 존속 기간: BC 795~AD 476(1,271년)
② 수도: 이탈리아, 로마
③ AD 70: 로마 장군 티투스(7대 황제)에 의해 예루살렘 함락, 이스라엘 멸망

AD 100: 사도 요한 94세에 사망

AD 313: 동로마 제국 초대 황제 콘스탄티누스 1세의 밀라노 기독교 공인 발표로 약 250년간의 기독교 박해가 풀리다.

AD 392: 밀라노에서 테오도시우스 1세가 기독교를 로마 제국의 국교로 발표하다.

| 통일 이스라엘의 제3대 왕: 솔로몬 |
|---|
| (다윗 왕의 10번째 아들, 8번째 아내 밧세바의 4번째 아들) |
| * 이스라엘 민족이 가나안 땅에 들어간 지 약 430년 후(BC 1405~971) |

1. 선지자: 나단, 아히야
2. 제사장: 아사랴, 아비아달
3. 아내: 애굽 왕 바로의 딸(양국 결혼 동맹), 후궁 700명, 첩 300명
4. 영토: 북쪽-단 성읍(요단 강의 수원지), 남쪽-브엘세바 성읍
5. 행정구역: 12개(각 지파별)
6. 솔로몬 왕이 기브온 산당에서 일천 번제 드림, 여호와께서 꿈에 나타나시어 "내가 네게 무엇을 줄꼬 너는 구하라" 하심(왕상 3:5). 솔로몬 왕은 백성을 다스리는 지혜(분별력)를 구함
7. 솔로몬의 업적
1) 예루살렘 성전 완공(7년간: BC 966~959); 모리아 산에
- 설계도 완성(다윗 왕): 지성소, 성소, 주랑 세 부분
- 건축공사(솔로몬) 3층- 성전 기물 보관, 제사장들의 집무실
2) 솔로몬 궁전 완공(13년간: BC 959~946) 성전보다 4배 큰 규모
3) 예루살렘 성 건축 및 주요 6개 성읍 건축
(북쪽) 하솔, 므깃도, 다므몰 요새: 수리아 침입 대비
(서쪽) 게셀, 벧호론, 바알랏 요새: 블레셋 침입 대비
4) 군사력 증강: 병거-1,400대, 마병-12,000명
5) 하나님의 언약궤 솔로몬 성전으로 이전(BC 960)
시내 산(법궤: 모세의 십계명 돌판 2개)→광야 성막(40년)→가나안 실로 성막(355년: BC 1405 여호수아~BC 1050년경 사사시대)→블레셋, 아스다롯에 있는 다곤 신전(7개월: BC 1050년경-엘리 제사장의 두 아들 홉니와 비느하스가 전쟁에서 빼앗김)→블레셋 반환(BC 1050년경)→아비나답의 집(유다, 기랏 여하림 20년: 사무엘)→오벧에돔의 집(가드 사람 3개월: 다윗 BC 1000년경)→다윗 성(40년: 다윗 BC 1000년경)→솔로몬 성(솔로몬 BC 960년경)
6) 시편 두 편 작사: 시 72, 시 127편
7) 에돔 땅 에시온게벨(홍해 항구도시)에서 선박 건축: 해상무역
8. 솔로몬 통치 시대의 이스라엘의 3대 적
1) 이스라엘 남쪽: 에돔 사람 하닷(왕손)-다윗 왕이 에돔 침략 시 애굽에 피신, 애굽 왕의 처제와 결혼(동서지간), 다윗 죽은 후 에돔으로 귀국
2) 이스라엘 북쪽: 다메섹 왕 르손(소바 왕국의 대신): 다윗이 소바 침입 시 다메섹으로 이주, 수리아의 왕이 됨
3) 여로보암(솔로몬의 신하 느밧의 아들): 솔로몬이 다윗 성 수축 시 요셉 족속 감독. 선지자 아히야를 통하여 북이스라엘의 초대 왕이 될 것을 예언 받음
9. 솔로몬 통치의 공과: 시작은 좋았으나 점점 하나님을 떠나 타락과 죄악의 길을 가다가 이스라엘에 우상숭배를 공공연히 행한 최초의 왕
1) 이방 여인들을 아내로 맞이하여 그녀들의 이방 신들(모압의 그모스, 암몬의 밀곰, 앗수르의 몰렉, 시돈의 여신 아스다롯 등)을 위한 사당을 지음
2) 이로 인하여 통일 이스라엘이 솔로몬 이후 남과 북, 두 개의 왕국으로 분할됨

| | 40년 | |
|---|---|---|
| BC 971 | 솔로몬(20세) | BC 931 |

| | | |
|---|---|---|
| **(북왕국) 이스라엘**<br>**(일명: 에브라임)**<br>1. 백성: 이스라엘 10지파<br>2. 성읍: 디르사(48년간) 사마리아(161년간)<br>3. 존속: BC 931~722(209년)<br>4. 왕조: 9왕조(19명의 왕) 여로보암~호세아<br>* 왕조 바뀔 때마다 반역(쿠데타)<br>5. 침략국: 앗수르 제국 (살만에셀 4세)<br>6. 멸망 원인<br>1) 우상숭배: 금송아지 우상, 이방 나라의 신<br>2) 불순종: 하나님의 계명, 법도, 율례를 지키지 않음 | *선지자: 아히야(실로 사람)<br>1. 여로보암이 이스라엘의 초대 왕이 된 경위 (그는 에브라임 지파임)<br>1) 솔로몬 왕이 죽이려 하매, 그가 죽기까지 애굽 왕 시삭에게 피신<br>2) 하나님께서 여로보암에게 다윗이나 솔로몬이 받은 복의 언약과 동일한 복을 약속하심<br>3) 하나님께서 선지자 아히야를 통하여 왕위에 오르게 하심<br>2. 여로보암의 3대 악한 정책<br>1) 벧엘과 단에 금송아지 우상을 만들어 섬김<br>2) 레위 지파 아닌 사람을 제사장에 임명<br>3) 절기 변경: 7월에서 8월로<br>* 북이스라엘의 왕들은 초대 왕 여로보암의 악한 정책을 답습<br>19년 | 1년 |
| (북왕국) 이스라엘 | BC 931 여로보암<br>(제1대 왕조, 솔로몬의 신하 느밧의 아들) | 나답(S) BC 911 |
| 1. 백성: 이스라엘 1지파(유다)<br>2. 성읍: 예루살렘<br>3. 존속: BC 931~586(345년)<br>4. 왕조: 1왕조(다윗)(20명의 왕) 르호보암~시드기야<br>5. 침략국: 바벨론 제국 (느부갓네살 2세)<br>6. 멸망 원인:<br>1) 우상숭배: 여호와 하나님을 유일신으로 섬기지 않음<br>2) 하나님에 대한 불순종: 하나님을 버린 일<br>7. 바벨론의 포로(통치) 기간<br>1) 1차 포로~바벨론 멸망: 66년<br>2) 유다 멸망~1차 포로 귀환: 50년<br>3) 유다 멸망~3차 포로 귀환: 141년 | ***선지자: 스마야**<br>– 르호보암의 북이스라엘 침공 계획을 여호와의 말씀으로 중단시킴. 선지자는 신정 정치(하나님의 왕국)의 인도자<br>1. 르호보암의 행적<br>1) 계명과 법도와 율례를 지키지 않음<br>– 산당 제사, 우상과 아세라 상 건축<br>2) 즉위 5년, 애굽 왕 시삭 예루살렘 침공<br>– 성전과 왕궁 보물 약탈<br>3) 유다 왕 르호보암과 이스라엘 왕 여로보암 사이에는 항상 전쟁<br>2. 가족관계<br>1) 어머니: 나아마(암몬 사람)<br>2) 제1왕후 마할랏(솔로몬의 동생 여리못의 딸): 아들 3명<br>3) 아내 18명, 첩 60명에서 아들 28명, 딸 60명 출생<br>4) 그러나 왕위는 가장 사랑한 아내 마아가의 아들 4명 중 장남 아비얌에게 승계<br>15년 | 2년 |
| (남왕국) 유다 | BC931 르호보암<br>(41세, 솔로몬의 아들) | 아비얌(S) BC914 |

| *선지자: 예후(하나니의 아들)<br>1. 초대 왕 여로보암의 아들 나답 왕이 블레셋에게 빼앗긴 단 지파의 깁브돈 성읍을 다시 탈환하기 위하여 군대를 출정 중에 부하 바아사가 모반, 왕을 살해<br><br>2. 바아사도 악을 행하며 여로보암의 길을 답습<br>– 선지자 예후가 하나님의 말씀으로 경고하였으나 회개하지 않았음<br>3. 바아사는 잇사갈 지파임 | | | *선지자: 엘리야<br>1. 군 지휘관 오므리가 모반 시므리는 자살<br><br>*현 성읍: 디르사<br>(세겜에서 동북쪽으로 약 60km 떨어진 곳)<br>– 성읍 기간: 48년간<br>(초대 여로보암~6대 오므리)<br>2. 오므리의 치적<br>– 새로운 성읍 건설<br>사마리아(6년간)<br>(예루살렘 북쪽 67km, 지중해 동쪽 40km 지점) |
|---|---|---|---|
| 21년 | 1년 | 7일 | 11년 |
| BC911 바아사<br>(제2대 왕조, 선지자 아히야의 아들) | BC890<br>엘라(S) | 시므리<br>(제3대 왕조) | 오므리<br>(제4대 왕조) |

| * 선지자: 아사랴(오뎃의 아들), 하나니<br>1. 아사 왕의 치적<br>– 선지자 아사랴로부터 하나님의 말씀을 듣고 회개하고, 조상 다윗과 같이 정직하게 행함<br>1) 종교개혁 단행: 모든 우상 타파<br>2) 우상 숭배자인 어머니 마아가(태후) 폐위: 그녀가 만든 아세라 목상(베니게 우상)을 기드론 시냇가에서 불살랐음<br>3) 남색하는 자 땅에서 축출<br>4) 견고한 성읍 건축: 베냐민 지파의 게바와 미스바 성읍<br>5) 산당은 보전시킴<br>6) 아사 왕이 아람 왕 벤하닷 2세에게 뇌물을 주고 북방의 단, 이욘 성읍 등을 침공하게 함을 책망한 선지자 하나니를 투옥함<br>7) 유다 왕 아사와 이스라엘 왕 바아사 사이에 일생 동안 전쟁 | 선지자: 예후(하나니의 아들), 야하시엘(스가랴의 아들)<br>– 부왕과 같이 여호와의 길을 가다<br>1. 이스라엘의 아합과 결혼 동맹을 맺고 연합하여 길르앗 라못으로 올라가 아람 벤하닷 2세와 전투, 패배<br>2. 양국 동맹을 책망한 선지자 예후를 받아들이고 신앙적·사법적 개혁 단행<br>* 여호사밧의 아들 여호람과 아합의 딸 아달랴 결혼<br>1) 종교개혁 계속<br>2) 종교지도자 각 성읍 순회, 하나님 말씀 교훈: 스바댜, 스마야 등 레위인<br>3) 하나님의 일: 대제사장 아마랴<br>왕에게 속한 일: 스바댜(유다 지파의 어른)<br>3. 유다 부강: 솔로몬 시대 재현 시도<br>1) 유다에 견고한 요새와 국고성 건축<br>2) 군사력 증강: 용사 1,160,000명<br>3) 무역선 에시온게벨 항구에서 파선<br>4. 모압, 암몬, 마온(에돔) 연합군이 엔게디 침공<br>– 여호사밧 왕과 전 유다 백성이 여호와께 도움을 간절히 기도<br>– 선지자 야하시엘을 통하여 여호와께서 승리하실 것을 그들에게 알리심 |
|---|---|
| 33년 | 19년 |
| 아사(S) | BC881 여호사밧(35세)(S) |

*** 선지자: 엘리야(디셉 사람), 미가야**

〈북이스라엘 역사상 가장 영적 암흑기〉

1. 앗수르 왕 살만에셀 3세가 유브라데 강을 넘어 세력 확장
2. 새 성읍에 상아궁, 바알 신전과 아세라 신당 건축

– 아내 이세벨(시돈 왕의 딸)이 바알 숭배자

3. 아합이 유다 여호사밧과 사돈 맺음(결혼 동맹)
4. 아합이 여호사밧과 연합, 아람 침공에 대한 하나님의 경고를 전한 선지자 미가야를 투옥. 이 전쟁에서 아합은 전사함

〈**엘리야의 표적**(하나님의 임재하심의 경고)〉

1) BC 870 사르밧 과부의 죽은 아들을 살리다
(성경에서 죽은 자가 살아난 첫 번째 기록)
2) 갈멜 산에서 여호와의 능력(하늘에서 불이 내려)을 보이고, 바알 선지자 450명과 아세라 선지자 400명을 죽이다
3) 갈멜 산꼭대기에서 가뭄을 위해 기도하여 큰 비를 내리다
4) BC 860 이세벨의 살해 위협으로 피신– 유다 남쪽 브엘세바 거쳐 광야, 로뎀나무 아래, 하나님의 천사(떡, 물을 일어나 먹어라)를 만남
5) 40일 주야 호렙 산(시내 산) 도착, 굴속 거주, 여호와의 세미한 소리를 듣다
6) 네 길을 돌이켜 광야 거쳐 다메섹 하사엘에게 기름 부어 아람의 왕으로
7) 님시의 아들 예후를 이스라엘 왕으로
8) 사밧의 아들 엘리사에게 기름 부어 후계자 선지자가 되게 하라

| 19년 | 1년 |
|---|---|
| BC 878 아합(S) | 아하시야(S), 병사 |

*** 선지자: 엘리야**

1. 산당을 세우고 바알 숭배(아내: 아달랴)
2. **선지자 엘리야**, 여호람에 경고: 아합의 길을 답습, 중병으로 죽을 것임
3. 에돔과 립나가 유다에 배반 독립
4. 블레셋과 아라비아가 유다 침략(왕궁의 재물 탈취)
5. 첫 정책: 부왕이 동생들에게 많은 보물과 성읍을 선물로 준 것 기인, 동생 6명 살해
6. 2년 후 그의 창자가 빠져나와 죽음(선지자 엘리야의 예언과 같이)

| 7년 | 1년 |
|---|---|
| BC 862 여호람(S) BC 855 | 아하시야(S), 22세 피살 |

| *** 선지자: 엘리야, 엘리사**<br>1. 여호람의 행적<br>1) 어머니 이세벨 생존 영향력 행사, 그러나 바알의 주상은 제거<br>2) 북 여호람과 남 아하시야가 연합하여 길리앗 라못에 올라가 아람 왕 하사엘과 전투 여호람 부상 당함<br>* **엘리야의 승천**(BC 850)<br>① 엘리야와 엘리사가 길갈(선지학교), 벧엘, 여리고, 요단 강으로 여행<br>② 엘리야가 겉옷으로 물을 치매 물이 갈라져 마른 땅 위를 두 사람이 걸어가며 말하다<br>③ 불수레와 불말들이 두 사람을 갈라 놓고, 엘리야가 회오리바람으로 승천<br>−이를 엘리사와 그의 많은 제자들이 목격<br>④ 엘리사가 요단에서 여리고로 돌아감<br>−**엘리사의 기적**: 여리고 성의 나쁜 물을 소금으로 깨끗하게 함<br><br>11년 | *** 선지자: 엘리사**<br>1. 예후의 행적<br>1) 바알 종교 근절: 신상, 목상 등 파괴<br>2) 사마리아의 거대한 바알 신전 파괴(이세벨이 건축한)<br>3) 벧엘과 단의 금송아지 우상은 보전함<br>4) 여호람을 이스르엘 성읍의 나봇의 토지(전에 아합이 나봇을 죽이고 강제로 빼앗은 땅)까지 쫓아가서 살해<br>5) 아합의 아내 이세벨 살해<br>6) 유다 왕 아하시야 살해<br>7) 아합의 아들 70명, 아하시야의 형제 42명 살해<br>8) 앗수르의 살만에셀 3세에게 조공을 바침<br>* **엘리사의 표적**<br>① (BC 850) 엘리사 제자의 아내, 과부의 기름 그릇 사건: 기름 한 그릇으로 많은 그릇을 가득 채워, 그 기름을 팔아 빚을 갚고 두 아들과 행복한 삶을 영위<br>② 수넴 여인의 잉태 예언 및 그 아들의 출생과 죽음, 그 후 여호와께 기도로 소생시킴(BC 850)<br>③ 길갈 흉년 시, 들호박으로 끓인 국에 독이 있어 흰 가루를 국에 넣어 먹을 수 있는 음식으로 바꾸어 제자들에게 먹임(BC 850)<br>④ 보리떡 20개와 채소 1자루로 100명을 먹임(BC 850)<br>⑤ (BC 845) 아람 왕 군대장관 나아만(이방인)의 문둥병 치유: 요단 강물에 그의 몸을 7번 씻게 함<br>⑥ 엘리사의 사환 게하시가 나아만으로부터 몰래 은 1달란트와 옷 2벌을 요구하여 받자, 그를 징계하여 나병 환자가 되게 함<br>⑦ 도단 성에 거주하는 엘리사를 잡기 위하여 아람 왕 벤하닷이 성을 포위, 엘리사가 그 군대의 눈을 어둡게 하고 모두 포로로 잡았다가 놓아줌<br><br>24년 |
|---|---|
| BC 858 — 여호람(요람, 아하시야의 동생) — BC 847 | 예후<br>(제5대 왕조, 여호사밧의 아들, 아합의 군대 장관) |

유다 여호람 왕의 아내
(북이스라엘 왕 아합의 딸)
1) 남편과 아들 아하시야의 정치를 배후 조정
2) 손자 요아스(아하시야의 아들)가 어려서 궁에서 숨어 자라고 있을 때 5년간 통치
3) 반란 중에 피살

5년

아달랴 BC 849

| *선지자: 엘리사 | * 선지자: 엘리사 |
|---|---|
| 1. 여호아하스의 치적<br>1) 선왕처럼 금송아지 우상을 섬기고, 사마리아에 아세라 목상도 남겨두었다.<br>– 우상숭배의 중심지: 길갈, 벧아웬<br>2) 이스라엘이 범죄를 떠나지 아니하므로 여호와께서 아람 왕 하사엘에게 넘겨 학대받게 하다<br>3) 이스라엘이 아람의 예속국으로 군사력까지 제한받다<br>– 마병 50명, 보병 1만 명 및 병거 10대 | 1. 요아스의 치적<br>1) 금송아지 우상 섬기고, 초대 왕 여로보암의 모든 죄를 답습<br>2) 요아스가 아람 왕 하사엘이 죽고, 그의 아들 벤하닷이 왕이 되매, 선왕이 빼앗겼던 성읍들을 3번 쳐서 승리, 되찾다.<br>3) 요아스 왕이 선지자 엘리사를 극진히 대접: 그가 이스라엘의 참된 보호자였음을 고백<br>*** 선지자 엘리사가 죽다**<br>– 엘리사가 죽기 전 자기에게 온 요아스 왕에게 상징적 행동(구원의 활과 화살)을 통하여 아람에게 부분적 승리를 얻을 것이라 예언 |
| 15년 | 15년 |
| BC 823 여호아하스(S) | BC 808 요아스(S) |

*** 선지자: 스가랴(요아스 왕의 고모부 여호야다 대제사장의 아들),**

**선지자: 요엘(타락한 유다에 '여호와의 날', 멸망의 날이 올 것을 경고)**

– 여호람 왕의 딸 여호세바(아하시야 왕의 여동생, 요아스 왕의 고모)가 요아스 왕이 어렸을 때에 그와 그의 유모를 성전 침실에 숨겨 6년간 돌보았음
– 여호세바의 남편인 대제사장 여호야다가 모든 족장과 군 지휘관들의 호응을 얻어 반란에 성공. 요아스 왕의 할머니 아달랴는 반란 중에 피살됨
– 요아스에게 기름을 부어 왕위를 다윗의 자손으로 이어 가게 함
〈초기 통치〉 선정으로 유다가 영적 부흥(제사장 여호야다의 개혁)
1) 언약의 갱신: 왕과 백성들이 여호와만을 섬기겠다는 서약
2) 바알 신전 파괴, 바알 제사 폐지, 바알 제사장 살해
3) 여호와의 성전 수축, 성전 예배 재개(아달랴: 성전 예배 중단시킴)
〈후기 통치〉 대제사장 여호야다의 사후(130세)–패역의 통치
1) 우상숭배, 포악한 정치: 하나님에 대한 도전
2) 대제사장직을 승계한 여호야다의 아들, 선지자 스가랴가 하나님의 영으로 요아스에게 경고하고 회개를 촉구, 왕이 그를 여호와의 전 뜰에서 돌로 쳐 죽임
3) 1년 후 아람 왕 하사엘이 가드를 점령하고 예루살렘 침공. 요아스 왕이 예루살렘의 성물과 보물을 주어 돌려보냄
4) 요아스의 신복이 실라로 내려가는 길가의 밀로 궁에서 그를 살해

32년

요아스(아하시아의 아들, 7세) BC 817

***선지자: 아모스(드고아의 목자), 호세아(브에리의 아들), 요나(가드헤벨 출신, 아밋대의 아들)**

1. 북이스라엘을 가장 부강하게 만든 왕
1) 아람의 수도 다메섹 회복과 이전에 유다에 속하였던 하맛을 이스라엘 영토로 편입
– 영토: 북쪽 하맛 어귀~남쪽 아라바 바다까지
2) 하나님의 은혜로 근동지방에서 가장 강력한 왕국이 되었지만 지도자들은 점점 타락의 길로 빠졌다. 바알 숭배(영적 간음), 이스라엘 왕들의 공통적인 죄악인 금송아지 숭배
3) 이를 깨우치기 위해 하나님께서 선지자 아모스, 호세아, 요나를 보내 말씀을 전함
– 제사장 아마샤와 선지자 아모스의 대결
* BC 760 **선지자 아모스**: 하나님께서 이스라엘에 대한 심판인 '7가지 환상'을 보여주심
제1환상–메뚜기: 땅의 풀을 다 먹어치움, 제2환상–불: 불로 징벌, 제3환상–다림줄: 죄악을 줄로 재서 징벌, 제4환상–여름과일 한 광주리: 상업윤리의 타락성 지적, 이스라엘 민족 잡혀 가고, 남은 것은 여름과일처럼 끝이 난다, 제5환상–깜부기 재앙: 식물이 말라죽는 병, 제6환상–성전 문지방 붕괴: 이스라엘 멸망, 제7환상–이스라엘의 회복

* BC 750 **선지자 요나**
① 앗수르의 수도 니느웨로 가라는 하나님의 명령을 어기고 다시스행 배를 탐. 다시스로 가는 배에서 풍랑을 만나 큰 물고기에 삼켜져 밤낮 3일을 그 뱃속에 있게 되었다. 물고기 뱃속에서 '간절히 기도'하여, 물고기에게 토하도록 하시어 살아났다. 하나님은 요나의 불순종을 일거에 무력화시키시고 고난의 현장에서 철저히 회개한 요나를 구원하셨다.
② 요나를 니느웨로 보내 하나님 말씀을 전하게 하여 국가적인 회개(왕과 대신들이 조서를 내림)를 하는 기적을 이루었다. 니느웨는 멸망 직전에 요나의 선교로 하나님의 은혜로 심판을 면하였다.

36년

| BC 793 | 여로보암 2세(S) |
|---|---|

〈초기 통치〉 하나님 앞에서 비교적 정직, 왕권 회복
1) 부왕을 죽인 자들, 곧 요사갈(암몬 여인의 아들)과 여호사바드(모압 여인의 아들)를 죽임
2) 동남쪽 에돔 땅을 침공하여 승리, 그들의 성읍 셀라를 유다에 귀속시킴
3) 북이스라엘 요아스 왕에게 선전 포고, 유다 벧세메스 전투에서 패배
– 아마샤 왕이 전쟁의 포로가 되고 예루살렘 성 일부가 파괴, 성전의 보물을 약탈 당함
〈후기 통치〉 북이스라엘 왕 요아스가 죽자 아마샤가 유다로 귀환하여 15년 통치
1) 우상숭배, 교만과 허세
2) 산당제사 허용
3) 세일 자손의 신들을 가져다가 자기의 신으로 숭배
4) 예루살렘에서 반란, 라기스로 도망, 그곳에서 피살(60세)

22년

| 아마샤(S) (25세) | BC 795 |
|---|---|

| | | |
|---|---|---|
| | | ***선지자: 호세아, 미가**<br>1. 므나헴의 치적<br>– 여호와 보시기에 악을 행함<br>1) 디르사에서 온 므나헴이 포악하게 백성을 통치<br>– 아이 밴 부녀 살해<br>2) 앗수르 왕 불(디글랏빌레셀 3세)이 이스라엘 침공<br>– 그에게 많은 돈을 주고 왕위를 지킴(부자들에게 은 1,000달란트 강탈)<br>* 앗수르 왕 불(디글랏빌레셀 3세)<br>– 앗수르를 당시 최대 강국으로 만든 왕<br>– BC 722 이스라엘을 멸망시킨 살만에셀 4세의 아버지 |
| 6개월 | 1개월 | 9년 |
| BC 757 스가랴(S) 피살 | 살룸<br>(아베스 아들, 제6대 왕조) | 므나헴(가디의 아들, 제7대 왕조) |

| | |
|---|---|
| ***선지자: 스가랴, 이사야(아모스의 아들), 미가**<br>– 아사랴 왕은 북이스라엘을 부강하게 했던 여로보암 2세와 비견되는 왕<br>〈초기 통치〉 부왕 아마샤의 모든 행위대로 정직하게 선정<br>1) 하나님의 묵시를 밝히는 **선지자 스가랴**가 사는 날에는 하나님을 찾으므로 행하는 일이 형통함<br>2) 영토를 애굽 변방까지 넓힘<br>① 블레셋을 공격, 그들의 가드 성벽, 야브네 성벽, 아스돗 성벽을 헐고<br>② 아라비아 사람들, 마온 사람들을 침공<br>③ 암몬 왕으로부터 조공을 바치게 함<br>〈후기 통치〉 **선지자 스가랴**가 죽은 후에는 교만해짐<br>1) 제사장 직무까지 본인이 행사(제사의식은 레위인의 고유 영역)<br>2) 성전에서 분향 시 나병이 발생, 대제사장 아사랴가 밖으로 내보냄<br>3) 산당제사가 금지되었는데도 산당을 보존함<br>4) 아사랴의 실정과 그의 교만에 대한 하나님의 징계로 나병에 걸림<br>5) 죽는 날까지 별궁에서 나병 환자로 살고, 그 기간(9년)에는 아들 요담이 대신 통치 | ***선지자: 이사야, 호세아, 미가**<br>1) 여호와 앞에서 바른 길을 걸었다.<br>2) 재위 14년 중 9년간은 부왕의 직무 대행 기간<br>3) 여호와의 성전에는 들어가지 않았음<br>4) 암몬 자손을 침공하여 승리, 그들로부터 3년간 조공(은, 밀, 보리 등)을 받았다.<br>5) 백성들이 여전히 부패 |
| 41년+9년=50년 | 14년–9년=5년 |
| 아사랴(S) (일명: 웃시야, 16세) | BC 754 요담(S) (25세) BC 740 |

*** 선지자 : 오뎃, 미가, 호세아**

1. 베가의 치적
1) 반앗수르 정책을 내세워 모반에 성공, 재위 기간 중 그 정책을 일관
2) 이스라엘의 초대 왕 여로보암의 길을 답습, 범죄
3) BC 745 앗수르 왕 디글랏빌레셀 3세가 이스라엘 북쪽, 게데스, 하솔, 갈릴리, 납달리, 동족 길르앗 침입 점령
– 앗수르 왕이 아람의 수도 다메섹 점령: 르신 왕 살해
4) 이스라엘 왕 베가와 아람 왕 르신이 군사동맹을 맺고 유다 아하스 왕을 침공, 승리하여 유다 자손의 아내와 자녀 200,000명을 사로잡고 많은 재물을 노략질하여 사마리아로 가져올 때, 선지자 오뎃이 군대를 영접하며 이는 여호와께 범죄이니 유다의 모든 포로들을 돌려보내라고 베가에게 경고
5) 베가는 친앗수르파 호세아에게 피살당함

(북) 이스라엘 멸망⇒

*** 선지자: 호세아, 미가**

1) 앗수르 후원으로 모반, 왕위에 오름
2) 앗수르 왕이 죽자 그 지배에서 벗어나고자 애굽 왕 소와 동맹 체결
3) 앗수르에 해마다 보내던 조공을 중단하자 앗수르 왕 살만에셀 4세가 이스라엘 침공, 호세아 왕을 감금함
4) 3년간 사마리아 성읍 포위, 이스라엘 멸망
* 이스라엘 멸망 후 앗수르 제국의 혼혈정책기인 '사마리아인'이 생겨났음
〈선대 왕과 다른 치적〉
1) 금송아지 우상 이외에 새로운 우상 받아들이지 않음
2) 신하들에게 예루살렘 성전의 절기 예배에 참석 허용

| 1년 | 17년 | 8년 |
|---|---|---|
| 브가히아(S) 피살 | BC 747 베가 (장관 르말랴의 아들, 제8대 왕조) | BC 730 호세아 BC 722 (엘라의 아들, 제9대 왕조) |

***선지자: 이사야, 미가**

– 가나안의 모든 우상들을 섬긴 가장 악한 유다 왕
1) 금송아지, 바알, 몰렉을 섬김
2) 힌놈의 아들 골짜기에서 자기 자식들을 불로 태워 몰렉 우상에게 인신제사
3) 각 성읍에 새로운 산당 세워 다른 신 분향
4) 하나님의 성전 폐쇄, 분향 제사 금지
5) 앗수르 왕을 만나 다메섹(아람 수도) 가서 그곳 우상의 제단을 본떠 예루살렘 성전의 제단을 만듦(제사장 우리야)
– 아람은 앗수르에 멸망
– 하나님의 징벌이 유다에 내림
1) 아람 왕 르신과 이스라엘 왕 베가가 유다 침공. 베가가 유다 용사 120,000명 죽이고 르신이 많은 백성을 데려감
2) 에돔과 블레셋이 유다 평지와 남방 성읍들 점령
3) 아람과 이스라엘의 공격을 받은 아하스 왕이 앗수르 디글랏빌레셀 3세에게 구원을 요청하매 **선지자 이사야**가 말렸으나 듣지 않음
4) 앗수르는 와서 오히려 유다 공격
– 유다 친앗수르 정책: 많은 조공 바침

| 14년 | |
|---|---|
| 아하스(S)(20세) | BC 726 |

| ⇒ (신)앗수르 제국 (통일 이스라엘의 다윗 왕 시대) | *바빌로니아 역사 |
|---|---|
| 1. 기간: BC 1019~625(394년)<br>2. 수도: 니느웨(BC 1019~612) 하란(BC 612~609)<br>3. 통치 영역: 메소포타미아, 바벨론, 애굽, 북이스라엘(사마리아)<br><br>* 히스기야 왕에게 '문병' 사절단을 보낸 바벨론 통치자<br>– 실제는 유다의 국가 기밀을 염탐하러 온 자들<br><br>12년 | 1. 초기 앗수르 왕국<br>BC 20~18세기 약 200년<br>2. 고대 바벨론<br>BC 18세~16세기 약 200년<br>3. 중기 앗수르(카사이트 왕조)<br>BC 1595~1019 576년<br>4. 신앗수르 제국(앗수르)<br>BC 1019~625 394년<br>5. 신바벨론 제국(바벨론)<br>BC 625~539 86년<br>6. 페르시아 제국(바사)<br>BC 539~330 209년 |

BC 721 므로닥발라단 BC 709

[앗수르의 속국, 바벨론(사르곤 왕)의 통치자]

***선지자: 이사야(뜻: 여호와는 구원이시다, 이사야서 66장, 3년 동안 벗은 몸, 벗은 발로 다니며 사역함), 미가**

1. 부왕으로부터 약화되고 타락한 나라를 물려받음. 그러나 여호와 신뢰, 굳건한 신앙으로 통치, 유다 왕 중에서 가장 선정
1) 산당 제거, 주상, 아세라 목상 파괴, 각종 우상 제거
2) 온 이스라엘(남·북왕국)이 유월절·무교절 행사(북왕국 백성은 200여 년 만에 처음 참석)
3) 온 백성에게 십일조 부과
4) 제사장 및 레위 사람 반열 정하고, 번제, 화목제, 속죄제 드림
2. 앗수르 왕 산헤립 유다 침공(BC 701): 반앗수르 정책 기인
1) 앗수르 침략 대비, 예루살렘 성벽 보수 및 방어 준비
2) 히스기야 왕(재위 14년)이 **선지자 이사야**를 통하여 하나님께 간구: 하나님의 천사 승리
– 앗수르 병사 185,000명 죽음(사유: 전염병, 페스트), 히스기야의 기도(사 37:15–20)
– 산헤립 왕이 고국에 돌아가서 부하에게 피살(수도: 니느웨)
– BC 670 그의 아들 에살핫돈이 왕이 됨 : 사마리아에 이방 민족을 이주시킴
3) 히스기야 재위 14년째 발병, 죽게 됨(앗수르 첫 번째 침공하던 때, 아직 왕위 계승할 후계자 아들이 없었을 때)
– 히스기야가 눈물로 치유를 하나님께 간구하매 **이사야**를 통하며 생명 15년간 연장
4) 바벨론 왕 므로닥발라단(BC 721~709)이 사절단을 히스기야 왕에게 보냄
– 당시 바벨론은 앗수르의 속국, 므로닥발라단은 앗수르 사르곤 왕이 임명한 바벨론 통치자
① 방문 목적: 히스기야 왕의 치유 축하(속심: 유다의 부귀와 영화 염탐)
② 히스기야 왕이 사절단에게 유다의 보물창고와 무기고 등 국가 기물을 전부 보여줌
– **선지자 이사야**가 히스기야 책망: 훗날 유다가 바벨론에 의해 멸당 당할 것을 예언
5) 기혼의 윗샘물(다윗 성 아래 기드온 골짜기 샘)을 막아 저수지와 수도를 만들어 예루살렘 성 안으로 물 공급

29년

히스기야(S)(25세) BC 697

| * 선지자: 오바댜 | * 선지자: 나훔(엘고스 사람) |
|---|---|
| BC 630 에돔에 임할 하나님의 심판과 유다의 회복을 선포<br>– 에돔은 그의 형제인 이스라엘에 악행을 하고 그의 멸망을 기뻐함 | BC 630 이스라엘 멸망시킨 앗수르의 멸망 경고<br>1) 니느웨 성은 요나의 전도로 국민적인 회개로 하나님의 심판을 면하였으나 그 후 이전의 악을 자행하므로 최종적인 심판을 받게 된다. 하나님이 선지자 나훔을 통하여 니느웨(앗수르)에 대한 경고를 보내셨다.<br>2) 그들은 자신이 하나님의 도구임을 모르고 이스라엘에 압제, 포악, 우상숭배, 악행, 살육 등을 행함으로 바벨론에 의해 BC 609 멸망하였다. |

*** 선지자: 호새(므낫세의 모든 행적은 호새의 사기에 기록)**

1. 므낫세 왕이 행한 악한 일
– 이스라엘 왕 아합의 행위 답습, 부왕 히스기야와 반대
1) 부왕이 헐어버린 산당을 다시 세우고 제단을 쌓음
2) 아세라 목상을 만들어 성전에 세움
3) 하늘의 일월성신을 경배하기 위하여 성전 두 마당에 제단을 쌓음
4) 바알을 위하여 성전에 제단을 쌓음
5) 점치며 사술을 행하며 신접한 자와 박수를 신임
6) 자기의 아들을 '힌놈의 아들 골짜기'에서 제물로 바침
7) 우상숭배 정책을 반대한 경건한 사람들, 선지자들, 무죄한 자들을 죽임(유다 전설에 의하면 이사야 선지자도 므낫세 시대에 '톱'으로 잘려 죽었다 함)
* 이전에는 우상들을 여호와의 성전 안에 세워놓는 일이 없었다. 다른 왕들은 성전 맞은편 언덕이나 다른 곳에 우상을 위한 성전을 세웠다.

2. 므낫세가 유다와 예루살렘 주민들을 우상숭배에 빠뜨리며 악을 행하여 하나님께서 그를 징벌하심
1) 앗수르 군대가 유다를 침공하여 므낫세 왕을 사로잡아 쇠사슬로 결박, 바벨론으로 끌고 갔음
2) 므낫세가 환난을 당하여 회개하고 하나님 앞에 크게 겸손하여 기도하였으므로 그의 간구를 들으시고 예루살렘으로 돌아와 다시 왕위에 앉게 하심
① 그제서야 므낫세가 여호와께서 하나님이신 줄 알았음
② 이방 신들과 여호와 전에 우상 제거
③ 예루살렘에 쌓은 모든 제단들을 다 성밖에 던져 버림
④ 여호와 제단을 보수하고 화목제와 감사제를 그 제단에 드림

55년

므낫세(S) (12세) BC 642
(부왕 히스기야가 간절한 기도로 15년 생명 연장 받은 후에 태어난 아들)

*** 선지자: 스바냐(구시의 아들)**

1) BC 630 먼저 유다의 심판을 언급, '여호와의 날'을 경고, 유다를 중심으로 주변 나라들의 심판을 예언. (서쪽)블레셋(가사, 아스글론, 아스돗, 에그론) (동쪽)모압, 암몬 (남쪽)구스 (북쪽)앗수르
2) 하나님은 '심판의 와중'에서도 구원의 문을 열어 놓으신다. 이것이 하나님의 긍휼이시다.

| 신하에게 피살 | ***선지자: 스바냐(구시의 아들), 훌다(예복을 주관하는 살룸의 아내), 예레미야(제사장 힐기야의 아들, 41년간 선지자 활동–BC 627 요시야 13년~BC 586 시드기야 11년, 베냐민 땅 아나돗 사람)**<br><br>1. 유다 왕국 최후의 종교개혁(히스기야보다 더욱 철저)<br>– 요시야는 경건하고 신실한 왕(왕상 13:2)<br>그의 탄생은 이미 360년 전에 예언됨<br>1) 각 성읍의 모든 산당 제거: 제사 주관하는 제사장의 직분 박탈<br>2) 성전 내의 아세라 목상, 각종 우상 파괴<br>3) 성전 내의 태양신과 일월성신 숭배 금지<br>4) 인신제물 바치던 몰렉, 그모스 밀곰의 신전 파괴<br>5) 북왕국 산당의 제사장 살해<br>(레위 지파 아니고, 금송아지 우상숭배)<br>6) 신접한 자, 점쟁이, 드라빔, 우상 등 모든 가증한 것 제거<br>2. 재위 18년 해에 성전 수리 공사 중 '여호와의 율법책' 발견<br>– 그 책에 우상숭배와 불순종 기인 유다에 하나님의 진노가 임할 것 경고됨<br>– 요시야 왕이 대제사장 힐기야로 하여금 그 경고를 여선지자 훌다에게 알아보게 함<br>– 그 당시에 예레미야는 선지자로 소명을 받았지만 아직 연소한 관계로 훌다에게 문의<br><br>*** 훌다의 예언**<br><br>1) 우상숭배자에게 재앙이 임함을 선포<br>2) 그러나 요시야 왕의 순종과 회개로 그 재위 중에는 재앙에서 제외됨<br>3) 율법에 정해진 대로 대대적인 '유월절 의식' 거행(재위 18년 해)<br>– 선지자 사무엘 이후로 이스라엘 왕국사가 진행되는 동안 한 번도 제대로 지켜지지 않음<br>4) 애굽 왕 느고(BC 609~570, 애굽의 제 26왕조 세운 프삼메타쿠스 1세(BC 663~609)의 아들)가 신흥 바벨론이 강성해지는 것이 두려워(사유: 바벨론이 앗수르의 하란 점령) 앗수르를 도우려 유브라데 강가의 갈그미스까지 올라왔고, 당시 반앗수르 정책을 폈던 요시야 왕이 므깃도에서 느고와 전투<br>– 이 전투에서 요시야 왕 전사<br>– 예레미야가 요시야 왕을 위해 '예레미야 애가'를 지음 |
|---|---|
| 2년 | 31년 |

| BC 640 | 요시야(S) (8세) | BC 609 |
|---|---|---|
| 아몬(S)(22세) | | |

| ⇒ (신) 바벨론 제국(유다의 요시야 왕 시대) | (수도 이전)<br>니느웨<br>→<br>바벨론 | ① 요시야 왕 전사<br>② 여호아하스 즉위 및 폐위, 애굽 포로<br>③ 여호야김 즉위<br>④ 앗수르 멸망(수도: 하란)<br>⑤ 다메섹 독립 |
|---|---|---|
| 1. 기간: BC 625~539(86년)<br>2. 수도: 바벨론<br>BC 605 **선지자 다니엘**과 그의 세 친구(하나냐, 미사엘, 아사랴, 바벨론 느부갓네살 2세 원년, 바벨론 1차 포로)<br>1) 4명의 소년은 바벨론 왕궁에서 2년간 갈대아 사람의 학문과 언어 및 교육을 받음<br>2) 왕이 지정한 음식과 포도주 대신, **다니엘**은 10일 동안 채식과 물을 마신 후 윤택한 얼굴로 결정하자고 환관장에게 제의, 그의 의견이 수용됨<br>3) 하나님께서 4명에게 모든 환상과 꿈을 깨닫는 지혜를 주셨음<br><br>BC 604 어느 날 밤, 왕이 번민, 잠을 이루지 못한 꿈에 대해 박수, 술객, 점쟁이, 술사 등을 불렀으나 아무도 해몽하지 못함. **다니엘**이 그 꿈을 해몽하므로 왕이 4명을 왕 앞에 서게 하다(정치무대 등장)<br>– 이로 인하여 왕이 하나님을 찬양, 자신의 생명을 하나님께 의존<br>20년 | | |

BC 625(원년) 나보폴라사르 신 바빌로니아 (BC 612) (BC609)

바벨론 (갈대아 왕조)

| | ***선지자: 예레미야, 우리야, 하박국** |
|---|---|
| | 1) 애굽 왕 느고가 엘리야김을 여호야김으로 고쳐 왕위에 올림<br>2) 느고가 여호아하스를 하맛 땅 립나에 가두고 유다에 벌금을 부과, 여호야김이 금과 은을 빼앗아감<br>– 여호아하스는 애굽의 포로로 잡혀가 그곳에서 살해됨<br>3) 여호야김이 여호와 보시기에 악을 행함<br>– 바벨론에 항복 권유한 **예레미야 선지자**를 죽이려고 함<br>– 바벨론의 멸망 예언한 선지자 우리야 살해(느부갓네살 2세 원년)<br><br>* BC 605 바벨론 동맹군(아람, 모압, 암몬 등)에 앗수르 땅 갈그미스 전투에서 애굽 느고 왕 패배<br>– 유다는 당시의 강대국인 애굽의 영향 하에 있었음<br>1) BC 605(여호야김 4년) 바벨론 포로 1차 송환: 선지자 다니엘과 세 친구들, 예루살렘 성전 보물 기물<br>2) BC 597(여호야긴 원년, 느부갓네살 왕 9년)<br>바벨론 포로 2차 송환: 여호야김, 여호야긴, 선지자 에스겔 |
| 3개월 | 11년 |

BC 609 BC 598

(23세) 여호아하스(2남, 살롬) 여호야김(25세)(장남, 엘리야김)

| | BC 600 **선지자 하박국**<br>– 역사의 종말에 강림하실 메시아를 대망하며 하나님 찬양. '무화과나무가 무성하지 못하며, 포도나무에 열매가 없으며 감람나무에 소출이 없으며, 외양간에 소가 없을지라도, 나는 여호와로 말미암아 즐거워하며 나의 구원의 하나님으로 말미암아 기뻐하리라. | BC 593 선지자 에스겔(포로생활 5년)<br>– 갈대아 땅 '그발 강가'에서 하나님 소명을 받음: 여호와의 보좌와 권능이 특별히 임하고 하나님의 영광의 환상을 봄. 네 생물과 바퀴의 난해한 상징<br>1) 하나님은 지역적인(이스라엘) 하나님이 아니라 이방에도 존재하시며 전 세계를 통치하시는 분. 수세기 동안 예루살렘 성전을 떠나지 않았던 여호와의 영광이 이곳 이방에 나타나심<br>2) 하나님이 포로 된 유다 백성에게 **에스겔**을 통하여 유다의 종말을 선포케 하심<br>3) 하나님이 자의로 백성들을 책망하지 않도록 하기 위하여 에스겔을 벙어리가 되게 하고, 하나님 자신이 말씀하실 때에만 그의 입을 열게 하심(에스겔의 벙어리 상태는 예루살렘 함락 때까지 지속)<br>4) 에스겔을 통하여 하나님의 심판의 목적을 유다 백성들에게 선포. 이것이 **에스겔서**의 메시지이자 주제<br>5) 여호와 하나님만이 이 세상의 창조주이며 구속자이시다<br><br>BC 605 *유다 총독부(바벨론 설치)<br>본부: 미스바<br>총독: 그다랴<br>44년 |
|---|---|---|

BC 605 느부갓네살 2세
바벨론 1차 포로 송환

| | *** 선지자: 예레미야**<br>1) 혼합주의적인 우상숭배(악을 행함)<br>2) **선지자 예레미야**의 경고도 받지 않고 오히려 그를 지하감옥에 가둠(예루살렘 함락 시까지) – 바벨론 느부갓네살 왕이 예레미야 출옥시킴<br>3) 바벨론을 배반하고 친애굽 정책으로 시드기야 9년에 바벨론의 느부갓네살 2세가 예루살렘 성을 18개월간 포위 공격<br>4) BC 593 거짓 선지자 하나냐가 백성들에게 예루살렘의 평화, 바벨론 멸망 예언 – 하나님께서 죽이심<br>5) 성전 총감독, 제사장 바스훌이 **선지자 예레미야** 폭행, 구금<br>6) BC 586 예루살렘 성 함락<br>바벨론 느부갓네살 2세 20년에 이스라엘 멸망<br><br>* BC 586(시드기야 11년) 바벨론 포로 3차 송환: 832명, 성전의 놋제품<br>– BC 597 포로 2차 송환 시<br>(왕후, 왕족, 고관, 내시, 제사장, 용사, 기능공, 토목공 등)<br>3,023+7,000= 10,000명 이상 |
|---|---|
| 3개월 | 11년 |

BC 597 여호야긴(S) (18세)(여고냐, 고니야) (여호야김의 아들) 시드기야(21세)(3남) 여호야긴의 숙부 BC 586 (남유다 멸망)

| BC 597<br>① 여호야김 폐위<br>② 여호야긴 즉위 폐위<br>③ 시드기야 즉위 | BC 592 **에스겔**<br>(포로 생활 6년)<br>– 하나님의 뜻과 목적에 반하여 자기의 심정을 예언하는 거짓 선지자들을 심판하실 것을 경고<br>– 이들의 기만적인 예언으로 유다 백성들이 패역을 일삼고 잘못된 낙관주의에 빠져 온 나라가 혼란 | BC 589 **에스겔**<br>– 7개국의 멸망 예언 암몬, 모압, 에돔, 블레셋, 두로, 시돈, 애굽<br>(7–완전 숫자임) | BC586<br>① 시드기야 폐위<br>② 유다 멸망 | BC 585<br>① 페니키아 정복 (시리아, 레바논 해안 지역)<br>② 시돈, 티레, 트리폴리, 베이루트 등 정복<br>– **다니엘**과 세 친구<br>– 왕이 세운 금신상 숭배 거절 풀무불에 던져짐<br>하나님의 천사가 구원 |
|---|---|---|---|---|

44년

느부갓네살 2세

BC 597
바벨론 2차 포로 송환
(약 10,000명)

BC 585

BC 586
바벨론 3차 포로 송환
(832명)

| BC 586 **선지자 하박국**<br>하나님과 환상을 통하여 대화<br>– 하박국 질문(호소): 악인이 왜 처벌을 받지 않고 있으며, 하나님은 왜 기도에 응답하지 않으시는지?<br>(악인: 앗수르, 바벨론)<br>– 하나님의 응답(질문에 직접적인 응답 아님)<br>① 정한 때(종말)는 비록 더딜지라도 반드시 임하리니, 기다리며 믿음으로 말미암아 살리라<br>② 조롱하는 시: 자기 소유 아닌 것을 모으는 자여, 언제까지 이르겠느냐 볼모 잡은 것으로 무겁게 짐 진 자여! | BC 586 **선지자 예레미야**<br>① 예루살렘 함락 시까지 투옥, 느부갓네살 왕이 바벨론 군사령관 느부사라단에게 명령. 출옥시켜 라마에서 석방, 유다 총독 아히감의 아들 그다랴에게 보냄(미스바)<br>② 다윗의 혈족, 시드기야 왕 장관 이스마엘이 그다랴 총독 살해<br>③ 가레아의 아들 요하난과 군지휘관이 이스마엘을 기브온 물가까지 추적, 그가 암몬으로 도주<br>④ 요하난이 바벨론의 보복이 두려워 유다 백성과 **예레미야**와 바룩(예레미야의 친구이자 서기관–예레미야를 대신하여 하나님의 메시지를 선포)을 강제로 애굽에 끌고 감<br>⑤ **예레미야**가 애굽의 유다 백성들에게 애굽도 바벨론에게 멸망될 것이라고 예언 | **예레미야애가**<br>– 바벨론의 예루살렘 성 포위 공성 기간(BC 588~586)에 있었던 성 안의 참상을 적나라하게 기록하고 있다. 고난도 하나님이 베푸시는 긍휼의 한 방편이다. |
|---|---|---|

| BC 582 바벨론 제국에 멸망한 국가<br>① 모압(그모스 신)<br>② 암몬(밀곰 신)<br>③ 에돔(지형상 천연적 요새)–반바벨론 정책<br>④ 팔레스타인 동부 사막: 게델, 하솔<br>⑤ 엘람(바벨론 동쪽 바사만 북쪽 평지)<br>⑥ 두로 함락: 13년간 활을 잘 쏘는 사람들 | ① 블레셋 멸망: 역사에서 사라짐(가사, 두로, 시돈, 아스글론)<br>② 애굽 본토 침공 멸망<br>* 직전 애굽 왕 호브리 정적, 애굽 왕 아마시스(BC 570–526)에 의해 피살(BC 570) |
|---|---|

44년

| BC 581 | 느부갓네살 2세 | BC 567 | BC 561 |
|---|---|---|---|
| 바벨론 4차<br>포로 송환 (745명) | | | |

BC 573 **선지자 에스겔**(60세, 소명받은 지 21년 해)
–하나님의 환상: 이스라엘의 영광(새롭게 건설될 예루살렘의 성전 구조)을 보여주심
본 성전은 예수 그리스도의 몸으로 세우신 교회를 상징, 구약의 성전은 신약의 교회를 뜻한다.
1) 하나님의 영광(새로운 성전)은 10년 전 그발 강가의 환상과 똑같았다.
2) 하나님의 영광은 어두운 인간 세상 전체에 골고루 비친다.
3) 에스겔이 본 제단은 십자가를 연상케 한다. 그리스도는 십자가에서 하나님과 분리되었던 인간을 하나님과 화목하게 한 완전한 희생제물이 되셨기 때문이다.
4) 바벨론 포로 생활에서 이스라엘 민족이 삶을 포기하지 않는 것은 회복될 땅의 소망이 있었기 때문이다.
*에스겔 선지자는 바벨론 지역을 떠나지 않고, 그의 사역을 마감하였다.

| | * **바벨론 포로 기간: 약 70년** | * **바벨론 제국의 멸망 원인** |
|---|---|---|
| | – 하나님께서 이스라엘 민족이 출애굽 이후 남유다 히스기야 왕 때까지 '안식하지 아니한 일수를 모두 계산한 기간'<br>– 레위기의 안식일 표시<br>1) 안식일: 7일째<br>2) 안식년: 7년째<br>3) 희년: 50년째(7년×7+1)<br>– 바벨론은 '하나님의 도구'에 지나지 않았다.<br><br>* 바벨론 포로 생활 69년간(BC 605~536) | 1) 이스라엘에 대한 지나친 압제와 멸시<br>2) 정복 국가에 대한 영구적인 지배권 주장<br>3) 교만과 하나님께 대적<br>– 하나님은 이스라엘이 앗수르, 애굽, 바벨론에 압제 당하는 모습을 안타까워 구속하심<br>① 황폐와 멸망은 예루살렘 성의 재난<br>② 기근과 칼은 예루살렘 주민에게 임한 환난<br>4) 바벨론의 멸망은 유다의 회복에 대한 보증 |
| | 8년 | 14년 |
| | BC 561(원년)<br>에윌므로닥(장남) | BC 553(원년) BC 539(바벨론 멸망)<br>벨사살(느, 왕의 차남) |

BC 538(바벨론 멸망 다음해) **다니엘**
바사 고레스가 메대 다리오를 바벨론 총독으로 임명. 다리오가 총리 3명 중에서 다니엘을 총리로 임명, 직무하게 함
1) 다리오가 왕 이외에 다른 신을 숭배할 시에는 사자굴에 넣기로 한다는 금령(칙령)을 선포
2) **다니엘**이 이를 어김– 예루살렘 성을 향한 윗방 창문을 열고 하루 3번 무릎 꿇고 기도하며 하나님께 감사드림
3) **다니엘**이 사자굴에 던져짐. 하나님이 그의 천사를 보내어 사자들의 입을 봉하심으로 다니엘이 구원됨
4) **다니엘**을 참소한 사람들과 그들의 처자들을 다리오가 사자굴에 던져넣어 모두 죽게 함
5) **다니엘** 한 사람의 철저한 헌신은 온 세상 가운데 하나님의 영광을 찬연하게 빛나게 하였음

| BC 561 **유다 여호야긴 왕 석방** | BC 553 **선지자 다니엘** | BC 539 **바벨론 제국 멸망** |
|---|---|---|
| – 에윌므로닥 왕의 특별 사면<br>– 투옥 기간: 37년(BC 597~561)<br>– 노후 생활: 평생 바벨론에 있는 왕(총독)들보다 높은 지위로 궁중생활 | – 침상에서 꿈을 꾸며 네 짐승의 환상을 보았다. 하늘의 네 바람이 큰 바다로 몰려 불더니 큰 네 짐승이 바다에서 나오다.<br>사자(바벨론), 곰(메대, 바사), 표범(알렉산더 제국, 그리스 제국), 열 뿔 짐승(로마 제국)– 네 왕 | 바사 고레스 왕과 메대 다리오의 연합군에 의해 바벨론 함락(아하수에로의 아들)<br>– 유브라데 강변 천연 요새지, 방어선이 무너져 고브리야스가 궁에 들어가 벨사살 왕 살해 |

| 바사(페르시아) 제국 | |
|---|---|
| 1. 기간: BC 539~330(209년)<br>2. 수도: 수사<br>* 페르시아 제국의 수도 4개: ① 수사(도시국가 바사의 수도) ② 페르세폴리스(다리오 1세와 아하수에로 왕이 건설) ③ 에크바타나(메대의 수도: 다리오 3세 거주) ④ 바벨론(옛 바벨론 제국의 수도) | |
| * 페르시아: BC 3000년부터 시작<br>– 고레스 2세에 의해 통일되기 전까지 여러 개의 도시국가들로 구성<br>– 그중 메대(수도: 에크바타나)와 바사(수도: 수사)가 강력한 국가<br>* 고레스 2세: 바사 출신 아버지 캄비세스와 메대 출신 어머니 만다네(메대의 아스티아게스 왕의 딸)의 장남<br>BC 559~550 9년 바사 왕<br>BC 550~539 11년 통합 바사 왕<br>BC 539 바벨론 멸망시킴<br>메대 수도 에크바타나 점령·합병(바사 고레스와 메대 다리오의 연합군)<br>BC 539~522 17년 다리오 바벨론<br>BC 539~529 10년 고레스 총독<br>〈치적〉<br>① 재위 중 리디아(터키: 수도–사르디스), 동쪽으로 박드리아, 소그디아나를 정복, 제국의 영토 확장. 당시 리디아의 크로이소스 왕은 그리스를 정복하여 조공을 받고 있었음<br>② 디아스포라 유대인들에게 예루살렘에 헌금과 헌물을 하도록 허용<br>"페르시아의 아버지"로 칭송 | 1) 후손: 없음<br>2) 애굽 원정 떠나기 전 친남동생 스메르디스 살해, 친여동생 아토사를 아내로 삼음<br>3) 수도 수사 성에서 반란이 일어나 회군 중 말에서 떨어져 사망<br>4) 나중에 왕후 아토사는 후임인 다리오 1세의 아내가 됨<br>* BC 537년이 바사 고레스 2세의 원년이라 하는 이유: 고레스 2세가 페르시아 제국으로 선포한 연도 |
| 10년 | 7년 |
| BC 539 고레스 2세(일명: 키루스 2세 대제) BC 529 | 캄비세스(장남) BC 522 |
| 페르시아(바사) | |
| BC 537 **선지자 예레미야**(바사 고레스 왕 원년)<br>– 여호와께서 **예레미야**의 입을 통하여 하신 말씀을 이루게 하시려고 고레스의 마음을 감동시키시다<br>1. 예루살렘에 대한 하나님의 성전 건축 조서 발표<br>1) 소요 경비 전액 – 왕실 부담<br>2) 성전 규모<br>3) 3차에 걸친 예루살렘 성전의 노획 보물과 그릇 반환 조치<br>2. 바벨론 포로 귀환 칙령 발표(1차)<br>– 이는 '제2의 출애굽 사건'임<br>BC 536(고레스 왕 2년) 제1차 포로 예루살렘 귀환<br>1) 인도자: 스룹바벨(주요 인사: 여호수아, 스라야 등), 귀환자: 42,360명<br>2) 7월(귀환 후 3개월) 예루살렘에서 번제를 드리고 유월절을 지키다 | |

BC 513 다리오 1세 대왕 발칸 반도 원정
트라케, 마케도니아(아민타스 1세) 정복
– 인도, 에티오피아 일부까지 영토를 넓힘
* 페르시아 전쟁(BC 513~450 약 60년간)
– 고대 그리스의 도시국가 연합과 세계 최대의 페르시아 제국간의 전쟁
BC 499 이오니아가 반란(BC 499~493)
– 페르시아의 총독을 축출
– 페르시아가 군대를 동원, 반란 진압, 키프러스 섬과 카리아 도시 점령
– 페르시아 해군은 이오니아의 그리스 해군에 패전
BC 494 반란의 중심지인 소아시아의 밀레토스 공격, 라데 전투에서 이오니아에 대승
– 그리스 에게 해의 섬들 정복
BC 492 다리오 1세의 사위 마르도나우스 장군의 대규모 육군이 헬레스폰토스(다다넬스 해협)를 건너 트라게와 마케도니아로 진군하여 정복
BC 536 선지자 **다니엘**
– 힛데겔(티그리스) 강가의 환상을 보며 잠이 듦
1) 한 사람이 세마포 옷을 입고(제사장의 복장) 순금 띠를 띠었다.
2) 몸은 홍옥 같고 얼굴은 번갯빛, 눈은 횃불, 팔과 발은 빛난 놋, 말소리는 무리의 소리 같은 분, 그가 한 손으로 다니엘을 세 번이나 만지셨다.
3) 세마포 입은 자의 말씀: 종말의 시기는 하나님 외에 누구도 알 수 없고, 성도들은 종말의 시기에 연연하지 말고 순간순간을 성실과 믿음으로 살아가라.
* 성육신 하시기 전에 그리스도는 하나님이셨다. 그러나 사람의 모습으로 나타나셨다.
* **다니엘 선지자**의 바벨론 거주: 69년(BC 605~536)
BC 535 2월 성전 재건 사업 시작
– 공사 감독: 스룹바벨, 여호수아(예수아)
1) 성전 공사 방해자(사마리아인)에 의해 다리오 왕 즉위 때까지 공사 중단(15년간)
2) 바벨론이 탈취해 간 예루살렘 성전의 각종 보물과 성전 기구들 반환 조치: 유다 총독 세스바살에게 명령

36년

| BC 522 | BC 486 |
|---|---|
| 다리오 1세(일명: 다리우스 1세, 메대 사람, 62세) / (왕후 아토사: 캄비세스의 친동생) | |

BC 521 **선지자 학개**
1) 여섯째 달 초하루: 여호와의 말씀이 선지자 학개로 말미암아, 유다 총독 스룹바벨, 대제사장 여호수아에게 임함
– 여호와의 성전을 건축할 시기가 이르지 아니하였느냐
(BC 536 사마리아인의 반대로 성전 건축이 15년간 중단되어 있다.)
* 여호수아: 유다 멸망 시 바벨론 왕 느부갓네살에 의해 하맛 땅에서 피살된 제사장 스라야의 손자, 여호사닥의 아들.
2) 아홉째 달 24일: 여호와의 말씀 임함
– 여러 왕국들의 보좌와 세력을 멸할 것이며
– 성전의 나중 영광이 이전 영광보다 크고, 이곳에 평강을 주리라

– 마르도니우스 장군을 그 지역의 총독으로 임명해
BC 490 이오니아의 반란을 지원한 아테네와 에레트리아 정벌. 페르시아 50만 대군이 낙소스 상륙. 6일 만에 에레트리아를 함락시키고 아테네 공략
– 아타카 지방의 마라톤 평야 전투에서 아테네 육군이 페르시아 대군을 격퇴
이 전투 승전보가 현대 올림픽 마라톤의 유래가 됨
BC 480 페르시아 군이 그리스 본토를 유린, 아테네 입성
BC 479 그리스 연합 함대가 페르시아 대군을 바다로 유인, 살라미스 해전(세계 4대 해전 중 하나)에서 승리
BC 478 그리스 연합군이 비잔티움의 페르시아 주둔군을 몰아내고, 그리스 해군은 뮐칼레 전투에서 페르시아 함대 격파
– 그리스 연합군은 아테네와 스파르타 주도

36년

| BC 522 | BC 486 |
|---|---|
| 페르시아 다리오 1세(일명: 다리우스 1세, 메대 사람, 62세) / (왕후 아토사: 캄비세스의 친동생) | |

BC 521 선지자 **스가랴**(잇도의 손자, 베레갸의 아들)
– 여호와의 말씀이 두 환상으로 임함
1) 성전 재건 후의 예루살렘의 영광
2) 여러 나라에 대한 하나님의 심판
* 유다와 이스라엘과 예루살렘을 흩뜨린 4개의 뿔과 대장장이(앗수르, 애굽, 바벨론, 메대와 바사)
– 여호와의 말씀이 **스가랴 선지자**에게 임함
대제사장 여호수아(예루살렘으로 포로 귀환 후 첫 번째 임명받은 대제사장)에게 금면류관을 만들어 씌우라
*여호수아의 대관식 장면은 그를 통해 왕권과 대제사장권이 통합될 것과 장차 오실 메시아(예수 그리스도)의 권능을 상징한다.

* 예루살렘 성전 건축 준공 및 절기 제사
BC 536 고레스 왕 2년
성전 재건 작업 1차 시작 및 방해로 중단
BC 520 다리오 왕 3년
성전 재건 작업 재개
BC 516 다리오 왕 7년 열두 달 아달 월 3일, 제2성전 재건 준공식 거행(20년 소요)
BC 515 첫째 달 14일: 유월절 행사 거행
– 이어 7일 동안 무교절을 지키며 즐겁게 보냄

바사(페르시아) 제국

–당시 인도로부터 구스까지 127개 지방을 다스리는 강력한 국왕
동쪽: 파키스탄, 서쪽: 중앙아시아와 서아시아
남쪽: 시내 반도, 애굽, 에티오피아 일부, 북쪽: 마케도니아
(면적: 480만㎢, 인구–2,000여 만 명)

BC 484(재위 3년)
왕이 도성 수산 궁 후원 뜰에서 나라의 영화와 위엄을 나타내려고 7일 동안 연회, 바사와 메대의 장수들과 일곱 지방관들이 참석. 왕이 연회장에 황후 와스디(용모가 아리따움)를 초청하였으나 왕후가 거절함. 참석한 지방관들의 왕명에 대한 일벌백계 의견 제시로 왕후 폐위
BC 484 왕후의 간택령 발표에 따라 모인 처녀들을 1년간 몸 정결케 단장 후, 매일 밤 한 명씩 3년간(365일×3=1,095명) 왕의 침실로 나아감
BC 480(재위 7년) 10월 에스더가 왕후로 간택됨
– 4년간의 그리스 원정을 마치고 돌아온 해
BC 466 '델로스 동맹'이 페르시아와의 에우뤼메돈 전투에서 2번 승리, 이오니아 도시국가들이 독립을 쟁취

21년

BC 486 — BC 465

아하수에로(장남, 일명: 크레르크세스 1세)

**BC 480(아하수에로 왕 재위 7년) 10월 5일**
– 도성 수산에서 에스더가 황후로 간택(유다인 베냐민의 자손 모르드개의 사촌 여동생)

1) 그의 조상이 BC 597 바벨론 2차 포로로, 여고냐 왕과 함께 잡혀와 그들은 바벨론에서 출생. 그녀의 부모가 죽은 후에 모르드개가 에스더를 자기의 딸같이 양육(용모가 곱고 아리따움)
2) 에스더에게 자신의 민족과 종족을 말하지 않게 함
사유: 동맹국 여섯 나라에서만 왕후 간택 규정
* 모르드개가 왕의 내시 2명의 왕 암살 음모를 왕후 에스더를 통하여 왕에게 알림. 실증 조사 후 그들은 죽임을 당하고 그 일이 왕의 궁중 일기에 기록됨
BC 475(재위 12년) 첫째 달 니산 월
– 왕이 아말렉 족속(사울 왕 때 이스라엘의 숙적) 후예인 하만을 총리로 임명–왕이 모든 신하들에게 무릎을 꿇고 그에게 절하게 함
① 모르드개가 자신이 유다인임을 알리고 왕의 명령을 거절
② 하만이 모르드개 등 바사 전 지역에 흩어져 살고 있는 모든 유다인 말살 계획을 왕에게 말하고 조서를 받아 전국 각지에 반포(4월 15일)
③ 열두째 달 아달 월 13일–전국의 모든 유다인 멸절하고 그 재산 탈취일 공고
④ 모르드개가 왕후 에스더에게 모든 상황을 알리고 목숨을 걸고 유다 민족을 살리기 위하여 왕께 가라 함
⑤ 황후 에스더가 왕과 하만을 잔치에 초대: 하만의 유다 민족 말살 계획을 폭로, 하만이 자기의 집 나무에 매달려 죽다
⑥ 모르드개가 하만 대신 총리로 임명되다. 모르드개의 조서가 6월 25일 반포됨– 유다인들을 죽이려던 12월 13일 유다의 대적들 전멸.
⑦ 모르드개의 사적이 메대와 바사 왕들의 일기에 기록
⑧ 에스더 왕후가 유대 민족의 구원 '부림절' 탄생시킴

| 바사(페르시아) 제국 |
|---|
| * 델로스 동맹: 스파르타를 제외한 그리스의 여러 도시<br>국가들이 아테네를 맹주로 하는 반 페르시아 연합<br>(제1차 아테네 해상 동맹 BC 477~431)<br>– 주요 참가 도시국가: 아테네, 이오니아, 에레트리아, 아이올리스 등<br>– 동맹 본부: 델로스 섬(에게 해 해상에 위치)<br>아테네로 이전(BC 454)<br>BC 448 그리스의 델로스 동맹과 페르시아 왕 아닥사스다 1세 간에 정전 협정 체결 |

41년

| BC 465 페르시아 왕국 아닥사스다 1세(아들) / (에스더의 의붓아들) | BC 424 |
|---|---|
| BC 458 제2차 포로 예루살렘 귀환<br>(아닥사스다 1세 재위 8년)<br>1) 귀환 기간: 4개월(첫째 달 초하루, 바벨론 떠나 다섯째 달 초하루 예루살렘 도착)<br>2) 귀환자: 약 5,000명(인도자: 에스라)<br>* 에스라: 페르시아 궁내의 능숙한 서기관이자 유대인의 율법에 능통한 제사장(아론의 혈통임)<br>3) 포로 생활에서 돌아온 사람들의 성직 서열을 5가지로 구분:<br>① 제사장들<br>② 레위 사람<br>③ 노래하는 자<br>④ 문지기들<br>⑤ 느디님 사람들(잡혀온 외국인들 중 제사장 시중드는 사람들)<br>4) 왕이 **에스라**를 하나님의 사람으로 신임하여 그에게 많은 권한을 위임함<br>① 종교적·정치적 통치권: 재판권 부여<br>② 성전 봉사자들에 대한 면세 조치<br>③ 모세의 율법책을 왕의 수문장 광장(재판과 상거래가 행해지는 곳)의 나무강단에서 강의<br>5) 예루살렘 성의 규모<br>① 10개의 문과 4개의 망대<br>② 성 둘레 6km<br>③ 성전 건축 시 유대인과 사마리아인의 마찰<br>* 바벨론~예루살렘의 거리: 약 1,500km<br>(도보로 약 5개월) | BC 446 수산 궁 술관원장 느헤미야(아닥사스다 1세 재위 20년 기슬르 월, 하가랴의 아들)<br>– 유다에서 온 하나니로부터 동족들의 고난과 예루살렘 성이 훼파된 소식을 듣고 금식기도하며 동족들의 죄를 고백하며 하나님의 긍휼을 간구함<br>BC 446 니산 월 **느헤미야**<br>– 예루살렘 성전 재건축 책임자로 보내줄 것을 왕에게 간청 허락받음(기도한 지 4달 만에 받은 하나님의 응답)<br>BC 445 제3차 포로 예루살렘 귀환<br>(아닥사스다 1세 재위 21년)<br>1) 인도자: **느헤미야** 유다 총독에 임명<br>* 총독 재위 기간: 12년 (BC 434까지)<br>2) 귀환자: 42,360명<br>예루살렘 성벽 중수 공사**(느헤미야)**<br>1) 성벽 재건 공사에 필요한 물자의 공급을 왕으로부터 허락 받음<br>2) 비밀리에 성벽 재건을 위한 사전 답사 실시<br>3) 산발랏(느헤미야의 정적) 일당 등의 강력한 공사 방해<br>4) 전임 총독들이 받던 녹을 12년간 받지 않다<br>5) 무너진 예루살렘 성벽 중수 공사 52일 만에 완성 |

바사(페르시아) 제국

* 펠로폰네소스 전쟁(BC 431~404, 27년간)
– 페르시아 제국의 '에게 해' 진출이 그리스 도시국가 연합군과의 '4차에 걸친 대전투'에서 좌절된 후에
– 강력한 육군을 가진 스파르타와 강력한 해군을 가진 아테네의 동맹도시들 국가 간의 전투
– 스파르타가 승리

| 41년 | 20년 |
|---|---|
| BC 424 | BC 404 |
| 아닥사스다 1세(아들) / (에스더의 의붓아들) | 크레르크세스2세(장남) |
| BC 435 **선지자 말라기**, 마지막 선지자<br>(아닥사스다 1세 재위 31년)<br>1) 포로 생활에서 귀환한 이스라엘 백성들이 하나님의 사랑을 점점 의심<br>– 선지자가 백성을 위로하고, 하나님의 언약을 저버리고 타락한 예배의식을 찾는 백성들에 대한 경고<br>– 이스라엘(야곱)과 에돔(에서)이 똑같이 범죄. 그러나 에돔은 버리시고 이스라엘은 회복시켜 주실 것임을 상기시킴<br>2) 백성들의 죄악상<br>① 순결한 예배를 드리지 않음<br>– 더러운 떡, 훔친 물건, 병든 것, 저는 것 등을 드림(눈먼 희생제물)<br>② 제사장들의 타락과 악행을 행함<br>– 백성들이 이방 여인들과 잡혼, 조강지처 버림 등을 조장<br>③ 종교적 규례 준수하지 않음<br>– 십일조 봉헌물을 도적질<br>3) 메시아로 오실 그리스도의 강림을 준비하라 전함<br>– 구약을 마무리 짓고 새로운 시대(신약)의 막을 열다<br>* 하나님의 침묵 기간: 약 430년<br>– 구약성경(말라기)~신약성경(마태복음)<br>(백성들이 하나님께 질문–말 1:2)<br>"주께서 우리를 어떻게 사랑하셨나이까"<br>(하나님께서 백성들에게 답변–요 3:16)<br>"하나님이 세상을 이처럼 사랑하사 독생자를 주셨으니 이는 그를 믿는 자마다 멸망하지 않고 영생을 얻게 하려 하심이라" | |
| BC 448 35년 | 페르디카스 1세 BC 413 |
| 마케도니아 왕국 | |

페르시아 제국

| 3년 | 43년 | | |
|---|---|---|---|
| BC 404 다리우스2세 (아닥사스다 1세의 서자) | BC 401 | 아닥사스다 2세 (다리우스 2세 막내아들) | BC 358 |

마케도니아 왕국(헬라: 그리스 시대)
기간: BC 498–BC 167(331년)
수도: 펠라
BC 498 페르시아 제국(다리오 1세)으로부터 독립
–위치: 그리스 반도의 최북단
(서쪽) 에페이로스, (동쪽) 트라게, (북쪽) 파이오니아, (남쪽) 데살로니카
–BC 492 이후 잠시 페르시아의 지배받음

| | 44년 | |
|---|---|---|
| BC 498 | 알렉산드로스 1세 | BC 454 |
| | BC 448 페르시아의 세력 약화로 그리스와 정전협정 체결 후에는 마케도니아와 그리스 간의 관계가 심각해져 정치적·군사적 충돌이 잦았다. | |

| 6년 | 35년 |
|---|---|
| BC 454 알케타스 2세 BC 448 | 페르디카스 1세 BC 413 |

| 14년 | 7년 | 22년 | 2년 | 9년 | 3년 |
|---|---|---|---|---|---|
| 헬라(그리스) 문화를 적극적으로 받아들이고 군비를 강화 | | –마케도니아 통일왕국 이룸 | | | |
| BC 413 BC 399 아켈라오스 1세 | BC 399 아켈라오스 2세 | BC 392 아민타스 3세 | BC 370 BC 368 알렉산드로스 2세(장남) | BC 659 페르디카스 3세 (차남) | BC 359 BC 356 아민타스 4세 (장남) |

<table>
<tr><td colspan="3">BC 358 아나톨리아 반란 진압<br>애굽 정복</td><td colspan="3">부하에게 피살<br>–페르시아 멸망</td></tr>
<tr><td colspan="3">20년</td><td colspan="3">8년</td></tr>
<tr><td>BC 358</td><td>아닥사스다 3세(장남)</td><td>(BC 343)</td><td>BC 338</td><td>다리우스 3세(장남)</td><td>BC 330</td></tr>
<tr><td colspan="3">* 마케도니아가 그리스 지배 시대를 열다<br>BC 356 그리스 도시국가 간의 제3차 신성 전쟁: 테바이가 마케도니아의 군대를 끌어들여 포커스와 아테네 동맹국에 크로코스 평야 전투에서 대승을 거둠. 이로서 필리포스 2세는 그리스 정계 중심의 패권 장악.<br><br>– 비잔티움과 보스포러스 해협을 차지하고자 트라케를 따라 동진, 아테네에 식량을 공급하는 흑해 곡물 공급선을 차단<br><br>BC 338 아테네의 데모스테네스 왕 주도로 도시국가 중 가장 강력한 육군을 보유한 테바이도 동참한 그리스 동맹군과의 카이로네이아 전투에서 필리포스 2세의 마케도니아 군이 대승 이 전투에 18세의 아들 알렉산더 대왕이 직접 참가<br><br>– 그리스의 지배자가 된 마케도니아 주도로 헬레네스 연맹(폴리스 연합)을 결성<br>BC 337 필리포스 2세가 폴리스 연합의 군 총사령관으로서 페르시아 제국에 대한 국민적 보복전에 나섬. 원정 중도에 암살됨<br><br>* 영토 확장:<br>(북쪽)비그리스 종족인 일리리아, (동쪽)아테네의 영토인 에게 해, 북쪽 해안 도시 임파폴리스로(트라케의 관문), (남쪽)데살리아<br>– 펠라고니아와 파이오니아도 병합<br><br>* 군대 개혁:<br>1) 전통적인 호플리테스 군대의 전투력 제고<br>2) 중무장 기병대인 헤타이로이와 경보병대 신설<br>3) 주력 보병대의 창의 길이를 늘리고 방패 크기를 줄여 공격 능력 신장</td><td colspan="3">– 모친은 인접국 모로시아 왕가 출신의 왕비 올림피아스(필리포스 2세의 5번째 부인)<br>– 왕비는 페르시아의 마지막 왕 다리오 3세의 딸 스타데이라<br>– 스승: 대학자 아리스토텔레스(28세)<br>13~15세 때 3년간 수도, 펠라 궁정에 초빙 문학, 철학, 정치학, 수학 등<br>– 즉위 20세, 북인도 정복 중 모기에 물려 바벨론에 돌아와 아라비아 원정을 준비하던 중 33세의 젊은 나이로 사망<br>1. 알렉산더 대왕의 주요 원정 기록<br>BC 336 즉위 후 대왕이 죽었다는 소문으로 아테네가 동요하고, 테베, 스파르타가 반란, 진압하고 그리스 전역을 장악<br>BC 334 마케도니아 군과 헬레네스 연맹군을 거느리고 페르시아 원정<br>1) 소아시아로 건너가 그라니코스 강변 가우가멜라 전투(1차)에서 페르시아군 격퇴: 그리스 여러 도시 해방시킴<br>2) 사르디스 그 밖에 땅, 점령하고 북시리아 공격<br>BC 333 킬라키아의 시리아 이수스 전투(2차)에서 페르시아 다리오 3세의 정예부대 격파<br>– 페르시아 함대의 본거지 티루스, 가자 등 점령<br>BC 332 시리아(다메섹·하맛) 페니키아(두로·시돈) 블레셋(에글론·가사·아스글론) 정복, 애굽 공략<br>BC 330 가우라멜라 전투(3차)에서 페르시아 멸망시키고 인도의 인더스 강까지 동방 원정<br>BC 324 페르세폴리스로 회군(다음해 병사)<br>2. 유대인에 대한 대왕의 조치<br>1) 유대인들의 유대법 허용<br>2) 안식년에 공물·세금 면제<br>3) 애굽에 알렉산드리아 도시 건설: 유대인들에게 이주 권유(그리스인들에게 부여된 10가지 특권 부여)<br>4) 통치기간에 구약의 헬라어 번역판 탄생</td></tr>
<tr><td colspan="3">20년</td><td colspan="3">13년</td></tr>
<tr><td colspan="3">BC 356<br>필리포스 2세(아민타스 3세의 3남)</td><td colspan="3">BC 336 BC 323<br>알렉산드로스 3세(장남, 알렉산더 대왕) 33세 사망</td></tr>
</table>

| 셀레우코스 왕조(시리아)<br>1. 기간: 258년(BC 321~63)<br>2. 수도: 안티오키아(안디옥)<br><br>셀레우코스 왕조 | – 알렉산더 대왕의 후계자(디아도코이) 중 1인<br>BC 330 대왕의 동방 원정 참가<br>BC 327 대왕의 인도 원정 참가<br>BC 324 페르시아 원정 도중, 수도 수사에서 박트리아의 왕 스피타메네스의 딸 아파마와 결혼(대왕의 피정복 지역의 민족과의 융합정책)<br>BC 323 마케도니아의 기병대 지휘관<br>BC 321 '바벨론 총독'에 임명<br>BC 312 가자 전투에서 마케도니아의 데메트리오스에 승리, 바벨론 정복, 이란 동부지역 점령<br>16년<br>BC 321 BC 305<br>셀레우코스(바벨론 총독), (필리포스2세: 귀족. 장군 안티오코스의 아들) |
|---|---|
| 프톨레마이오스 왕조<br>(애굽 제32왕조)<br>1. 기간: 293년(BC 323–30)<br>2. 수도: 알렉산드리아<br><br>프톨레마이오스 왕조 | –알렉산더 대왕의 후계자(디아도코이) 중 1인<br>BC 334 대왕 함께 첫 번째 페르시아 원정<br>BC 330 동방 원정 참가 페르시아 멸망시킴<br>BC 327 박트리아에서 인더스 강으로 가는 중, 무공을 세워 마케도니아 함대 사령관으로 임명<br>BC 324 페르시아 수도 수사에서 페르시아 출신 귀족 아르타가마와 결혼(대왕의 피정복 지역 주민과의 결혼 장려 정책의 일환)<br>BC 323 대왕 사후 애굽 총독에 임명: 애굽, 리비아, 아라비아 지역 통치<br>– 마케도니아 왕국 필리포스 2세의 사생아(대왕의 이복형)<br>궁정에서 알렉산더 대왕과 함께 수학<br>BC 320 유다(예루살렘) 침략 함락시킴<br>BC 313 키프로스 섬과 시리아 정복<br>18년<br>BC 323 BC 305<br>프톨레마이오스(이집트 총독) |

1. 모친은 왕비 로크사네, 대왕의 유복자 태어나기 전 몇 달 간은 삼촌이 유일한 왕(대왕의 사후 공동왕으로 통치키로 함)
2. 필리포스 3세는 태후 올림피아스가 살해
– 태후 올림피아스, 왕비 로크사네, 알렉산드로스 4세는 카산드로스가 살해(BC 310)
– 대왕의 사생아 헤라클레스 독살 당함

**3. 구약성경에 언급된 헬라 제국 관련 내용**

(단 7:6) 대왕이 유대 방문 시 읽었다는 성경 구절
(단 8:21–22) 알렉산더 대왕의 출현 예언
(단 11:3) 알렉산더 대왕의 출현 예언
(행 16:6–10) 사도 바울의 환상: 마게도냐(마케도니아) 사람
(행 16:1–12) 빌립보(유럽의 첫 교회)
(행 16:31) 간수장과 바울의 대화

13년

| 마케도니아 왕국 | BC 310 |
|---|---|
| 알렉산드로스 4세(장남), 필리포스 3세(이복동생)(~317) | |

BC 305 시리아 셀레우코스 왕조 창시
수도: 셀레우키아(BC 305~240: 65년간)
BC 301 입소스 전투에서 마케도니아의 안티고노스 1세에 승리
BC 281 케르소네소스, 트라키아를 병합, 애굽 프톨레마이오스 1세의 아들 프톨레마이오스 케라우스 암살 당함
BC 63 로마 공화정에 멸망당할 때까지 약 250년간 지속
* 헬레니즘(그리스 문화) 왕조의 핵심국가이며 영토가 제일 넓었다.
– 셀레우코스 제국은 그리스, 로마의 서양문화를 동양으로, 동양 문화(불교)를 서양으로, 동서양의 문화적 교류에 중요한 역할
(서쪽) 시리아, 아나톨리아(소아시아: 터키), (중부) 레반토, 메소포타미아(이라크), 페르시아(이란)
(동쪽) 인더스 강(파키스탄)

24년

| BC 305 | 셀레우코스 1세 니카토르 | BC 281 |
|---|---|---|

BC 305 프톨레마이오스 왕조(애굽 제32왕조) 창시
수도: 알렉산드리아(BC 333 알렉산더 대왕이 건설)
– 애굽인들은 '시조 프톨레마이오스 1세'를 '독립 애굽 왕국'의 '바로'로 인정
*BC 30 로마 공화정에 멸망될 때까지 약 300년간 이집트에 '헬레니즘 왕조'가 계승됨
BC 302 안티고노스(마케도니아 왕조 계승자)에 대항, 연합군 결성 시리아 침공
BC 301 입소스 전투에서 마케도니아의 리시마코스와 셀레우코스의 셀레우코스 1세가 다시 시리아 점령
* 남부 시리아**(유대 지방) 영토권을 두고** 시리아**(셀레우코스 왕조)**와 애굽**(프톨레마이오스 왕조)** 간의 **100년간의 분쟁이 지속됨**
BC 290 프톨레마이오스 1세는 아내 베레니케 1세를 애굽 여왕으로 세움
BC 285 차남 프톨레마이오스 2세를 '공동 통치자' 겸 '왕위 계승자'로 임명
– 프톨레마이오스 1세는 생전에는 '신격에 이르는 사람'으로 찬양, 죽은 뒤에는 모든 애굽인으로부터 '신과 같은 존재'로 추앙을 받음

22년

| BC 305 | 프톨레마이오스 1세 소테르 | BC 283 |
|---|---|---|

– 마케도니아 왕국의 섭정(BC 334~323)이었던 안티파트로스의 장남
– 알렉산더 대왕의 후계자(디아도코이) 중 1인
– 필리포스 2세의 딸 데살로니게(대왕의 이복여동생)와 결혼
BC 297 수종으로 사망. 그의 장남 필리포스 4세도 즉위 후 병사
BC 301 입소스 전투
알렉산더 대왕의 후계자들 사이에 프레지아의 입소스에서 벌어진 전투
– 안티고노스 1세(프레지아 총독)과 그의 아들 데메트리오스와 다른 후계자들(애굽의 프톨레마이오스 1세, 시리아의 셀레우코스 1세, 리시마코스, 마케도니아의 카산드로스) 연합군 간의 전쟁
– 이 전쟁에서 연합군이 승리. 안티고노스 1세 전사(BC 306~301)
* 안티파트로스
– 마케도니아 왕국의 섭정(BC 334–323)
– 대왕의 원정 중 마케도니아 본국 그리스, 트라키아 통치(측근이며, 총독인 그에게 위임)
* 마케도니아 왕국의 영토: 마케도니아, 그리스, 트라케

13년

| BC 310 | 카산드로스 | BC 297 |
|---|---|---|

BC 291 동쪽 지역 영토를 부왕과 공동 통치
BC 281 리디아의 사르디스 근처 코르페디온 전투에서 마케도니아의 리시마코스 군을 격퇴, 소아시아의 패권 확보
BC 276 발칸 반도 상주 켈트족을 소아시아에서 격퇴(양국 우호조약 체결)
– 이로써 그리스인들과 마케도니아인들이 안티우코스 1세를 소테르(구세주)라고 칭함
BC 270 애굽 지배 하에 있던 지중해 해안 팔레스타인을 획득하기 위해 제1차 시리아 전쟁(애굽 프톨레마이오스 2세 승리) 향후 6차의 전쟁
* 신흥 세력 페르가몬의 게우메네스 1세에 패전

20년

BC 281 안티우코스 1세 소테르(장남) BC 261
셀레우코스 왕조

※ 프톨레마이오스 2세 필라델포스에 대한 기록(사료)은 전혀 없음
– 마케도니아 왕국의 프톨레마이오스 케리우노스(BC 281~279)의 이복동생

37년

BC 283 프톨레마이오스 2세 필라델포스(차남) BC 246
프톨레마이오스 왕조

*안티고노스 1세
– 안티고노스 왕조 창시(BC 306~167)
– BC 333 프레지아 총독
– BC 321 아시아 원정군 총사령관
– BC 301 입소스 전투에서 전사

* BC 301 입소스 전투 이후
알렉산더 대왕의 통치 지역
– 마케도니아(안티고노스 왕조)
– 시리아 (셀레우코스 왕조)
– 애굽(프톨레마이오스 왕조)의 3개 왕국으로 분리 독립
헬레니즘 문화(역사)가 약 300년 동안 전승됨

11년

BC 297 데메트리오스 1세 (안티고노스 1세, 자칭 아들) BC 286
마케도니아 왕국

1) 제2차 시리아 전쟁(BC 260~255)
- 마케도니아의 안티고노스 2세와 제휴, 애굽 프톨레마이오스 2세에 승리
- 부왕이 제1차 시리아 전쟁에서 잃은 박트리아, 파르티아 등을 회복
- 마케도니아 안티고노스 2세는 애굽 함대 격침
- 밀레토스, 에페수스, 페니키아 해변 등 아나톨리아 대부분 되찾음
2) 첫 번째 왕비 라오다케와 이혼
애굽 프톨레마이오스 2세의 딸 베레니케와 정략결혼

15년

| BC 261 | 안티오코스 2세 테오스(차남) | BC 246 |
|---|---|---|

※ 프톨레마이오스 왕조의 절정기(Ptolemic Empire)
BC 246 시리아 셀레우코스 2세의 영토, 동부지역 침입 병합
- 페르시아에 빼앗겼던 애굽의 보물들과 애굽 신들의 신상들을 다시 찾아옴
- 수도, 알렉산드리아에 지리학, 천문학이 가장 번성한 시기

25년

| BC 246 | 프톨레마이오스 3세 에우에르게테스(장남) | BC 221 |
|---|---|---|

- 알렉산더 대왕의 후계자(디아도코이) 중 1인
- BC 324 대왕의 인도 원정 시 수사(페르시아 수도)에서 공적 인정, 장군이 됨
- BC 323 트라케 총독으로 임명
- BC 315 카산드로스, 프톨레마이오스 1세, 셀레우코스 1세와 같이 안티고노스에 대항
- BC 301 입소스 전투에서 연합군의 일원으로 참가, 안티고노스에 승리
리디아, 이오니아, 프리기아, 소아시아의 북쪽 해안의 영토를 할당 받음
BC 286 마케도니아의 데메트리오스 1세를 쫓아내고 왕이 됨
BC 281 애굽의 프톨레마이오스 1세와의 리디아 코루페디온 전투에서 전사
* 페르시아의 공주 아마스트리스와 결혼 및 이혼, 애굽 프톨레마이오스 1세의 딸 아르시노에 2세와 결혼

5년

| BC 286 | 리시마코스 | BC 281 |
|---|---|---|

1) BC 246 애굽의 프톨레마이오스 2세가 죽자 안티오코스 2세는 그의 딸 베레니케와 이혼하고, 첫 번째 왕비였던 라오다케와 다시 결혼. 라오다케는 자신의 아들 셀레우코스 2세를 후계자로 지명하고 자신을 몰아냈던 베레니케 왕비와 그의 아들 및 애굽 시종들, 자신의 남편 안티오코스 2세를 독살

2) 제3차 시리아 전쟁(BC 246~241)

베레니케의 오빠 애굽 프톨레마이오스 3세가 전쟁을 일으켜 라오다케를 참수

BC 226 시돈에서 승리한 셀레우코스 2세의 차남, 셀레우코스 3세가 **팔레스타인(유다) 정복**

21년

| BC 246<br>셀레우코스 왕조 | 셀레우코스 2세 칼리니쿠스<br>(장남, 왕비 라오다케의 아들) | BC 225 |
|---|---|---|

1) 제4차 시리아 전쟁(BC 219~217, 2년, 애굽과 시리아)

– 라피아 전투에서 애굽 원주민의 도움으로 애굽 승리

– 코이레, 시리아 주변 땅(레바논) 정복

2) 간신 소시비오스와 아가토클레스의 간계로 어머니, 베레니케 2세와 동생 미가(제사장) 살해

3) 방탕한 생활, 궁정의 부패로 국력 쇠약

4) BC 205 왕이 급사, 왕비 아트사노에 3세도 함께 살해됨

5) 6세의 아들이 다음 왕으로 즉위

16년

| BC 221<br>프톨레마이오스 왕조 | 프톨레마이오스 4세 필로파토르<br>(장남) | BC 205 |
|---|---|---|

– 셀레우코스 1세 암살

– 마케도니아로 도망

– 군대가 왕으로 지명

| | 2년 | | 3년 | |
|---|---|---|---|---|
| BC 281<br>마케도니아 왕국 | 프톨레마이오스 케라우노스<br>(프 1세의 장남, 프 2세의 이복형) | BC 279 | 소스테네스 | BC 276 |

| 페르가몬 왕국의 아탈로스 1세와 소아시아 전투 중 군대의 반란으로 피살<br><br>2년 | BC 240 수도 이전, 오론테스 강가 안티오키아(~BC 173년)<br>1) 철저한 행정 개혁: 각 지방의 지방관 중심<br>(서쪽)사르디스, (동쪽)셀레우키아, (그리스 도시들)아나톨리아, (수도 안디옥) 경제적·군사적·문화적 도시<br>2) 제4차 시리아 전쟁(BC 219~217): 애굽 프톨레마이오스 4세에 패배<br>3) 헬레니즘 문화의 중심지: 중동의 토착 문화보다 그리스 풍습과 관습이 우세, 지배계층은 그리스어 사용<br>4) 트라키아, 아나톨리아 사이의 헬레스폰토스, 아나톨리아, 시리아 사이의 타우루스 통로 장악: 상업무역 지배<br>5) 제5차 시리아 전쟁(BC 202~195): 애굽(프) 5세에 승리<br>BC 201 엘레우테로스 강 남쪽의 코엘라 시리아(레바논), 페니키아 해안의 여러 도시 정복<br>BC 200 애굽 영토인 팔레스타인 정복, **유대 지배권 확립(예루살렘에 제우스 신전 건립)**<br>– 동방의 종주권 회복: 파르티아, 박트리아, 멀리 인도까지<br>– 아르메니아 정복, 트라키아 탈환<br>* 왕국 설립 이후 가장 성공한 군주 '대왕'의 칭호 받다<br>BC 191 소아시아의 마그네시아 전투에서 동진해 오는 로마에 대패<br><br>36년 |
|---|---|
| BC 225 셀레우코스 3세 (장남) | BC 223 안티오코스 3세 대왕 (셀레우코스 2세 자남) BC 187 |

1) 제5차 시리아 전쟁(BC 202~195, 7년)
BC 198 파니움 전투에서 애굽 스코파스 장군이 안티오코스 3세의 시리아군에게 패배
– 4차 전쟁에서 얻은 코이레, 시리아 지방을 잃다.
– 로마의 중재로 안티오코스 3세의 딸인 클레오파트라 1세와 프톨레마이오스 5세가 결혼, 두 나라 간의 평화
2) BC 202 어린 프톨레마이오스 5세의 후견인의 권세를 휘두르는 간신들에 트레폴레모스가 반란을 일으켜 아가토클레스를 살해하고, 왕정을 안정시킴
3) 프톨레마이오스 5세 치세 중 지방의 반란이 지속, 노모스(행정구)의 권한을 증대
4) 세계적으로 유명한 로제타석이 그의 치세에 제작.

24년

| BC 205 | 프톨레마이오스 5세 에피파네스(장남) | BC 181 |
|---|---|---|

※ 안티고노스 2세의 치적
1. 용병 칼라티아인의 침략 격퇴
2. 마케도니아 왕가의 위상 회복, 질서와 번영을 회복
3. 안정적인 군주정 체제 확립
4. 그러나 나중에는 여러 그리스 도시국가들의 통제권 상실

37년

| BC 276 | 안티고노스 2세 고나타스(메데트리오스 1세의 아들) | BC 239 |
|---|---|---|

– 소아시아를 로마 공화정에 분할
– 카파도키아, 아탈리드, 페르가몬, 그리스 도시들 독립
– BC 187 장남 사망으로 왕위에 즉위
– 그의 상속자(아들) 테미트리우스 로마에 인질로 잡혀 있음

12년

| BC 187<br>셀레우코스 왕조 | 셀레우코스 4세 필로메토르<br>(차남) | BC 175 |
|---|---|---|

– 부왕 프톨레마이오스 5세가 죽고, 장남 프톨레마이오스 6세가 즉위 시 그의 어머니인 시리아 안티오코스 3세의 딸인 클레오파트라 1세가 섭정으로 취임 공동 통치
BC 145 제6차 시리아 전쟁
애굽의 프톨레마이오스 6세가 그의 사위인 시리아의 알렉산더 발라스에게 도전
시리아의 수도 안티오키아 전투에서 승리
– 시리아의 알렉산더 발라스는 도망가다 피살, 애굽의 프톨레마이오스 6세도 살해당함

36년

| BC 181<br>프톨레마이오스 왕조 | 프톨레마이오스 6세 필로파토스(장남) | BC 145 |
|---|---|---|

| | – 그리스 지역에<br>마케도니아의 패권 회복 | * 마케도니아 왕국과 신흥 로마제국과의 전쟁(마케도니아 전쟁: 4차례)<br>– 지중해 세계를 도모하는 새로운 강국, 로마제국의 '동방 진출 정책'과의 충돌<br>제1차 마케도니아 전쟁<br>(BC 215~205, 10년간)<br>– 애굽 영토인 아나톨리아 서부 지역과 에게 해에서 애굽 해군과의 전투<br>애굽을 지원한 로마군에게 마케도니아 패배<br>제2차 마케도니아 전쟁<br>(BC 200~197, 3년간)<br>– 로마군에게 마케도니아 패배 |
|---|---|---|
| 10년 | 7년 | 43년 |
| BC239 데메트리오스 2세(장남) BC 229 | 아티고노스 3세 (장남) BC222 | 필립포스 5세 (장남) BC179 |

마케도니아 왕국

| | |
|---|---|
| BC 175 형 테미트리우스가 로마에서 신하에 암살되어 즉위(14년간 로마에서 볼모 생활)<br>BC 169 애굽 침공, 수도 알렉산드리아 점령, 로마 개입으로 철수<br>BC 168 **유다 예루살렘 점령**<br>BC 167 **올림피아의 제우스 신 봉헌**<br>– 왕국의 헬레니즘화 주도<br>**– 유대교 박해, 유대인 모든 의식 금지**<br>*** 유대인 독립전쟁 유발**<br>BC 164 박트리아, 파트리아 원정, 사망<br>11년 | 어린 9세에 즉위, 리시아스 장군 섭정<br>2년 |
| BC 175 안티오코스 4세 에피파네스(안티오코스 3세 3남) | BC 164 안티코오스 5세 (안, 4세 장남) BC 162 |

| | |
|---|---|
| 10년 | BC 135 프톨레마이오스 8세는 그의 장인 유다 왕국 하스모니아 왕조의 초대 왕 시몬과 그의 장남 마타디아스, 2남 유다를 살해<br>프톨레마이오스 8세 퓌스콘 공동통치<br>아내: 클레오파트라 3세 공동통치<br>장남: 프톨레마이오스 9세 라튀로스<br>차남: 프톨레마이오스 10세 알렉산드로스 1세<br>딸: 클레오파트라 4세<br>딸: 클레오파트라 5세 세레네<br>19년 |
| BC 145 프톨레마이오스 7세 네오스필로파토르(장남) | BC 135 프톨레마이오스 8세 퓌스콘 (장남) BC 116 |

| | |
|---|---|
| – 부왕과 같이 반로마 정책<br>제3차 마케도니아 전쟁<br>(BC 171~168, 3년간)<br>– 로마군이 승리<br>– 마케도니아의 안티고노스 왕가 멸망<br>– 페르세우스 왕은 포로가 됨<br>12년 | – 로마의 지배하에 '4개의 공화국'으로 분할 통치(19년간)<br>BC 149 가짜 필리포스 6세 안드리스코스가 잠시 마케도니아 왕국 복원<br>제4차 마케도니아 전쟁<br>– 로마군에 패배<br>* 마케도니아의 옛 영토: 로마제국의 마케도니아 속주가 됨<br>19년 |
| BC 179 페르세우스(장남) | BC 167 마케도니아 왕국 멸망 BC 148 |

| | |
|---|---|
| – 안티오코스 5세와 리시아스 장군 피살<br>– 안티오코스 4세 이후 국력 쇠퇴<br>– 파르티아, 폰토스 등의 토착 왕조 각지에서 설립<br>– 티로스 등 도시국가들이 독립 선언<br>– 시리아의 돔마케네와 팔레스타인의 유다 지역을 잃다<br>BC 150 알렉산더 발라스에게 패전 | – 애굽 프톨레마이오스 6세와 동맹<br>– 그의 딸 클레오파트라 테아와 결혼 및 이혼 |
| 12년 | 5년 |
| BC 162 테미트리우스 1세 소테르 (셀 4세 장남) | BC 150 알렉산더 발라스 (안티오코스 4세 아들 자칭) BC 145 |

셀레우코스 왕조

– 모친 클레오파트라 3세는 공동통치자로서 차남 알렉산드로스 1세를 지명하려 하였지만, 백성들의 요구로 장남 소테르 2세 라튀로스가 파라오가 됨
BC 115 모친이 소테르 2세의 아내 클레오파트라 4세(자신의 딸)를 추방하여 장남과의 대립이 깊어짐
소테르 2세는 클레오파트라 5세 세레네(여동생)와 재혼
BC 110 모친이 자신의 암살을 꾀했다며 소테르 2세를 폐위하고 차남 알렉산드로스1세를 파라오 옹립
BC 109 차남 알렉산드로스 1세가 모친과 대립하여 폐위되고, 장남 소테르 2세가 파라오로 등극
BC 107 장남 소테르 2세가 모친과 대립하여 차남 알렉산드로스 1세가 다시 왕이 됨
BC 101 차남 알렉산드로스 1세가 모친을 암살하고, 형인 소테르 2세의 딸 베레니케 3세와 결혼
BC 88 차남 알렉산드로스 1세가 암살되고, 장남 소테르 2세가 3번째 파라오로 복귀. 테베의 반란 진압
* BC 81～80(1년) 베레니케 3세(소테르 2세의 딸)가 단독 통치
– 프톨레마이오스 9세 소테르 2세(BC 116～110)(BC 109～107)(BC 88～81)
프톨레마이오스 10세 알렉산드로스 1세(BC 110～109)(107～88)

35년

| | | |
|---|---|---|
| BC116 | 프톨레마이오스 9세 소테르 2세(라튀로스)(장남) 15년<br>프톨레마이오스 10세 알렉산드로스 1세(차남) 20년 | BC 81 |

프톨레마이오스 왕조

| | | | |
|---|---|---|---|
| 하스모니아 왕조(유대 지방)<br>1) 기간: BC 142–37(105년)<br>2) 수도: 예루살렘<br>3) 독립운동: 제사장 마타디아스 하스모니아<br>BC 168 셀레우코스 안티오코스 4세 유다 예루살렘 점령<br>BC 167. 12. 25. 예루살렘 성전에 올림피아의 제우스 신 봉헌 | BC 167 사제 마타디아스가 이방신 제사 명령 거부, 시리아 관리 살해, 반란을 일으켜 유다 독립운동 시작<br>– 그의 다섯 아들이 계승<br>BC 166 마타디아스 사망<br>– 첫 전투 사마리아 통치자 아폴로니오스 격퇴<br>BC 164 시리아 장군(실권자) 리시아스와의 전투에서 승리. 예루살렘 탈환, 성전 재봉헌 이후 갈릴리 전투 | BC 152 예루살렘의 첫 번째 대제사장<br>BC 150 시리아 왕 알렉산더 발라스가 요나단을 친구라 함. 평화조약 체결<br>– 유대 지방의 민정 총독직 임명받음<br>BC 147 요나단이 코엘레시리아(레바논) 총독 아폴로나우스 공격 승리<br>BC 143 셀레우코스 디노도토스 트뤼폰 장군이 요나단 살해 | BC 143 하스모니아 가문의 2번째 대제사장<br>BC 142 셀레우코스 왕조로부터 독립<br>– 하스모니아 왕조의 첫 번째 왕이 됨<br>– BC 167 유대 독립운동 시작 후 25년 만에 |
| | 7년 | 16년 | 8년 |
| BC 143 | BC 168 BC 166 유다 마카베오 (마타디아스의 3남) | BC 159 요나단 아푸스 (마타디아스의 5남) | BC 143 유다 (마타디아스의 2남) |

하스모니아 왕조(유대지방)

| BC 141 유프라테스 강 동편 지역 잃다<br>**– 유대인들에게 자치권과 면세권 부여**<br>(실질적인 독립권 획득)<br>BC 138 파트리아와 전투에서 패배<br>– 포로 되어 10년간 유폐 생활 | **– 하스모니아 왕국의 시몬의 집권 초기**<br>BC 138 (테) 2세 트리폰 원정 패배<br>– 동생 시스테스가 유대인들에 사로잡혀 있다 탈출, 즉위<br>– 안티오코스 7세 시스데스가 **다시 유다 공격: 시몬의 아들 유다와 요한에게 패배**<br>BC 129 파르티아 원정에서 전사 |
|---|---|
| 7년 | 9년 |

| BC 145 | 테미트리우스 2세 나카토르<br>(데 1세 장남) (1차 즉위) | BC 138 | 안티오코스 7세<br>시스테스(테미트리우스 2세 동생) | BC 129 |
|---|---|---|---|---|

1) 베레니케 3세(프톨레마이오스 11세가 암살)
(프톨레마이오스 10세의 왕비) 공동 통치
프톨레마이오스 11세(베레니케 3세의 아들)(시민이 살해)
2) 프톨레마이오스 왕조의 마지막 혈통

1년

| BC 81 | BC 80 |
|---|---|

BC 135 매부 애굽 왕 프톨레마이오스 8세가 부왕 시몬타시와 큰형 마타디아스와 둘째 형 유다를 암살
– 유대 민족 하스모니아 왕조의 3번째 대제사장 겸 2대 왕이 됨
1. 유대 통치권 강화, 영토 확장
1) 원수들을 징벌. 시리아 셀레우코스 왕조의 공격 격퇴
2) 애굽 프톨레마이오스 8세 응징 실패
3) BC 113 비우호적인 사마리아 정복
4) 이두매(옛 에돔) 영토(요새) 함락
5) 이두매인들을 강제로 유대교로 개종시킴. 예수 시대 이두매인 헤롯 왕이 유대인인 것도 이 때문
2. 요한 히르카누스 1세의 통치 기간은 마카베오 가 역사의 하나의 전환점
– 확고한 유대교 신앙과 애국적인 열정으로 시작했던 독립운동
1) 영토 확장(과거 솔로몬 왕이 통치했던 영역과 비슷한 넓이의 영토)
– 갈릴리, 사마리아, 세겜, 메데바, 이두매, 요르단까지
2) 주변 강대국(셀레우코스 왕조 테미트리우스 2세, 로마 원로원)으로부터 정치적·종교적 완전한 독립국가 인정받음. 강력한 통일국가였다.
**3) 율법을 중시하는 유대교 중심의 나라: 안식일, 할례, 정결의식, 십일조, 성전제사, 규례 등**
4) 복음서에 등장하는 바리새파와 사두개파가 이 시기에 등장. 이 두 파가 정치적인 다른 생각을 지닌 정당처럼 기능
(사두개파)오직 성문화된 모세율법만이 하나님의 계시와 친위를 나타낸다고 보는 상류 계급의 보수파. 요한 히르카누스1세도 정신적으로 사두개파
(바리새파) 신앙심이 깊은(자신의 할아버지 마타디아스 하스모니아는 바리새파)

31년

| BC 135 | 요한 히루카누스 1세<br>(시몬 타시의 3남) | BC 104 |
|---|---|---|

| –유폐에서 석방, 다시 왕위에 즉위, 알렉산더 2세 제비나스(BC 129~123, 데미트리우스 2세 클레오파트라 테아 장남)에게 쫓겨 튀로스로 도망, 그곳에서 살해당함<br>– 애굽 프톨레마이오스 6세가 그의 딸 클레오파트라 테아를 시리아(셀레우코스 왕조) 알렉산더 발라스와 이혼시키고, 데미트리우스 2세 니카토르와 결혼시킴<br>3년 | 3년 |
|---|---|

BC 129 데미트리우스 2세 니카토르(2차 즉위) BC 126 클레오파트라 테아 BC 123

셀레우코스 왕조

– 프톨레마이오스 12세 아울레테스가 여동생 클레오파트라 6세와 결혼, 공동 통치
– 정통의 후계자가 아니므로 권력 기반이 취약, 로마에 의존
– 애굽인에게 세금 부담 가중시킴
(BC 58 남동생이 통치하던 키프로스 섬을 로마에 빼앗겨 백성들의 반란 기인, 파라오의 자리에서 물러나 로마로 망명, 그의 딸 베레니케 4세가 파라오로 즉위(BC 58~55, 3년)
BC 55 로마 장군 폼페이우스의 지원으로 애굽으로 귀환, 다시 파라오로 즉위, 그의 딸 베레니케 4세 처형, 그녀의 남편 아르켈리우스도 사망
* 프톨레마이오스 12세 아울레테스의 자녀들
(딸) 베레니케 4세, 아르시노에 4세, 클레오파트라 7세(베레니케 4세의 이복동생)
(아들) 프톨레마이오스 13세(장남), 프톨레마이오스 14세(차남)

29년

BC 80 프톨레마이오스 12세 아울레테스(프 9세의 서자)(BC 80-58)(55-51) 26년 베레니케 4세(프 12세의 딸) (BC80-57)(55-51) (BC58-55)3년 BC 51

프톨레마이오스 왕조

| 3) 몇몇 부유한 가문, 그리고 권력의 지도적 제사장 가문 출신<br>– 솔로몬 시대의 대제사장 사독의 후손, 로마 총독, 헤롯 왕 가문<br>* 에세네파<br>1) 율법에 대하여는 바리새파, 현실도피적이고 은둔적인 입장<br>– 사해 북쪽 지역에서 생활<br>2) AD 1947 이후에 '사해 사본'이라는 성경 사본 발견<br>1년 병사 | – 하스모니아 왕조의 4번째 대제사장 겸 4대 왕<br><br>*** 바리새파**<br>1) 시리아 셀레우코스 4세(BC 187~175)의 유대교 박해 때 율법을 끝까지 지킨 사람들<br>2) 모세오경과 묵시문학을 권위 있는 문서로 인정<br>3) 타 종교로의 개종은 반대하면서도 그리스의 선진 문명(헬레니즘)은 흡수하는 사람들<br>4) 예수님을 찾아갔던 니고데모나 사도 바울도 바리새파 출신<br>*** 사두개파**<br>1) 육체의 부활, 죽음 후의 심판, 천사와 악마의 존재를 부인하고, 오직 모세오경만 인정<br>2) 율법이나 세상 전반에 있어서 융통성이 있어서, 세속적이고 자유로운 태도<br>27년 |
|---|---|

BC 104 아리스토불루스 1세(장남) BC 103 알렉산데르 야나이누스 (요한 히루카누스 1세의 차남) BC 76

하스모니아 왕조

BC 30 옥타비아누스의 로마군이 애굽에 상륙
– 프톨레마이오스 15세(17세)는 처형되고
– 클레오파트라 7세(39세)는 자살
– 안토니우스 애굽 총독도 클레오파트라 7세의 자살 후에 자살함

* 애굽 클레오파트라 7세와 로마 동방총독 마르쿠스 안토니우스의 자녀들(BC 42–30)
(아들) 알렉산드로스 헬리오스 (아들) 프톨레마이오스 필라델푸스, (딸) 클레오파트라 셀레네 2세
*프톨레마이오스 왕조 멸망(BC 323–30: 약 300년)

(모친: 클레오파트라 테아)

27년

| BC 123 | 안티오코스 8세 그립포스(데메트리우스 2세 니카토르의 차남)<br>안티오코스 9세 키지케누스(안티오코스7세 시스테스의 장남)<br>(BC 114~96, 18년) | BC 96 |
|---|---|---|

BC 51~47(4년) 클레오파트라 7세(18세)가 남동생 프톨레마이오스 13세(15세)와 결혼. 공동 통치(BC 48) 클레오파트라 7세가 단독 여왕을 노리자 프톨레마이오스 13세와 다른 남동생 프톨레마이오스 14세가 클레오파트라 7세를 애굽에서 추방
– 로마 내전: 파르살루스 전투에서 폼페이우스가 율리우스 시저에 패배하여 애굽으로 피신(프톨레마이오스 13세의 부하가 살해)
– 율리우스 시저가 알렉산드리아 도착. 프톨레마이오스 13세와 클레오파트라 7세 공동 통치 권유 프톨레마이오스 13세가 거절. 나일 델타 전투에서 프톨레마이오스 13세 패배. 나일 강에서 익사
BC 47. 6월 클레오파트라 7세와 시저 사이의 아들 프톨레마이오스 15세가 태어나다
BC 47~43(3년) 왕조의 권력 기반, 그리스계 지원으로 프톨레마이오스 14세가 파라오 등극
BC 44~30(14년) 지난 3년간 로마의 율리우스 시저의 집(BC 44, 시저 암살)에 거수하던 클레오파트라 7세와 그녀의 아들 프톨레마이오스 15세 애굽 귀국, 공동 통치
BC 42 클레오파트라 7세가 로마의 장군(애굽 총독) 마르쿠스 안토니우스와 협력
BC 39 두 사람이 결혼. 애굽은 페니키아 유다 등의 영토를 얻음.
BC 31. 9. 2. 애굽 클레오파트라 7세와 마르쿠스 안토니우스 연합군이 로마 본국의 옥타비아누스 장군(율리우스 시저의 양자)에게 패전

21년

| BC 51 | 클레오파트라 7세(3녀)(18년)<br>프톨레마이오스 13세 공동 통치 유언<br>프톨레마이오스 14세(3년)<br>프톨레마이오스 15세(클레오파트라 7세와 율리어스 시저의 아들)(BC 44~30, 14년, 모친과 공동 통치) | BC 30 |
|---|---|---|

BC 76 알렉산더 야나이누스가 사망하자 그의 차남 요한 히르카누스 2세를 하스모니아 왕조의 5번째 대제사장에 임명

9년

| BC 76 | 살로메 알렉산드라<br>(미망인: 당초 아리스토불루스의 미망인) | BC 67 |
|---|---|---|

| | BC 331 마케도니아의 알렉산더 대왕이 아르메니아 정복<br>BC 301 시리아 셀레우코스 왕국에 편입<br>* 아르메니아의 티크라네스 2세(BC 96~55) 재위 시 국력이 강대하여 시리아, 파트리아 등 일부 지역 통치 |
|---|---|
| 12년 | 15년 |

BC 96 필리포스1세 필라델푸스 (안티오코스 8세의 4남) BC 84 아르메니아의 티그라네스 2세 BC 69

셀레우코스 왕조

A. 로마 공화정의 제1차 삼두정치
1. 기간: BC 60~44
2. 삼두: 폼페이우스(BC 47, 파르살루스 전투에서 율리우스 시저에게 패배), 크라수스
율리우스 시저(BC 100~44, 부하 브루투스에 의해 피살, 33세에 호민관 직권의 로마의 최고 통치자 오름)
B. 로마 공화정의 제2차 삼두정치
1. 기간: BC 43~30
2. 삼두: 안토니우스(BC 31, 애굽 전투에서 옥타비아누스에게 패배), 레피두스, 옥타비아누스 (BC 29, 로마제국의 초대황제에 즉위)

(BC 29–AD 14: 43년)

BC29 로마제국의 초대 황제 아우구스투스 옥타비아누스 (율리우스 시저의 양자) AD14

로마제국

BC 67 섭정 모친 살로메 알렉산드라가 사망하자 통치권(왕) 이양 받음
BC 67 공동 통치자인 형 아리스토불루스 2세를 3개월 후 권좌에서 쫓아냄
– 형제간의 권력 투쟁 시 요한 히르카누스 2세는 이두매 총독(할아버지 요한 히르카누스 1세가 정복하였던 지역) 안티파트로스에게 조언 요청(그와 형 아리스토불루스 2세와 전쟁하도록)
– 로마의 장군 폼페이우스에게 중재자의 역할 부탁. 폼페이우스가 유대 지배 목적으로 요한 히르카누스 2세를 대제사장직 복귀시키고 통치권도 부여(지역: 유다, 이두매, 갈릴리, 베뢰아 지역)
– 사마리아 지역은 시리아 총독 폼페이우스가 통치
BC 48 파르살루스 전투에서 율리우스 시저가 폼페이우스에 승리할 시 요한 히르카누스 2세와 안티파트로스는 시저 지원
– 요한 히르카누스 2세: 대제사장, 통치자(영주) 안티파트로스: 행정장관
BC 42 로마의 마르쿠스 안토니우스가 안티파트로스의 두 아들 헤롯(차남)을 갈릴리 군사령관, 파사엘(장남)을 유다군 사령관(예루살렘)으로 임명
– 율리우스 시저가 암살되고, 시리아 지역 총독인 브루투스가 동방 군주에게 과도한 자금 요구. 그 과정에서 요한의 심복인 말리코스가 안티파트로스 독살, 헤롯이 말리코스 살해
BC 40 유대를 침략한 파르티아(지금 이란 고산지방의 국가)의 지원으로 대제사장의 자격을 잃도록 숙부 요한 히르카누스 2세의 귀를 잘라냄
– 이에 갈릴리 영주 헤롯은 로마로 피신, 유다 영주 파사엘은 자결

27년

BC 67 요한 히르카누스 2세(알렉산데르 야나이누스의 차남) BC 40

하스모니아 왕조

BC 63 시리아 셀레우코스 왕조 멸망
– 안티오코스 13세와 필리포스 2세는 사촌간
BC 63 공화정 로마의 장군 아울리우스 폼페이우스가 수도 안티오키아 점령
– 시리아 셀레우코스 왕국이 **팔레스타인(유다 포함)**과 함께 병합, **시리아 속주가** 됨
– 안티오코스 13세는 로마 시리아 총독 폼페이우스가 처형
BC 56 필리포스 2세 로마 시리아 총독 폼페이우스가 처형
–시리아 셀레우코스 왕조의 유산(BC 321~63, 약 260년)
1. 점령 지역의 토착 세력에 자치권 부여
2. 헬레니즘 문화의 중심지
– 아라비아 실크로드와의 교역 활발
3. 유리 제조, 옷감, 염색 등 산업 발달
4. 도시화 정책으로 많은 도시 건설
– 안티오키아, 셀레우키아, 피에리아 등

| 5년 | 1 |
|---|---|

| BC69 | 안티오코스 13세<br>(안티오코스 10세의 아들) | BC64 | BC63 | 필리포스 2세 필로마이오스<br>(필리포스 1세 필라델푸스의 아들) |
|---|---|---|---|---|

BC 37 안티고노스: 로마의 마르쿠스 안토니우스에 의해 폐위, 처형당함

BC 36 로마로부터 돌아온 헤롯이 마르쿠스 안토니우스(애굽 총독)에 의해 유대 분봉왕으로 임명됨
– 하스모니아 왕가와의 인척관계 확보를 위해 안티고노스의 조카 마리암네와 결혼
BC 36 아리스토불루스 3세(요한 히르카누스 2세의 아들)를 헤롯이 대제사장에 임명
– 마지막 남은 하스모니아 왕족으로 백성들 사이에 인기가 높았음
– 오래 살지 못하고 얼마 뒤에 헤롯이 목욕하던 중 익사시킴
BC 36 바빌로니아에 유배당한 요한 히르카누스 2세가 헤롯에 의하여 예루살렘으로 돌아옴
BC 30 헤롯이 요한 히르카누스 2세 처형(예루살렘 귀환 6년 만에)
(사유: 백성들이 요한 히르카누스 2세를 지지하자 폭동 위협을 이유로 사전 제거)

| 3년 | 33년 |
|---|---|

| BC 40 | 안티고노스<br>(아리스토불루스 2세의 장남) | BC 37 | 헤롯 1세 대왕<br>(이두매 출신, 이두매 총독 안티파트로스의 차남) | BC 4 |
|---|---|---|---|---|

BC37 하스모니아 왕조 멸망 | 헤롯 왕조

1) 옥타비아누스가 24세에 2번째 결혼, 부인 리비아가 데리고 온 3세 된 2명의 아들 중 장남(그는 사랑하는 부인과 강제로 이혼 당하고 과부가 된 옥타비아누스의 외동딸 율리아와 재혼)
2) 지중해 카프리 섬에 은둔하며 '문서 정치' 함
따라서 **제5대 유대총독 본디오 빌라도**도 중대 정치 현안을 직접 황제를 알현하여 보고하지 못하고 문서로 보고. 부하 관리들은 어려움을 겪었지만 정치는 안정적으로 잘했다 함.
3) **예수 그리스도의 청소년 시기부터 십자가 처형과 사도 바울의 사도행전 초기까지 통치**
4) 무섭게 통치하여 terrible 티베리우스라 불림
BC 28 – 제5대 유다 총독: 본디오 빌라도(가이사랴에 주재)
**– 갈릴리 분봉왕: 헤롯 안티파스**

23년

| AD 14 | 티베리우스(제2대 황제)(아우구스투스 옥타비아누스의 양자) | AD 37 |
|---|---|---|

* **헤롯1세 대왕의 치적**(지역: 유대, 사마리아, 갈릴리, 이두매, 베뢰아)

1) 예루살렘에 대규모 성전(헤롯 성전) 건축: 재위 15년째
– 완성 기간: 46년 걸림. AD 70에 로마군의 예루살렘 함락 시 파괴
2) 가이사랴('가이사의 도시'란 뜻) 신도시 건설
BC 4 동방 박사들이 예수님께서 태어나신 곳을 알려주지 않고 떠나버리자 '두 살 미만 갓난아이들'을 모두 죽임
– 헤롯 1세 – 아주 포악하여 두 번째 부인, 그와의 두 아들, 장모 및 첫째 부인의 아들(장남)을 죽임
– 6번 결혼, 아들들이 많음

* **헤롯 가문**(이두매–에돔족): 유대 하스모니아 왕조 말기~로마제국 사이의 유대 통치자 가문
– **기간 BC 36~AD 70, 106년**
– 왕: 4대에 걸쳐 4명의 왕

세례 요한 탄생

33년

| BC 37 | 헤롯 1세 대왕<br>(이두매 출신, 이두매 총독 안티파트로스의 차남) | BC 5 | BC 4 |
|---|---|---|---|
| 헤롯 왕조 | | | |

| | |
|---|---|
| – 암살당함<br>– 애굽 알렉산드리아에 유대인 100만 명 이상 거주 | – 영화 '스파르타쿠스'<br>**– AD 47~48 사도 바울의 제1차 전도여행**<br>**– AD 50~52 사도 바울의 제2차 전도여행**<br>– 브리스길라와 아굴라 부부를 로마에서 추방, 그리스 고린도로 가서 사도 바울을 만나 아볼로가 고린도 교회 목회자가 됨 |
| 4년 | 13년 |
| AD 37 칼리쿨라(티의 동생 드루수스의 장남)(제3대 황제) AD 41 | 클라우디우스(제4대 황제)(티의 동생 드루수스의 차남) AD 54 |

*** 로마제국의 초대 황제 아우구스투스 옥타비아누스가 헤롯 1세 대왕의 세 아들에 분봉왕(Tetrarch)에 봉함**
1. **헤롯 아켈라오**(첫 번째 지명 상속자: 헤롯 1세와 말다케 사이의 아들) 재위 BC 4~AD 6(10년)
관할 지역: 유대, 사마리아, 이두매, 가이사랴
성경 말씀: **요셉과 마리아가 애굽으로 피신, 헤롯(1세)이 죽었다는 천사의 계시로 유대 땅으로 올라왔을 때의 분봉왕**
2. **헤롯 빌립 2세**(헤롯 안티파스의 동생), 재위 BC 4~AD 34(38년)
헤로디아의 딸 살로메와 결혼. 헤롯 가에서 가장 존경받는 인물
관할 지역: 이두매, 드라고닛, 요단 강 상류 지방, 갈릴리 동부 지역
* 가이사랴 빌립보 건설: 로마 황제와 자신의 이름을 따서 지은 이름
3. **헤롯 안티파스**(헤롯 빌립 1세의 이복형), 재위 BC 4~AD 39(43년)
관할 지역: 갈릴리, 베뢰아 지방의 분봉왕
– 추후 총독의 지위와 유대 분봉왕의 성격을 함께 가진 강력한 통치권 확보
**– 세례 요한을 투옥시켜 처형**
(사유: 사해 동쪽 나바테아 왕국 아레타스 4세의 딸 파샬리스 공주인 아내와 이혼하고 이복동생 헤롯 빌립 1세의 부인 헤로디아와 결혼, **세례 요한이 이 부도덕한 결혼을 비판**)
**– 예수 그리스도께서 공생애 3년간의 고난 받으실 때에 성경에 등장하는 헤롯 왕**
* 헤롯 빌립 1세: 헤롯 1세 대왕과 대제사장 시몬의 딸 마리암네 사이의 아들. 공직에 있지 않았음
**– 헤롯의 세 아들 중 유다의 분봉왕 헤롯 아켈라오가 몹시 억압적으로 다스려, 예수께서 고향인 유대 베들레헴에 살지 않고, 갈릴리 나사렛에서 생활하셨음**
* 유대, 사마리아, 이두매 총독(로마제국 직할 통치)
– 제1대 총독(AD 6~9): 코피니우스
– 제2대 총독(AD 9~12): 마르쿠스 암바블루스
– 제3대 총독(AD 12~15): 안니우스 루프스
– 제4대 총독(AD 15~28): 발레리우스 그라투스
– 제5대 총독(AD 28~37): 본디오 빌라도
**BC 4 예수 그리스도 탄생, 헤롯 대왕의 죽음**
AD 6 로마제국으로부터 '산헤드린 공회'(대제사장, 장로, 서기관, 율법학자들의 모임)가 '유대의 최고 대표기구'로 인정받음
* 분봉왕: 헬라어(Tetrach)로 한 나라의 1/3이나 1/2 정도를 다스리는 통치자를 가리키는 용어

| 43년 | | |
|---|---|---|
| BC 4 | 헤롯 안티파스(헤롯 1세 대왕의 아들) | AD 39 |

| 로마제국 | 네로 | 갈바 | 베스파시아누스 |
|---|---|---|---|
| 내용 | – 클라우디스의 네 번째 아내 아그리피나가 데리고 들어온 아들<br>– BC 64. 7. 18~19(2일간) 로마 시내에 대화재 사건 발생<br>– 당시 네로 황제는 그리스에 체류<br>– 귀환하여 화재 원인을 찾지 못하자 로마에 거주하는 유대인의 소행으로 뒤집어씌우고 유대인 박해<br>– 기록 말살형에 처해짐(14년) | | |
| 재위 기간 | 14년 | 1년 | 10년 |
| 연대 | AD 54 네로(제5대 황제)(클라우디우스의 양자) AD 68 | 갈바 | AD 69 베스파시아누스(제6대 황제) AD 79 |

| 헤롯 왕조 | 헤롯 안티파스 | | 헤롯 아그립바 1세 |
|---|---|---|---|
| 내용 | 예수 그리스도의 공생애 시작 | 예수 그리스도 처형 | – 헤롯 1세 대왕 손자<br>– 로마제국의 3대 황제 칼리굴라와 친분(어린 시절 로마에서)<br>– 주요 행적<br>**1) 초대교회 박해**<br>**2) 베드로 감옥에 보냄**<br>**3) 사도 야고보 처형**<br>AD 44(54세) 발병 5일 만에 급사<br>AD 37 제6대 총독(AD37–59) 펠릭스 |
| 재위 기간 | 3년 | | 6년 |
| 연대 | (AD 27) 헤롯 안티파스 | (AD 30) | AD 39 헤롯 아그립바 1세(헤롯 안티파스 조카) AD 45 |

| | – 공포정치로 암살당함<br>– 네로 황제와 마찬가지로 '기록 말살형'에 처해짐 | |
|---|---|---|
| 2년 | 15년 | 2년 |

| AD 79 티투스(장남) (제7대 황제) | AD 81 도미티아누스 (베스파시아누스의 차남)(제8대 황제) | AD 96 네르바 AD 98 (제9대 황제) |
|---|---|---|

| – 분봉왕 승계자 없이 유대 땅에 로마 총독 파송(로마제국의 직할지)<br><br>**AD 56 제6대 총독 펠릭스가 유대인들의 폭동을 피하기 위해 예루살렘 감옥에 갇혀 있는 사도 바울을 한밤중에 로마군 백부장으로 하여금 가이사랴의 감옥으로 긴급 이송시킴**<br>– 펠릭스 총독은 사도 바울을 존중하며 여러 가지 도움을 주려고 했음<br>– 그는 그의 아내(유대인) 드루실라와 같이 기독교를 인정(행 24:22–23) | – 헤롯 1세 대왕의 증손자<br>– 로마제국의 5대 황제 네로가 임명<br>**AD 58 사도 바울 체포**<br>(유대의 3대 율법 학자 중 한 사람인 가말리엘의 산헤드린 공회 의장의 수제자였음)<br>**AD 59 베스도 제7대 유대 총독 부임**<br>**AD 61 사도 바울 – 로마 감옥 수감**<br>AD 63 사도 바울 석방<br>AD 67 **사도 바울 순교**<br>**AD 68 사도 베드로 순교**<br><br>* 로마제국의 기독교 박해 기간<br>AD 64 로마제국의 네로 황제의 로마 대화재 사건 이후<br>**AD 313** 동로마제국(비잔티움 제국) 초대 황제 콘스탄티누스 1세 대제(AD 306~337, 31년)의 밀라노 **기독교 공인** 발표 때까지의 **249년** | AD 70 예루살렘 함락, 예루살렘 성전 불태움<br>– 산헤드린 공회 폐지(공회원 71명, 재판관 대제사장)<br><br>AD 66~70 제1차 유대–로마 전쟁 또는 **유대 독립 전쟁**<br>(First Jewish–Roman War)<br>– 그리스계 로마인과 유대인 사이의 종교적 분쟁에서 시작<br>– AD 70 티투스가 이끄는 로마군에 의해 진압됨<br><br>**요한계시록, 서신서 기록** |
|---|---|---|
| 11년 | 14년 | |
| AD 45 AD 56 | 헤롯 아그립바 2세 (헤롯 아그립바 1세의 아들) | AD 70(헤롯 가문 멸망) - 예루살렘 함락 (AD 90) |

*** 하나님의 세계 경영**
1. 거주의 경계: 사도 바울(행 17:26)
2. 바다의 경계: 선지자 욥(욥 38:8–11)
3. 시간의 경계: 선지자 이사야(사 14:24–27)

*** 성경에 '두로'**(현재의 티레, 해상도시–원래는 섬)**에 대한 예언**(레바논 영토)

**– 에스겔 26:4, 27:1–8, 28–2**
**– 아모스 1:9–10 두로의 죄악, 심판**
**– 이사야 23:1–5 두로에 대한 하나님의 경고 23:1–5**
**– 마태복음 15:21–28 예수님의 방문 (귀신 들린 여인의 딸을 고쳐 주심)**

**사도 요한의 밧모 섬(에게 해) 유배(채석장 노동)**
(AD 95)

**사도 요한의 죽음**
(AD 100)

로마제국

| 로마제국 테오도시우스 1세<br>(AD 379~395, 16년)<br>**– AD 392 밀라노에서 기독교를 로마제국의 국교로 발표**<br>– 이후 1,000년간은 기독교의 황금시기 | → AD 395 동서로 분할<br><br>* 동로마제국(일명: 비잔티움 제국)의 초대 황제 아르카디우스(AD 395~408, 13년)(테오도시우스 1세의 장남)<br><br>– 존속기간: AD 395~1,453(1,058년)<br>– 오스만투르크 술탄 메흐메트 2세에 의해 멸망<br>– 수도: 콘스탄티노플(현재의 터키, 이스탄불)<br>– AD 330 비잔티움 제국 창시자: 콘스탄티누스 1세 대제(AD 306–337)<br>– 비잔티움 제국의 실제 존속 기간: AD 306~1453(1,147년)<br>– AD 380 종교 **동방정교회를 국교로 승인**<br><br>* 서로마제국: 초대황제 호노리우스(AD 395~423, 28년)(테오도시우스 1세의 차남)<br><br>– 존속 기간: AD 395~476(81년)<br>– 게르만 용병대장 오도아케르에 의해 멸망<br>– 수도: 로마<br>– 로마제국(수도: 로마)의 실제 존속 기간: BC 795~AD 476(1,271년) |
|---|---|
| 19년 | |

| AD 98 | 트라야누스<br>(제10대 황제) | AD 117 |
|---|---|---|

## 참고문헌


개역개정 큰글성경, 한국찬송가공회

존 필립스, 《창세기 탐구》(재), gauc

케네스 외 1인, 《믿음에서 믿음으로》, 사랑의 메시지

조병호, 《성경과 5대 제국》, 통독원

______, 《성경과 고대 전쟁》, 통독원

______, 《신구약 중간사》, 통독원

김찬종 외, 《365 축복의 통로》, 베드로서원

서병길 외, 〈기독일보〉

장재호 외, 〈기독신문〉

정우성 외, 〈크리스천 헤럴드〉

〈국민일보〉, 〈한국일보〉, 〈조선일보〉 외